2,–

ein Ullstein Buch

Ullstein Buch Nr. 2892
im Verlag Ullstein GmbH,
Frankfurt/M – Berlin – Wien

Ungekürzte Ausgabe

Umschlagentwurf: Dorland, Berlin

Printed in Germany 1973
Gesamtherstellung:
Ebner, Ulm
ISBN 3 548 02892 6

Maud Sacquard
de Belleroche

Geständnisse

Memoiren
einer Frau von vierzig Jahren

ein Ullstein Buch

Inhalt

»Man sollte sein Leben träumen, nicht leben«, sagte Marcel Proust. Ich möchte in Abwandlung dieses Ausspruches sagen: »Wer sein Leben träumt, lebt es zweimal.« Dies entbindet mich von der sinnlosen Versicherung, daß jede Ähnlichkeit . . .

MAUD SACQUARD DE BELLEROCHE

»Mein ganzes Werk beweist meine Achtung, ja meine Ehrfurcht vor dem Liebesakt.«

HENRI DE MONTHERLANT
*(Va jouer avec cette Poussière
Carnets 1958–1964)*

»Ich bin Meister in der Kunst, die glücklichen Minuten noch einmal zu durchleben.«

BAUDELAIRE

Wertungstabelle

A	anspruchsvoll	A'	absurd
B	brutal	B'	babyface
C	charmant	C'	chaotisch
D	dämonisch	D'	dümmlich
E	extravagant	E'	enervierend
F	feurig	F'	fad
G	gewandt	G'	grotesk
H	hübsch	H'	häuslich
I	interessant	I'	idiotisch
J	jungenhaft	J'	jesuitisch
K	kameradschaftlich	K'	kleinkariert
L	lasziv	L'	lauwarm
M	männlich	M'	mittelmäßig
N	nonchalant	N'	negativ
O	obstinat	O'	oberflächlich
P	phantasievoll	P'	puritanisch
Q	1. Qualität	Q'	Querkopf
R	realistisch	R'	reiner Tor
S	sinnlich	S'	stupid
T	traditionsgebunden	T'	Troubadour
U	universal	U'	undurchsichtig
V	verschwenderisch	V'	verdorben
W	Wagnerianer	W'	Waterloo
X	(e)xzentrisch	X'	Xenophobe
Y	Yoghurt	Y'	Yeye
Z	zauberhaft	Z'	zynisch

Vorwort

Ich bin nicht Brigitte Bardot, leider, ich bin auch nicht Geneviève Tabouis, Gott sei Dank. Ich bin ganz einfach eine Frau, nicht schöner und nicht dümmer als die meisten Frauen, aber ich kenne meine persönliche Anziehungskraft und die Grenzen des weiblichen Charmes.

Anfallsweise benutze ich die Schönheitscremes, die von den einschlägigen Zeitschriften angepriesen werden, aber am liebsten bin ich mir – und ihnen – in fleckenloser Sonnenbräune; und obgleich mein Herz nach einem synkopierten Rhythmus bräunt und bricht, bleibe ich doch stets ich selber. Natürlich kürzte ich 1967 meine Röcke trotz unvollkommener Knie um zwanzig Zentimeter, kaufte ein architektonisches »Courrèges«-Ensemble (wie man einen »Louis XV«-Sessel kauft) und beschloß, die Männer durchzugehen, die mich seit meiner Lolita-Zeit, sagen wir, *gestellt* haben, um es weidmannsheilig auszudrücken. Die Reise um mich selber, sozusagen, mit achtzig Verführern.

Mit fünfzehn Jahren – man sieht, ich war nicht so frühreif wie die Ye-Ye-Puppen, die vom Schmalze Johnnys und Adamos triefen – begegnete ich meinem ersten Mann, dem Prinzen aus *Die Blumen des Bösen.* Ich hatte mit seiner Lieblingsmulattin bestimmt nichts weiter gemeinsam als das schwarze Haar, aber das genügte, daß die in romantischen Träumen schwelgende Halbwüchsige sich ihren ersten Geliebten an ihrem Halse liegend und unvergängliche Verse schmiedend vorstellte . . . Ich hatte irgendwo gelesen, daß Baudelaire zum Liebesakt Handschuhe anzog und daß er sich hemmungslos in die sinnliche Leidenschaft stürzte, um sich gleich danach um so besser in der Gewalt zu haben; und ich stellte mir meine amouröse Karriere nicht anders vor. Warum hätte ich an meinen Kräften zweifeln sollen, nachdem ich mir das Wort meines himmlischen Höllendichters zu eigen gemacht hatte: »Nicht nur als Opfer würde ich glücklich sein, nein, ich sträubte mich auch nicht dagegen, Scharfrichter zu sein, um die Revolution auf beide Arten zu erfahren.«

Weiblicher Scharfrichter, scharf auf das Ziel gerichtet? Ein schönes Programm für eine Pariserin ohne Komplexe, kurz vor dem Abitur, am Beginn ihrer Laufbahn als junge Wölfin. Auf, meine Herren, es ist soweit!

Ich werde Sie lustvoll durch den Wolf drehen.

I Im Kloster

Ach! Der erste Verführer war eine Verführerin.

Ich habe die Natur nie gemocht, und die Romantiker waren mir schon immer ein Greuel. Am meisten Lamartine, der illustre Ahnherr meines dritten Ehemannes, wenngleich ich ihm für die Dauer von fünf Jahren den charmantesten und aufmerksamsten aller meiner Lebensgefährten verdanke. Dennoch soll es der letzte sein, das schwöre ich an diesem Tag der Gnade, dem 20. Oktober 1967.

»Ein Trinker läßt das Trinken nicht«, das stimmt, und der Champagner hat mich selten kalt gelassen. Also: zu Schuljahrsbeginn 1939 überschritt ich als fleißige Schülerin die Schwelle eines Maristen-Klosters, wo ich mich auf das Abitur vorbereiten wollte.

Das Institut, das meine Großeltern für meine Schwester und mich ausgesucht hatten, lag kaum acht Kilometer von unserem Familienwohnsitz entfernt, und ich machte den Weg per Fahrrad, in schwarzen Strümpfen und Plisseerock, der im Wind flatterte. Jeden Morgen begrüßte mich der Briefträger, der ebenfalls auf seinem rostigen Drahtesel geritten kam, mit einem dreisten: »Kleine, Sie werden sich erkälten mit diesen kurzen Röcken bei dem Scheißwind!« »Kleine«, mit sechzehn, dieser Idiot! Ich war wütend; und ich trat hitzig in die Pedale und versuchte, um ein paar Sekunden meinen persönlichen Rekord zu unterbieten, den ich an dem Hang aufgestellt hatte, »der Montlignon mit Saint-Leu verbindet« – Victor Hugo!, wieder so ein romantischer Rauschebart. Rot und zerzaust von der Rennfahrt kam ich in Le Rosaire an, glücklich über diesen Aufgalopp am Beginn eines strengen Schultags.

Ich schlüpfte in einen blaßblauen Schulkittel, der mir besser zu Gesicht stand als der graubraune Köper des Lyzeums vom vergangenen Jahr, schnatterte mit meinen neuen Mitschülerinnen, steckte das Algebraheft in mein Gebetbuch, um während des täglichen Gottesdienstes, dem man nicht ohne triftigen Grund fernbleiben konnte, noch einmal zu memorieren; warum zum Teufel zwingt man in den Klosterschulen gleichgültige oder widerstrebende Backfische, mitten in der Nacht aus dem Bett zu springen, um einem fröstelnden Meßopfer beizuwohnen? Hätte man mir nicht allmorgendlich meinen Schlaf um eine Stunde beschnitten, wer weiß, ob ich dann nicht eine fromme Katholikin geworden wäre.

Eines Tages spielten wir in der Pause Völkerball. Ich war kräftig – und bin es noch – und Kapitän der A-Mannschaft. Schwester M.

leitete den Angriff der B-Mannschaft, denn diese dreiundzwanzigjährige Nonne, unsere Englischlehrerin, war eine ausgezeichnete Sportlerin. Sie hatte sich sehr jung mit einem Berufsoffizier verlobt, der bei einem Unfall ums Leben gekommen war, und da sie aus einem strenggläubigen Haus war, hatte sie beschlossen, den Schleier zu nehmen, um nur noch dem Andenken des Toten zu leben. Doch sie wußte nicht, daß gerade edle Naturen gelegentlich ihre Kraft überschätzen. Ich erinnere mich an ihre hellen Augen, das eine blau, das andere milchkaffeebraun, und an die Grübchen in ihrem Gesicht.

Der Ball sprang von einer Spielhälfte in die andere, aber fast immer fingen Schwester M. oder ich ihn ab und warfen ihn nach dem Kapitän der gegnerischen Mannschaft. Gewiß, sogar in diesem Spiel war ich nur Schülerin, und doch hätte das gewonnene Spiel einen Sieg über meine junge Lehrerin bedeutet. Die Partie ging zu Ende, wir waren knapp geschlagen worden, und Schwester M. verkündete: »Die Verliererin wird im Park Veilchen pflücken und den Altar der Heiligen Jungfrau damit schmücken. Kapitän Maud, Strafvollzug nach der Studierstunde!«

»Ja, Schwester«, murmelte ich rot vor Scham und Ärger. Virgil übersetzen oder Blumenpflücken, beide bukolische Vergnügungen waren mir gleich lästig. Schließlich machte ich mich schmollend und ohne Eile mit einem runden Weidenkorb auf meinen Bußgang ins Unterholz. Ach! Ich mußte also darauf verzichten, heute abend meinen geliebten Baudelaire zu lernen. Und ich begann in näselndem Kleinmädchenton zu deklamieren:

Sieh diese Zeit, wo bebend am Gezweig sich dehnen
Die Blumen; sie verdampfen wie ein Weihrauchbecken.
Die Abendlüfte Ton und Duft zum Tanze wecken.
Wie bist du traurig, Tanz und taumelst du,
mein Sehnen!

Vergeblich zermarterte ich mein Gedächtnis, als ich plötzlich erschrak: eine tiefe Stimme, ähnlich der Stimme von Edwige Feuillère in »La Dame de Malacca« setzte die Rezitation fort:

Die Blumen, sie verdampfen wie ein Weihrauchbecken,
Die Geige zittert wie ein wundes Herz in Tränen;
Wie bist du traurig, Tanz, und taumelst du,
mein Sehnen!
Der Ruhaltäre Flöre das Gezelt bedecken.

»Bist du vielleicht ärgerlich, kleine Maud? Du hast verloren, du mußt zahlen!« Erstaunt über dieses ebenso zärtliche wie ungewöhnliche Du blickte ich zu Schwester M. auf, die strahlend lächelte. »Ich mag nicht, wenn man mich zwingt; ich will frei sein, und hier, hier bin ich gefangen; Sie legen mich an die Kandare, und ich scheuere mich wund; aber wenn Sie schon Baudelaire so gut kennen, Schwester, dann wissen Sie auch, daß ›die Menschen zinsbar und fronpflichtig‹ sind, und daß es von dieser Regel drei Ausnahmen gibt, ›drei Ausnahmewesen: der Priester, der Krieger und der Dichter‹. Sie sind Nonne, also ein Ausnahmewesen, und ich will Kriegerin werden oder Dichterin, das steht seit langem fest ... ist das nicht auch eine schöne Berufung?« Ich hatte in einem Zug gesprochen, berauscht von dieser Auflehnung, die ich bisher nur in meinem Lindenzimmer bei den Großeltern in Worte gefaßt hatte. Paradoxerweise regte mich das artige Mädchenzimmer zu verbotener Lektüre an, und ich lutschte genußvoll an abgelösten Tapetenstückchen – lindfarbenes Papier mit aufgeprägten Strohhalmen, fades und verzweifelt trockenes Papier –, während meine ersten wollüstigen Gefühle mich überkamen ... Finger streichelten zart mein Gesicht, schoben das Haar unter das schwarze Samtband direkt hinter dem Ohr, kehrten dann zu meinen Wangen zurück, zeichneten diesen üppigen Mund nach, den ich abscheulich fand, entfernten sich schließlich, um Platz zu machen für zwei lauwarme, ein wenig rissige Lippen, die rauh waren wie das Stroh bei meiner heimlichen Lektüre und mich gleichfalls mit sickernder Feuchtigkeit erfüllten, meine Glieder lähmten. Noch war die Lust mir unbekannt, doch meine ganze Haut erahnte sie, erhoffte sie. Ach! Ich wurde enttäuscht, denn ihr Mund entfernte sich wieder von dem meinen ... »So, mein Dummchen, genug getrödelt und geträumt! Ich gebe dir zehn Minuten, damit du dein Körbchen füllen und mich in der Kapelle treffen kannst.«

Ich war von dieser Wendung so verdutzt, daß ich nicht wußte, wie ich reagieren sollte. Schwester M. war bereits verschwunden. Mechanisch pflückte ich Veilchen und bemühte mich, Klarheit zu finden. War das alles wirklich passiert? Hatte Schwester M. sich über mich gebeugt, um mich zu küssen. Und hatte ich wirklich im Halbdunkel die verschiedenfarbigen Augen in einer warmen Tönung schimmern sehen wie das Bernsteinhalsband meiner Großmutter? Und, endlich, empfand ich Gewissensbisse wegen dieses ersten Kusses auf den Mund, den eine Frau mir gegeben hatte – und noch dazu eine Braut Christi? Nein, keine Gewissensbisse, Bedauern vielmehr, weil alles so jäh zu Ende gewesen war.

»Die einzigartige und erlesene Wollust der Liebe beruht auf der

Gewißheit, das Böse zu tun.« Ich wußte nicht einmal mehr, ob dieser Satz von Baudelaire stammte oder von mir, aber ich wußte, daß er für mich galt und daß es böse war, wonneschaudernd die Zimmertapeten abzulösen und eine wonnige Verwirrung beim Kuß der Nonne zu empfinden.

Außer Atem kam ich in der Kapelle an, denn meine Träumereien hatten mich lange aufgehalten. Schwester M. betrachtete mit strengem Auge (wie mir damals schien, mit dem milchkaffeebraunen, das lavendelfarbene war mir lieber) meinen dreiviertelleeren Korb. »Ist das alles, was du in zwanzig Minuten gepflückt hast, du ungehorsames, hochmütiges Ding? Wenn der Korb morgen nicht voll-stän-dig gefüllt ist, gibt's eine Strafe. Der Heiligen Jungfrau sind unfolgsame Kinder ein Greuel. Soeben habe ich für dich zu ihr gebetet, für dich, die du ihr Lieblingskind bist, weil du begabter und klüger bist als deine Mitschülerinnen. Knie jetzt hin und bitte sie um die Gnade des Gehorsams, so wie ich es vorhin getan habe.«

Ich tat, was sie verlangte; ich barg das Gesicht in den gefalteten Händen, aber nur, um sie nachzuahmen oder vielmehr, um ihr zu gefallen. Ganz gewiß dachte ich nicht an die kitschige Madonnenstatue, die ich anrufen sollte, sondern an Schwester M.s Hände mit den langen schmalen Fingern, ähnlich denen auf den Greco-Gemälden, die ich im Sommer im Prado bewundert hatte. Durch das Gitter dieser Finger erspähte ich einen Schatten unter den hochsitzenden Wangenknochen, sah, wie sich in den Mundwinkeln ein Grübchen abzeichnete, ein Grübchen, das die Enthaltsamkeit schon bald – aber das wußte ich damals noch nicht – in einen Riklus verwandeln sollte.

Margarine und hartes Brot, spartanischer Schulimbiß während dieser unkriegerischen Kriegszeit, der mehr Ekel als Sättigung bewirkte, ich habe euch nicht vergessen, und euer fader Armutsgeschmack hat mich gelehrt, ein Leben anzustreben, das nach normannischer Butter und warmen Hörnchen duften würde. Am Tag nach meinem ersten Frauenkuß trällerte ich im Klosterwäldchen das Chanson von Trenet:

Deine Hand
in meiner Hand,
die spielt mit deinen Fingern.
Und mein Aug'
in deinem Aug'
und nichts zu sehn

als Nacht,
als schöne Nacht,
als Sternenhimmel,
der uns lächelt,
zärtlich und geheimnisvoll . . .

Das Veilchenpflücken ging mir flott von der Hand, und ich weiß nicht, warum ich so nervös war, gespannt auf das kleinste Geräusch horchte; laue Angst erfüllte mich, und mein Liedchen klang peinlich schrill. Dann war sie da. War das ein Heiligenschein, diese Helle, die ihr Gesicht umgab? »Schwester M.! Schauen Sie, ich habe ganze Berge von Ihren geliebten Veilchen.«

Sie lächelte nicht, sie, die sonst so schnell begeistert war, sie preßte mich nur an sich, ihre Hände zogen mein Haar, das in einen langen Pferdeschwanz frisiert war, bis zu meinen Hüften, verweilten dort einen Augenblick, schlossen sich dann um mein verkrampftes Hinterteil. Unsere Gesichter streichelten einander, und ich spürte den schon vertrauten Kuß. Ein guter Geruch nach frischer Wäsche schwebte um den gestärkten Schleier . . . Wie fanden wir zueinander, in enger Umschlingung auf dem Moos, in einem Wirbel von Röcken und schwarzen Strümpfen? Grashalme und mein flatternder Haarschopf hingen mir in die Augen, und ich war in doppeltem Sinn geblendet. »Schande über uns beide«, dachte ich, »die wir Ärgernis geben!«

Schwester M. ließ mich nicht los, im Gegenteil, sie knöpfte mit flinken Fingern das Oberteil meines Schulkittels auf und liebkoste meine Brust, bis ihre Spitze starr wurde. »Dein Herz trommelt das Signal zur Übergabe, mein Engel«, murmelte sie und preßte meine Brust noch fester.

Trotz meines Entzückens, ihre Favoritin zu sein, blieb ich hilflos auf dem Rücken liegen. Ein unbegreiflicher Schmerz steigerte noch meine Verwirrung: mein Schenkel war nämlich auf einen Brennesselbusch geraten, so daß allmählich ein unerträgliches Jucken sich auf meiner Haut verbreitete. Ein paar Sekunden lang hielt ich es noch aus, doch als es mir nicht gelang, mich zu befreien, jammerte ich: »Schwester, es tut mir weh, hier, an meinem Bein.« Meine Freundin lockerte abrupt ihre Umarmung, schob meinen Rock beiseite und riß die Nessel aus. Dann hob sie mein gemartertes Bein hoch und legte die Lippen auf die brennende Haut, dort, wo der schwarze Baumwollstrumpf befestigt war. »Du bist ein Meßbuch«, flüsterte sie, »und deine weißen Blätter sind so zart, so zart, mein Herz.« Wie seltsam! Ihre Worte spulten sich in meinem Kopf auf, und der Rosenkranz preßte seine Buchsbaumperlen in meine Wade ein. Plötzlich verkrampfte ich mich, schloß fieberhaft die Schenkel, ich hatte einen Riß gespürt. Mein Batisthöschen, das mit Knöpfen an meinem Leibchen befestigt war, hatte unter Schwester M.s Zähnen nachgegeben. Ich war so erstaunt und beschämt zugleich über diese Gier nach meinem geheimsten Fleisch, daß ich die Buße wählte, meine Schande auf mich nahm. Meine Schenkel öffneten sich dem Wind, dem Duft der feuchten Erde, und ich spürte die Wogen der Lust in mir hochsteigen ...

Als ich mich am gleichen Abend bei Großmama auskleidete, entdeckte ich ein Veilchen, das sich in meinem Mieder versteckt hatte – und ich errötete. Schwester M. hatte also meine Brüste mit diesen Blumen gestreichelt, die sie so sehr liebte, und ich hatte es in meiner Einfalt nicht einmal bemerkt. Damals habe ich mir vor meinem Jungmädchenspiegel feierlich gelobt, mich wie heute stets auf das Spiel der Lust einzulassen, in Zukunft jedoch das Spiel nach meinem Willen zu diktieren.

Habe ich diesen Jugendschwur gehalten? Nein, wohl nicht, aber ich habe mich bemüht, Liebe und Vergnügen zu trennen, und so oft ich es nicht tat, drei-, viermal vielleicht, ist es mir schlecht bekommen. Die großen Gefühle stehen mir nicht, die Lust hingegen habe ich immer sehr kleidsam gefunden.

II Die Züchtigung

Zehn Uhr. Englische Literaturstunde. Schwester M.[1] ruft mich auf: »*Maud, will you please recite and translat*e La belle dame sans merci *from Keats?*«

Ich stand auf. Ich war überzeugt, daß sie mir die Lesung des einzigen Romantikers, den ich verehrte, auftrug, weil er ebenso kämpferisch und verschlossen war, wie ich es bin. Mit bebender Stimme intonierte ich die Beschreibung jener *belle dame sans merci* von Keats, blickte dabei jedoch beharrlich meine eigene »gnadenlose Schöne« an. Die Lehrerin lauschte mit undurchdringlicher Miene, nur das lavendelblaue Auge (das »gefühlvolle«) zuckte ein wenig. »Note 17, Maud; aber achten Sie auf Ihren Akzent, sonst wirkt Ihr Englisch unelegant, und ich glaube nicht, daß Sie sich der Uneleganz schuldig machen wollen, *my dear.*«

Ich war wütend, so in aller Öffentlichkeit verspottet zu werden. Die

1 I B A' Q' D

widerlichen Gören glucksten vor Lachen, denn meine Eitelkeit war im ganzen Kloster bekannt. Ich muß dazu sagen, daß meine ersten zehn Schuljahre im Lycée Jules Ferry ohne Zwischenfälle abgelaufen waren. Ich war eine brillante Schlittschuhläuferin und hatte im Eistanz Bronze-, Silber- und schließlich Goldmedaillen gewonnen sowie zahlreiche Jugendpokale. Man konnte mein Foto auf der Titelseite des *Figaro* sehen, wo ich im Spreizsprung hoch über den Bergen schwebte (der Reporter hatte sich flach auf die Eisbahn von Chamonix gelegt!). Meine Mitschülerinnen bewunderten mich, und dank der Nachsicht meiner Lehrer durfte ich gelegentlich dem Unterricht fernbleiben, um während der Saison fleißig zu trainieren. Ich mißbrauchte diese Erlaubnis manchmal zu einem heimlichen Besuch des Gaumont-Kinos, das ich von meinem Platz im Schulzimmer aus sehen konnte. Eitelkeit der Eitelkeiten, schon liebte ich das Klicken der Fotoapparate, die leuchtenden Triumphbogen aus Glanzpapier, Wahrzeichen des Sieges . . .

Ich bebte vor Wut. So was! Mein Akzent war unelegant! Und das warf mir die gleiche Stimme vor, die mich gestern abend ihren Engel, ihren Honig genannt und mich die Lust gelehrt hatte. Ich konterte: »Mein Akzent kann nicht unelegant sein, Schwester, denn Sie selber haben ihn mir beigebracht; Sie müßten dann schon Ihre eigene Aussprache rügen, denn ich versuche nur, es Ihnen nachzutun . . . in allem, wie Sie wissen, Schwester!« Sie sprang auf: »Verlassen Sie das Klassenzimmer, Mademoiselle, Sie sind unverschämt, wir sprechen uns heute abend nach der Studierstunde!«

Ich sollte die Demütigung erfahren, vor die Tür gestellt zu werden; das war mir bisher, trotz meiner Frechheit noch nie passiert. Ich ballte die Fäuste und gehorchte nicht. »Nein«, sagte ich, starr wie ein Fels. Ich bot der erzürnten Nonne die Stirn. Vor dem Hintergrund der blauen Kittel und des gespannten Schweigens standen wir einander gegenüber, eine so hitzig wie die andere.

»Sie haben mich mit Ihrer Spitzfindigkeit aus der Ruhe gebracht. Bleiben Sie also auf Ihrem Platz, Maud, denn ich bin nicht ganz schuldlos. Aber tun Sie das nicht noch einmal, denn bei der nächsten Ungezogenheit kenne ich keine Nachsicht.«

Ich genoß meinen Sieg. Sie liebte mich also, denn sie hatte es nicht übers Herz gebracht, mich vor der Klasse zu blamieren, sie hatte sogar ihre Autorität als Lehrerin aufs Spiel gesetzt . . . Heureka! Plötzlich kam mir die Idee: ich würde Schriftstellerin werden, nicht um die dumpfe blöde Natur zu besingen, sondern um die Menschen zu beherrschen. Nietzsche hatte sich eine Welt vorgestellt, in der die privilegierten Männer regieren, die Übermenschen; ich hingegen würde die siegreichen Frauen besingen, die Überfrauen, und mein erstes Buch sollte betitelt sein: »Der Wille zur Macht bei der Frau im Wandel der Zeiten«, schlicht und einfach!

Eine kleine weißgekalkte Zelle, darin als einziger Schmuck eine Reproduktion von Tizians Magdalena mit üppigem Busen und Haar. Zum erstenmal betrat ich Schwester M.s Zimmer. »Du wirst deine Strafe bekommen, mein schwarzer Engel«, hauchte sie mir zu. »Das wird dich hoffentlich lehren, daß es besser ist, nachzugeben. Knie nieder und bitte demütig um Verzeihung.«

Ich wollte nicht gehorchen. Meine Träumereien über den Willen zur Macht kamen mir wieder in den Sinn. Nein, ich würde nicht nachgeben, und wenn sie mich behalten wollte, so würde sie mich so widerspenstig haben müssen, wie ich war. Ich starrte sie herausfordernd an. »Nun, ich sehe, wir müssen zu stärkeren Mitteln greifen. Gestern habe ich dich vor den Brennesseln beschützt, heute werde ich dich mit ihnen peitschen.«

Wie kräftig sie doch war, meine schöne Amazone! Wir waren beinah gleich groß, und jahrelanges Schlittschuhlaufen hatte meine Muskeln trainiert, aber es gelang ihr, mich auf den Fliesenboden zu werfen, mit dem Gesicht zur Erde. Ich schluchzte vor Ärger, als ein rasiermesserscharfer Schmerz mir einen Schrei entriß. S ie geißelte mein Gesäß mit den Brennesseln, und ich war nur noch ein einziges Feuer, eine riesige Schmach. Vor meinen verschleierten Augen sah ich die mittelalterlichen Stiche, auf denen Mönche in langsamer Prozession einander geißeln. Das Hinterteil Schwester M.s, die rittlings auf mir saß, quetschte mir die Rippen, und ich glitt in ein schmerzhaftes Delirium. Sooft sie ausatmete, traf ihr Atem zusammen mit den Hieben meine brennende Haut und kühlte sie. Allmählich schwangen meine Hüften im geforderten Rhythmus, und bald spürte ich mit Entsetzen den gleichen wohligen Fluß wie gestern abend zwischen meinen Schenkeln. Meine Peinigerin mußte es auch bemerkt haben, denn sie hörte auf, mich zu schlagen, warf die Nesseln beiseite, streifte zart mit den Lippen jedes Fleckchen meines wunden Rückens, vom Nacken bis zu den Schenkeln, wo sie die unfreiwillige Huldigung an ihre Grausamkeit in Empfang nahm.

War ich Masochistin? Ja, bestimmt[1], wenn diese mehr fr gezwungenerweise erduldete Demütigung mir ein so intensi gefühl verschaffte und wenn die Erinnerung an die Bußübung …en Magen zusammenzog. Aber mußte ich nicht gegen diese Schwäche ankämpfen? Ich war sechzehn und träumte von einem gesunden Mann, den ich beherrschen würde. Zudem war keine Zeit zu verlieren, denn der Krieg nahm mir, auch wenn er selber noch nicht in Bewegung gekommen war, jegliche Bewegungsfreiheit auf dem vorehelichen Kampffeld, wo jedes junge Mädchen aus besserem, geschweige denn gutem Haus sich bewähren mußte. Schon im vergangenen Jahr hatte ich an drei Soireen teilgenommen, weil ich mein Alter falsch angegeben hatte. Ich sah wirklich aus wie siebzehn, und der Junge, den ich als meinen Milchbruder bezeichnete, Laurent[1], frischgebackener Externer, hatte mich unter anderem zu einem Universitätsball begleitet, wo ich mit zwei »jungen Leuten aus guter Familie« getanzt hatte (was für ein gräßlicher Ausdruck, dachte ich, während ich bei der stillen Messe ein Gebet murmelte), mit Jean-Christophe[2], dem Sohn eines protestantischen Bankiers – was mir die endlosen Messen ersparen würde – groß, dunkel, witzig, sportlich, der es aber nie weiter gebracht hatte als bis zu einem Kuß auf den Mundwinkel im Juli, und mit Xavier[3], einem Wiking mit weizenblondem Haar und Brauen in einem frischen und rosigen Gesicht, der mein kohlschwarzes Gemüt entzückte. Xavier redete in Sprichwörtern, die Weisheit der Völker diente ihm als zweite Mutter, doch das kindliche Lächeln seiner kornblumenblauen Augen strafte seine formelhafte Sprache Lügen. Wirklich rührend, dieser Kadett, der bei Großmama Besuch machte und die unfromme Klosterschülerin die Hexenkünste von Le Rosaire vergessen ließ. Laurent, der Medizinstudent, stach durch seine robuste ländliche Konstitution von der Schlankheit seiner beiden Rivalen ab.

An dem Sonntag, der meiner denkwürdigen Auspeitschung (und den daraus entsprungenen Entschlüssen) folgte, berief ich meine drei Freunde zu einem Badeausflug ins Stadion von L'Isle-Adam, jedoch ohne anzugeben, daß das Duett, das jeder von ihnen erhoffte, in Wirklichkeit ein Quartett sein würde. Ich hatte meine Waffen geputzt: ein schmales dotterblumengelbes Leinenkleid, das meine bereits höchst

1 B O' X'
2 B' F' T D
3 H J S T P

…ozierenden Formen fast frech betonte; alles übrige, die Leinenschuhe mit Binderiemen bis über die Waden, ein Haarband à la Deanna Durbin in den braunen Locken, war ebenfalls von leuchtendem Gelb.

Am Bahnhof von Saint-Leu-la-Forêt postierte ich mich am Ausgang der Unterführung, um meinen Knaben aufzulauern. Xavier kam als erster; er war einem Erster-Klasse-Wagen entstiegen und trug die Uniform der Pharmaziestudenten. Ihm folgte Jean-Christophe in grauer Hose und marineblauem Blazer mit Silberknöpfen. Laurent, der weder die Mittel noch den Geschmack zu großem Gepränge besaß, streckte endlich sein gutmütiges Bulldoggengesicht mit dem kastanienbraunen Schopf aus einer Tür der Dritten Klasse. Von meinem Posten aus winkte ich zum Bahnsteig hinüber, begrüßte sie alle drei gleichzeitig. Natürlich bezog jeder meinen Gruß einzig auf sich, und ich lachte, weil ich sie so hereingelegt hatte. Immer vier Stufen auf einmal nehmend sprang ich von meinem Ausguck herunter und schmatzte zwei Ammenküsse auf Laurents Pausbacken, während ich beim Anblick der beiden entgeisterten Rivalen fast platzte vor Lachen. »Wie geht's, Alter? Grüß dich, Jean-Christophe, du siehst aus wie Beau Brummel persönlich in diesem Blazer! Na, na, Xavier, wer wird denn ein solches Gesicht machen . . .« Ich redete wie Célimène. Und trotz ihrer Enttäuschung – im Grund allerdings war jeder überzeugt, die beiden anderen haushoch auszustechen – stimmten meine drei Romeos schließlich in mein Lachen ein.

Am Lachen erkennt man den Narren, wie Xavier sagen würde. »Kommt, küßt mich alle drei. Ich habe drei Fahrräder organisiert, von Großpapa, von Papa und vom Gärtner. Und wir nehmen auch Blondin mit, meine dreizehnjährige Schwester, sie ist bigott, eine Nervensäge, aber ausgesprochen reizend, und außerdem hat's Mama so befohlen; wenn wir tüchtig strampeln, sind wir in einer halben Stunde im Schwimmbad.«

Die drei Jungen küßten meine Wangen und meine Stupsnase. Ich war entzückt, daß unser Grüppchen Aufsehen erregte und daß man uns mißbilligend betrachtete. Meine Großeltern, die das wohlhabendste Haus in der Gegend besaßen, zählten zu den Honoratioren, und mein pariserisch-ungezwungenes Benehmen schockierte die provinzlerischen Pfahlbürger, die nur zwei Sorten von jungen Mädchen kannten: die behüteten und die unbehüteten. Mama hatte dennoch eine Kompromißlösung gefunden, die alle süßsauren Bemerkungen der Nachbarn zu beschwichtigen vermochte: Ich durfte bis zum Dunkelwerden ohne Anstandsdame ausgehen, Mondscheinpromenaden aber waren mir verboten. Und falls es sich um einen Bummel mit einem einzigen Verehrer handelte, fungierte die fromme und artige Blondin als Tugendwächterin.

Als mein Schwesterchen uns sah, wie wir alle vier lärmend daherkamen, errötete sie, wollte fliehen, blieb mit den Füßen im Fahrrad hängen und kam in einem Geflatter von rosa Unterröcken zur Strecke. Sie schlug sich das Knie auf, doch Laurent beurteilte die Schmarre sachkundig als harmlos. Ich sah, wie Blondin zurückzuckte, als der Medizinstudent, nachdem er sie aufgehoben hatte, ihr Bein abtastete, und ich begriff, wie zurückhaltend und schamhaft sie, trotz ihrer vielversprechenden grünen Augen, mit ihren dreizehn Jahren war. Liebe kleine Schwester! Ich küßte sie zärtlich, klopfte das zerknitterte Kleid zurecht, und wir bestiegen unsere Räder. Krieg hin, Krieg her, was gibt es Schöneres für eine Sechzehnjährige, als auf einer besonnten Straße in Begleitung dreier Verehrer dahinzuradeln!

Ein Jammer! Ich hatte keinen Lastex-Badeanzug, wie diese platinblonde junge Frau, die mit ihrem Mann Federball spielte. Großmutterchen war nicht nur Spezialistin für Reiskuchen und Apfelcharlotte, sie glänzte auch in zahlreichen Handarbeiten. Ob mit Strick- oder Häkelnadel, unermüdlich fertigte sie Pullover, Schlittschuhkleider und Badeanzüge! Blondin trug einen himmelblauen mit weißer Angoraborte, und der meine war ganz weiß mit flauschigen Trägern und Ausschnittkanten. Ich sah aus wie ein kleines Mädchen, und, was noch schlimmer war, wie ein dickes kleines Mädchen, denn Großmutter hatte, damit die Handarbeitstechnik besser zur Wirkung kam, ein Zopfmuster ausgeknobelt, das meinen göttlichen Wuchs schauderhaft vergröberte! Sogar meine Brust war formlos unter dieser dicken Wolle. Ich war häßlich, und ich wünschte sämtliche strickenden Großmütter im allgemeinen und die meine im besonderen unter die Guillotine.

Beim Ball-über-die-Schnur schlugen Laurent und ich das Team Jean-Christophe und Xavier in Grund und Boden. Ich war entzückt. Aber ich wollte um keinen Preis zugeben, daß Laurents Scharfschüsse diese verheerende Wirkung hatten. »Verflixter Tarzan«, sagte ich zu ihm. »Noch nie habe ich einen Jungen in einer Tigerbadehose gesehen, aber sie steht dir schrecklich gut; ich komme mir vor wie Dorothy Lamour, das Mädchen aus dem Urwald . . .«

»So siehst du aus! Du Wickelkind in deinem Babyanzug!«

Wütend bearbeitete ich ihn mit beiden Fäusten. Die anderen mußten uns trennen. »Los, alle in die Brühe!« schrie er. Und er sprang vom

Fünf-Meter-Brett. Auch ich sauste in einem »Salto vorwärts«, dem Clou meiner Vorführungen, ins Wasser. Jean-Christophe verpatzte seinen Hecht, und ich mußte mit Bedauern feststellen, daß mein eleganter Tänzer vom Vorjahr an einer Akne litt, die einen schmächtigen Körper bedeckte. Ausgemustert, dachte ich, nie würde ich mich an eine hohle Brust schmiegen können, die noch dazu mit Flecken und Pickeln besät ist. Xavier dagegen in seiner grünen Badehose hatte feste und glatte Muskeln, wohlgebaute Schultern und golden beflaumte Beine. Das Nacktsein stand ihm gut. Doch Laurents behaarte Flanken und seine Ungezwungenheit wirkten männlicher. Ich zögerte, verschob die Entscheidung auf später. Xavier sprang nicht, Blondin hopste ins Wasser, indem sie sich die Nase zuhielt. »Ich kann nicht springen«, gestand Xavier mit einer Schlichtheit, die mir geradewegs zu Herzen ging. Würde ich ein echtes Weibchen werden, mitleidig, nachsichtig? Nur das nicht! »Kommen Sie mit, Xavier, ich zeige es Ihnen, Sie werden sehen, es geht ganz leicht.«

Wir placierten uns am Flußufer; ich ließ Xavier niederknien – das ist einfacher für den Anfang, versicherte ich –, befahl ihm, den Kopf zwischen die fest verschlungenen Arme zu stecken und sich so senkrecht wie möglich wie ein Stein ins Wasser fallen zu lassen . . . Es war eine sensationelle Bauchlandung, aber zu meinem eigenen Erstaunen lachte ich nicht. Diese Ungeschicklichkeit eines so gut aussehenden Jungen, der ohne Zögern sich der Lächerlichkeit aussetzte, um mir zu gefallen, gefiel mir wirklich. »Noch einmal, Xavier. Beim erstenmal kann es nicht klappen. Schauen Sie Blondin an, sie springt von jeder beliebigen Höhe, aber sie bringt einfach keinen Kopfsprung fertig. Sie sind schon viel mutiger!« Der Vergleich mit dieser Kleinen war wohl kein großer Trost, aber er nahm wacker nochmals die Ausgangsstellung ein, obwohl der Aufprall seine alabasterfarbene Brust krebsrot gefärbt hatte.

Ich stand hinter ihm, meine Schenkel schlossen sich um seine Hüften, wenn ich ihm den Kopf nach vorn drückte, und ich spürte, daß der Kontakt mit seinem Körper mich in Erregung versetzte. Ich streichelte seinen Nacken, und plötzlich wiederholte ich die gezielten Liebkosungen Schwester M.s. Eine Sekunde lang preßte ich meinen Bauch an sein Haar, und ich empfand die gleiche Verwirrung wie in der vergangenen Woche, als sich im Durcheinander der Züchtigung eine Locke aus der Frisur meiner Peinigerin gelöst hatte . . . Der Sprung gelang besser: hatte ich meine Bewegung auf den Jungen übertragen, hatte er meine Begierde gefühlt?

Zehn Minuten später strahlte er, jeder Sprung war tadellos, und er dankte mir so herzlich, wie seine zurückhaltende Art es zuließ. Ich triumphierte. Zehn Jahre lang, gestand er mir, hatte er vergeblich versucht, das Springen zu lernen, und nun war mir in zehn Minuten gelungen, woran alle anderen gescheitert waren. Er küßte leicht mein Handgelenk. Ich lauerte auf die Wirkung. Nichts; na, wenn schon. »Ins Wasser!« Laurent und ich gaben eine Vorstellung in Wasserski, wir sausten hinter einem lärmenden Boot her und beendeten unsere Show Hand in Hand unter dem Beifall des Publikums, denn im Jahr 1940 steckte diese Sportart noch in den Kinderschuhen und wir galten als Pioniere. Danach machten wir, um trocken zu werden, einen Dauerlauf zu unseren Kabinen.

Wie köstlich, wieder in das verführerische gelbe Kleidchen zu schlüpfen! Ich fragte Blondin nach ihrer Meinung über meine Verehrer, von denen sie bisher nur Laurent gekannt hatte, den Freund der Familie. »Der Braune ist sympathisch, aber schrecklich. Aber der Blonde, der so träumerisch aussieht, ist ein richtiger Märchenprinz. Und dann ist er gut erzogen, nicht wie Laurent. Aber für dich schwimmt er wirklich nicht gut genug, du würdest ihn bald abhängen.« O ahnungsvolle Unschuld! Wie gut sie alles instinktiv erfaßte, mein keusches Schwesterchen!

In der kleinen Wirtschaft stopften wir uns mit Würstchen und Senf voll, die zu Hause verpönt waren, folglich eine Köstlichkeit, und mit öligen Pommes frites, dazu tranken wir Limonade aus der Flasche, die reihum ging, meine Schwester und ich tranken zuerst, danach die Jungen. Ich legte mich zu unserem Imbiß hin, stützte einen Ellbogen auf und versuchte mich in den Odaliskenposen eines »Frühstücks im Grünen«. Aber ach! Ich war nicht nackt, doch indem ich die Fußspitze ausstreckte, ließ ich die Wade spielen und lässig den gebogten Saum meines Batistunterrocks hervorgucken, während ich mit abgespreiztem kleinen Finger, wie die Freundinnen meiner Großmutter, meine Würstchen verspeiste. »Du hast uns wohl noch nicht genug becirct, Mata Hari«, rief Laurent, dem ich seit unserer Kindheit erfolglos zu imponieren versuchte. »Wenn du bei den Medizinern deine Beine so zeigen würdest und Gesichter schneiden wie die Katze vor dem Milchtopf, dann hätten wir alle drei dich im Handumdrehen vernascht . . .«

»Hör auf«, erwiderte ich und wies auf Blondin, die über solche Reden entsetzt war, »du elender Fleischbeschauer, du bist völlig verdorben von den Zottelweibern, mit denen du umgehst. Ich aber, ich bin ein schöner schwarzer Engel.«

»Ein was? Das darf doch nicht wahr sein!« spöttelte Laurent. »Wer hat dich denn so getauft?«

»Eine himmlische Person«, erwiderte ich unüberlegt, »Schwester M., meine Englischlehrerin.«

Daß ich sie vor den anderen so nannte, preßte mir die Kehle zusammen. Nervös riß ich ein Grasbüschel aus, um Haltung zu wahren.

Jean-Christophe, der sich den ganzen Vormittag kaum bemerkbar gemacht hatte, erriet wohl, daß seine unkleidsame Nacktheit mir nicht gefiel; er beugte sich zu mir und murmelte melancholisch, wobei er an seinem Ohrläppchen zupfte: »Sie hat recht, Ihre fromme Schwester, schöner schwarzer Engel. Sie sind wirklich nicht für ein normales Dasein geschaffen, Maud, alles an Ihnen atmet Sünde . . .«

»Wie kann man nur so puritanisch sein«, gab ich zurück, halb im Ernst, halb im Scherz. »Sehe ich denn aus, als gehörte ich einem Teufelsvolk an, einem Barbarenstamm? Was wollen Sie damit sagen?«

»Gar nichts«, fiel Xavier ein, »die Protestanten sehen nur den Teufel überall und pflegen die Heuchelei wie eine Treibhauspflanze.«

»Ihr Katholiken seid genauso heuchlerisch wie wir – vorausgesetzt, daß wir es überhaupt sind, was noch zu beweisen wäre«, versetzte Jean-Christophe heftig.

»Schweigt jetzt, ihr Sonntagsphilosophen! Blondin ist sehr fromm und ihr schockiert sie mit eurem dummen Gerede. Und nebenbei gesagt, weniger Worte und mehr Taten . . . Noch steht Plato nicht auf meinem Lehrplan; der kommt erst im nächsten Jahr.«

Laurent und Jean-Christophe stürzten sich auf mich und wir balgten uns im Gras. Männerhaare gerieten mir in den Mund, und eine Hand die flüchtig – und ganz zufällig? – meine Brust gefaßt hatte, tat mir weh. Um Atem ringend lachte ich über diese beiden Jungen deren Begierde meine eigene anstachelte. Aber über ihren Körpern, die sich auf mir herumwälzten, versuchte meine neugierige Glut eine dritte Begierde zu reizen. Plötzlich brach sie auf. Xavier, der ruhige Xavier, hatte sich zwischen die beiden Jungen und mich geworfen und mischte sich hitzig mit Fußtritten und Faustschlägen in das Durcheinander von Beinen und Armen. Ich nutzte die Gelegenheit, um mich dem Handgemenge zu entziehen und Blondin, die über das Getümmel entsetzt war, bei der Hand zu nehmen. »Da siehst du die Macht der Frau. Sie prügeln sich um mich, diese wohlerzogenen Knaben, primitiv wie Neandertaler. Und du, mein schönes Schwesterchen, wirst das bald auch erleben. Mir macht das Spaß«, fügte ich spöttisch hinzu, »sie aufs äußerste zu reizen, ich will Blut sehen!«

»Ich nicht«, protestierte Blondin, »ich sehe das gar nicht gern. Sie sind in dich verliebt, und du machst dich über sie lustig. Und dabei, Maud, ist Krieg. Xavier ist schon eingezogen, und die anderen kommen auch bald an die Reihe; denkst du überhaupt daran, denkst du an die Gefahren, die der Krieg mit sich bringt? In der Schule haben wir gelernt, daß die Soldaten viel ertragen müssen und daß man sehr freundlich mit ihnen sein muß, nachsichtig. Und du, du bringst sie in Rage, und ich möchte so gern, daß du nicht wärst wie die anderen Mädchen. Maud, du bist so viel mehr wert als die anderen!«

»Verzeih, mein Herz, du hast recht. Ich bin gemein, aber ich kann nicht dagegen an. Also gut, ich werde sie zähmen. Schau die Dompteuse und ihre Raubtiere an . . .«

Ich klatschte in die Hände, brüllte, um den Tumult zu übertönen: »Schluß jetzt, meine Herren, die Pause ist vorbei. Sie haben Kampfgeist bewiesen, das ist gut, aber ich erkläre Blondin zur alleinigen Siegerin, denn sie ist die einzige vernünftige Person hier. Los, sparen Sie Ihre Kräfte fürs Studium; und außerdem wird es bald regnen. Regen Sie sich ab. Wir fahren heim nach Saint-Leu und legen ein paar Platten auf. Ich habe ›Caravan‹. Ich schwärme für den Duke. Und dann spielen wir Tischtennis. Laurent, du bist mir noch Revanche schuldig. Und was Großmamas Obstkuchen betrifft, der ist nicht nur ein Augenschmaus . . .«

Ich klopfte den staubigen Blazer unseres künftigen Brummel der Anwaltskammer aus, reichte dem struppigen Medikus meinen Kamm und meine Hand dem Wiking, den ich das Schwimmen gelehrt hatte . . .

IV Die zweite Verführung – ein Bräutigam

Sieg! Ich war verlobt. Mit sechzehneinhalb Jahren. Das ganze Kloster beglückwünschte mich, aufrichtig oder geheuchelt. Wie hatte ich es nur fertig gebracht, an zwei Sonntagen dieses Kriegsfrühlings das kapitalste Jagdwild aufzustöbern, einen reichen und schönen Junggesellen von sechsundzwanzig Jahren?

Nach unserer Heimkehr vom Schwimmen mußten wir getrocknet und mit zahlreichen Grogs aufgewärmt werden. Wir Schwestern hatten uns umgezogen, wir trugen jetzt mollige Pullover in Jacquard-Musterung, ebenfalls Meisterwerke der Großmama. Meine Mutter regte sich über die Unvorsichtigkeit dieser Jugend auf, die ohne Wollzeug zu einem Picknick auszog, während unsere alte Pauline, gutmütig und brummelnd wie immer, die nackten Oberkörper der Jungen mit Roßhaarhandschuh und Eau de Cologne massierte. Ich klopfte an die Tür des Badezimmers. »Hütet euch vor Pauline«, rief ich; »als ich klein war, hat sie mir die Haut bei lebendigem Leibe abgezogen. Sie hat den Reinlichkeitsfimmel ...«

»Willst du wohl machen, daß du wegkommst, Maud!« schrie die alte Magd wütend. »Was hat ein anständiges Mädchen hier zu suchen, wo es von splitternackten Jungen wimmelt?«

»Splitternackt sind sie leider nicht, Pauline, vorhin im Schwimmbad waren sie viel nackter.«

»Wir sind alte Römer in der Toga«, scherzte Laurent, der in ein Badetuch gewickelt war.

»Nun denn, meine siegreichen Gladiatoren, die Vestalin wird euch mit Blumen bekränzen – es lebe die römische Orgie!« Ich schwang einen Armvoll Margeriten, die ich aus der Dielenvase gerissen hatte.

Trotz Paulines Zorn krönte ich die puterroten Köpfe. In dem überheizten Badezimmer schwebte ein Geruch nach nassen Männern und Lavendelwasser, in den sich der beißende Rauch von Jean-Christophes Gauloises mischte. Diese Sirupluft und die Atmosphäre eines römischen Bades erregten mich so sehr, daß ich beinah schwankte ... Eine blauweiße Gestalt hob sich riesig aus den Dampfschwaden der Badestube ... Schwester M., bewaffnet mit einer Reitgerte aus dem königlichen Marstall, ragte in ihren Nonnengewändern über winzigen jungen Männern auf und peitschte sie mit der gleichen unbarmherzigen Hand aus, die mich mit Brennesseln gegeißelt hatte. Sie riß die Frotteetoga weg, und die jungen Männer knieten zu ihren Füßen nieder, um die Abdrücke der groben Sandalen zu küssen. Sie war *ich*, und auch ich war absolute Herrscherin ... Trunken von Machtgefühl drehte ich mich im Kreis und peitschte dabei mit meinen schon welken Blumen die Hüften meiner Kameraden. »Männchen machen!« schrie ich Laurent an. »Küsse meine Knöchel! Ich bin eure Kaiserin!« Und dann trat ich plötzlich auf den erstarrten Xavier zu und preßte meine Lippen auf seinen Mund.

Schon stürzte Pauline sich auf uns, packte mich an der Schulter und riß mich weg. »Dieses Kind ist reif fürs Irrenhaus!« rief sie. »Und ihr Nichtsnutze macht sie noch vollends verrückt. Ich sage es deinen Großeltern, sobald sie vom Bridge zurückkommen.« Die Androhung eines häuslichen Verweises ernüchterte mich, und ich ging, stocksteif in einer Anwandlung von Würde, aus dem Badezimmer.

Ob Xavier erraten hatte, daß er der Grund für meine Überspanntheit war? Ich hoffte es, und als ich meine Freunde zum Bahnhof zurückbegleitete, flüsterte ich ihm ins Ohr: »Kommen Sie nächsten Sonntag wieder, Xavier, bitte. Dann sind wir allein.« Und für die anderen verkündete ich mit lauter Stimme, daß ich, leider, wegen der Prüfungen am nächsten Sonntag nicht ausgehen könne.

Er kam wieder. Er hat mich per Fahrrad nach Enghien begleitet, und Hand in Hand sind wir um den See spaziert, den die Prinzessin Mathilde im Alter so sehr liebte. Natürlich hat er mir sein Leben erzählt: eine Mutter, die das Personal tyrannisiert, der Vater Notar und Pazifist, der sich an der Gemeindepolitik abreagierte, und er selber fleißiger Pharmaziestudent im vorletzten Semester, der nach zahlreichen Liebeleien im Quartier Latin eine verheiratete Geliebte besaß, die sich mit der ganzen Verzweiflung der letzten Liebe an ihn klammerte.

Die Runde um den See rundete den Ablauf dieses Lebens in sechsundzwanzig Lenzen. »Von mir«, sagte ich liebevoll, »gibt es so viel zu berichten, daß ein einziger Rundgang nicht ausreicht. Einmal das Schlittschuhlaufen, dann Baudelaire, jetzt Sie und das Abitur . . .« Als er mich küßte, streichelte ich seinen Nacken, den der Militärbarbier kahlgeschoren hatte. Ich flehte: »Xavier, wenn der Krieg zu Ende ist und wir verheiratet sind, dann läßt du dein Haar wachsen, ja? Ich mag dein helles feines Haar. Weißt du, daß ich dich meinen Wiking nenne, wenn ich allein bin? Und die Wikinger tragen das Haar bis zu den Schultern. Ich werde deine Sirene sein . . .«

Ein Freudentag bei meinen Großeltern, dieser Sonntag, an dem wir um ihren Segen baten. Großmama zerdrückte das übliche Tränchen, und Großpapa, ehemaliger Dragoner, fragte Xavier über seine Fähigkeiten als Reiter aus. Papa, der vor allem Geschäftsmann war, bedauerte aufs tiefste den Krieg und mein jugendliches Alter, beglückwünschte sich jedoch zu einem Schwiegersohn, dessen Vater Notar war, und Mama seufzte vor Erleichterung, weil ihr Vamp-Töchterchen einen mehr als respektablen Verlobten ins Haus gebracht hatte.

Xavier lag in Beauvais in Garnison, als Hilfsapotheker beim Sanitätsdienst, doch da er an Wochentagen seinen Standort nicht verlassen durfte, wurde beschlossen, daß meine Mutter und ich am kommenden Donnerstag ohne ihn die Bekanntschaft meiner künftigen Schwiegermutter im Salon de Thé des Kaufhauses »Printemps« in Paris machen sollten. Mein ganzes Leben lang werde ich mich an dieses lächerliche voreheliche Palaver erinnern. Aus dem altmodischen Nerz einer alten

Provinzlerin schauten zwei pergamentene Hände hervor, überladen mit Brillanten und Smaragden, die weit feuriger waren als die Augen. Mama dagegen, die ihre fünfunddreißig Jahre mühelos trug, war als fabelhaft elegante Pariserin in Otterpelz und schwarzem Crêpe erschienen. Diese Zurschaustellung von Reichtum und unnützem Rauchwerk an einem recht warmen Maitag reizte die Klosterschülerin in ihrem beigefarbenen Kostüm um so mehr zum Lachen, als beide Damen sich als Erkennungszeichen einen Veilchenstrauß ans Revers gesteckt hatten. Ich kann mir gut vorstellen, daß die Kandidaten eines Eheanbahnungsinstituts so zu ihrem ersten Treffen beflaggt sind!

Es war klar, daß weder Xavier noch ich die Hauptpersonen dieser »standesgemäßen« Heirat waren, daß vielmehr unsere Mütter beabsichtigten, das Ereignis nach einem von ihnen allein aufgestellten Protokoll ablaufen zu lassen. Wenn Madame d'Orny mit ihrer Hexennase und den Hexenfingern auch nichts an sich hatte, was eine künftige Schwiegertochter beruhigen mochte, so mußte man doch den Hut vor ihr ziehen: sie hatte vor dem Ersten Weltkrieg das Staatsexamen abgelegt, ein großes Verdienst für eine junge Dame in gesicherten Verhältnissen, in einer Zeit der Stickarbeiten und des Gebets einer Jungfrau auf dem Familienpiano! »Wie jung sie ist!« rief sie bei meinem Anblick aus, was nicht übertrieben originell war, und umarmte mich. »Ich bin sechzehneinhalb, Madame, im nächsten Monat mache ich das Abitur, und ich werde auch nach meiner Heirat weiterstudieren. Xavier ist damit einverstanden.« Ich hatte ins Schwarze getroffen: der alte Blaustrumpf war entzückt von einer bildungs- und diplomwütigen Schwiegertochter. Endlich würde ihr Nesthäkchen eine intelligente junge Person heiraten, während die beiden ältesten sich Frauen ohne jeden Ehrgeiz ausgesucht hatten. Dann sprachen wir über Verlobungsringe, und beim Anblick von Madame d'Ornys Juwelen begriff ich, daß mein Brautreif nicht nur symbolischen Wert haben dürfte.

Ach! Familien! Ich haßte euch ganz und gar nicht, solange ihr meiner törichten Backfischeitelkeit geschmeichelt habt. An einem Montag, während der Englischstunde, beugte sich meine Nachbarin, Belba Martinez de Haz, eine lebhafte und lachlustige Argentinierin, über meine Hand und stieß in ihrer Muttersprache ein trompetendes »Por Diós!« aus.

»Aber Belba! Was ist denn los? Sie sind ein so guterzogenes Mädchen, und jetzt fluchen Sie – noch dazu auf spanisch«, fügte Schwester M. nicht ohne Bosheit hinzu. »Ich bitte um eine Erklärung.«

»*I am sorry*, es ist wegen Mauds Ring.«

»Maud, Sie wissen ganz genau, daß es verboten ist, in der Schule Schmuck zu tragen. Nehmen Sie bitte diesen Ring ab, ich konfisziere ihn bis heute abend.«

»Unmöglich, Schwester«, erwiderte ich mit meinem süßesten Lächeln, »dies ist mein Verlobungsring, und ich beabsichtige, mich bis zu meiner demnächst stattfindenden Hochzeit nicht von diesem Brillanten zu trennen.«

Schwester M. war blaß geworden; die Neuigkeit hatte sie getroffen, aber sie war hart im Nehmen. Wie ein Boxer, der sich eine Kampfpause zunutze macht, holte sie tief Atem: »Ich wäre glücklich gewesen, Sie als erste beglückwünschen zu dürfen, wenn Sie geruht hätten, Ihren Lehrern Mitteilung zu machen, kleine Geheimniskrämerin! Behalten Sie Ihren Ring, und seien Sie überzeugt, daß ich um Ihr Glück zur heiligen Jungfrau beten werde.«

Als Schwester M. mir am gleichen Tag nach der abendlichen Studierstunde die Tür ihrer Zelle öffnete, hatte sie viel von ihrer stolzen Überlegenheit eingebüßt; im Halbdunkel zeigten ihre zweifarbenen Augen nicht einmal jenen doppelten Glanz, der mich fasziniert hatte: sie schienen verwaschen und farblos. Unkorrigierte Aufgaben lagen überall herum. Tizians Magdalena leuchtete noch immer im Glanz ihres friedlichen Fleisches, aber dieses Strahlen wirkte deplaciert in einer verstörten Umgebung. Schwester M. packte rauh meine Schultern, drückte mich an ihr grobes Gewand und murmelte: »Mein Engel, ach, du bist gekommen! Welche Freude! Ich danke dir, mein Gott, daß du sie mir geschickt hast. Ich danke dir!«

Tränen liefen von ihrer Wange auf meinen Hals, dicke warme Tränen; und ich spürte das gefährliche Prickeln aufsteigen, das den sentimentalen Ergüssen vorangeht, aber ich hatte mir gelobt, ruhig zu bleiben, schluckte also tapfer. »Reden Sie kein dummes Zeug, Schwester M. Ich wollte mir nur die Wirkung meiner Verlobung auf Sie anschauen. Hier ist übrigens das Foto des Verführers, er ist schön, nicht wahr? Etwa der gleiche Typus wie Sie, blond und schlank, ja, sogar ganz genau. Und schauen Sie meinen zehnkarätigen Ring an. Ah! Das ist ein Mann! Er will mich nach dem Abitur heiraten. Sie kommen zur Hochzeit, nicht wahr, meine Liebe?«

Vor meinem Sarkasmus hatte Schwester M. ihre Heftigkeit wiedergefunden; sie ohrfeigte mich mit aller Wucht. Ich reagierte sofort: »O nein, Schwester, Schluß mit den Zöglingsspielen. Keine Ohrfeigen, keine Prügel mehr. Wenn Sie mich noch einmal haben wollen, müssen Sie mich auf Knien darum bitten. Ich habe das Gefühl, daß ich Sie gern werde betteln hören ..., wenn nicht, dann gehe ich sofort.« Und ich wandte mich zur Tür.

»Nein! So kommst du nicht weg. Erkläre mir zunächst, wie es zu dieser lächerlichen Verlobung gekommen ist; danach sehen wir weiter.«

»Ich erkläre gar nichts, ehe Sie nicht vor Ihrer Maria Magdalena knien, es wird dann um so erhebender.«

Meine haselnußbraunen Augen wurden schwarz. Ich war nicht zornig, aber ich spürte, wie meine Muskeln, meine Nerven sich spannten; ich wollte sie zu meinen Füßen sehen. Ich betrachtete sie schweigend. Ich hatte die Arme über der Brust gekreuzt, eine Art Herausforderung, denn diese als unweiblich verpönte Haltung war uns verboten. Plötzlich sank sie vor mir zu Boden, sie ließ sich auf die Fersen nieder und umklammerte meine Fußgelenke. »Und jetzt erzähle, mein Engel. Ich liebe dich.« Diese Worte, die sie noch nie zu mir gesagt hatte, steigerten meine Erregung. Ich preßte die brennenden Schenkel zusammen, um das Begehren noch einen Augenblick festzuhalten ... »Sie lieben mich, und Sie haben kein Recht dazu, Schwester; legen Sie doch diese Kutte ab, in der Sie so schön sind – und so falsch. Sie haben mir die Lüge und die Lust beigebracht, und Sie dachten wohl, daß ich kuschen würde; aber ich verachte Sie, Schwester M., denn ich war ehrlich und arglos, bis Sie mich küßten ... und züchtigten; jetzt bin ich schlecht und unglücklich. Ich wollte von mir loskommen und von dieser verbotenen Liebe. So habe ich beschlossen, Sie zu verlassen und den Illustriertenroman-Bräutigam zu heiraten, um den alle meine Mitschülerinnen mich beneiden ...«

»Du wirst sehr glücklich sein, und du wirst viele Kinderchen haben«, spottete sie und wollte sich aufrichten, aber mein Fuß hielt ihren Schenkel fest.

»Nein, bleiben Sie, ich will es.«

Und als ihre Niederlage feststand, hob ich mit beiden Händen meinen Schulkittel bis über die schwarzen Strümpfe und bot ihrem aufgelösten Gesicht die glückliche Niederlage meiner Lust.

V Mein erster Geliebter

Mama glaubte, Xavier und ich wären im Kino. Sie hatte mich nach Beauvais begleitet, damit die Verlobten sich wenigstens ein paar Stunden sehen könnten, denn die Soldaten, auch die Angehörigen des Sanitätskorps, durften ihre Garnison nicht verlassen.

Nach dem deutschen Überfall auf Belgien strömten die Flüchtlinge mit ihrer Last an Elend und Jammer herbei, schwankend unter Matratzen, Großmüttern, Käfigen mit Wellensittichen. Und uns Franzosen stellte sich die beängstigende Frage: werden wir auch bald an der Reihe sein?

Meine taktvolle Mama, die uns ihre Gegenwart nicht aufdrängen wollte, beschloß, nach einem frugalen Mittagessen im Grandhotel des Ortes, methodisch diese Hauptstadt des Departements Oise zu besichtigen, die durch Jeanne Hachette berühmt geworden war. Sobald Mama weg war, lehnte ich Xaviers loyalen Vorschlag, ins Kino zu gehen, rundweg ab. »Zeig mir lieber dein Zimmer, ich habe dir etwas mitgebracht, damit du an mich denkst, wenn ich nicht da bin.«

»Aber Maud, das kann nicht dein Ernst sein, was würden die Wirtsleute sagen? Wir wollen auf deine Mutter warten, gib mir inzwischen dieses Geschenk, meine Liebe, obwohl ich es kaum nötig habe, um immer an dich zu denken. Außerdem ist mein Zimmer abscheulich.«

»Was tut das? Ich möchte es sehen. Hast du denn gar keine Lust, mich zu küssen?«

»Dummes Ding«, murmelte er ernsthaft, sehr ernsthaft.

Ich lag nackt auf dem Rücken und betrachtete starr ein geometrisches Spinngewebe an der Decke. War ich in seinem Netz gefangen? War ich Jäger oder Opfer? Ich hatte das Gefühl, die Augen nie mehr von dieser abstrakten Figur lösen zu können, die aus meinem Blut gewebt war.

Das also war die Liebe mit einem Mann, diese quallige widerliche Sache, die mir wehgetan und nicht das geringste Vergnügen verschafft hatte? Dieser ungeschickte Partner, der jetzt mit zufriedener Miene neben mir lag und die flache Hand auf meinem Schenkel ruhen ließ, war also der Gefährte fürs Leben! dachte melancholisch das arme, katholische Mädchen, in dessen Familie es nie eine Scheidung gegeben hatte – Gott sei gelobt, wie Schwiegermamachen sagen würde.

Und wie waren wir in dieses Unheil geraten? Erstarrt auf dem zweifelhaften Laken voller Kaffeeflecken überdachte ich meinen neuen Zustand. Jetzt war ich eine Frau! Und dieser nette, blonde junge Mann spielte die Rolle meines Geliebten. Es war zum Tränenlachen; denn um, wie man sagt, meine Unschuld zu verlieren, hatte ich ihn erst in aller Unschuld verführen müssen.

Schon im Fahrstuhl hatte er sich vor Verlegenheit eine Zigarette angezündet, die ich ihm sogleich aus den Fingern riß. In seinem gräßlichen Zimmer mit den braungrau gestreiften Tapeten dienten ein grau gestrichener Toilettentisch Louis-XVI-»Trianon« und eine durchgesessene, mit vergilbtem Perkal bezogene Bergère als Ablage für schmutzige Socken, eine Unterhose und ein Khakihemd. Eine geöffnete Pralinenschachtel teilte den Platz auf dem Nachtkästchen mit einem abstoßenden Emaille-Inhalator. »Verzeih, Liebste, ich habe dich nicht erwartet, und mein Zimmer ist noch nicht aufgeräumt worden.«

»Das ist doch unwichtig«, hörte die Heuchlerin sich sagen, »wenn wir nur beisammen sind.«

Er küßte mich, wie er mich schon früher mehrmals geküßt hatte. Ich empfand nichts dabei, absolut nichts, weder Erregung noch Abscheu. Nur Gleichgültigkeit. Aber ich mußte handeln, denn er hatte offensichtlich nicht eine Sekunde lang daran gedacht, aus seiner Verlobten seine Geliebte zu machen. So ergriff ich, während er mich küßte, seine Hand und legte sie auf meine linke Brust, die nach meiner Erfahrung mit Schwester M. die empfindlichere war. Ich bebte, als ich im Geist den Schlüsselnamen meiner Lust aussprach, doch der Tölpel faßte meine andere Brust, malträtierte sie kunstlos, lähmte sogleich das erwachende Gefühl. Ich wich zurück, um seinen taktischen Irrtümern ein schnelles Ende zu bereiten, und zog mein rotseidenes weißgetupftes Hemdblusenkleid aus, das mir noch am gleichen Morgen hinreißend vorgekommen war, das sich jedoch in der Praxis als nicht genügend verführerisch erwies für eine Vergewaltigung fester Grundsätze.

Meine Unterkleidung war nicht mehr klösterlich, denn ein Hemdhöschen aus mandelgrünem Crêpe de Chine, das ich Mama stibitzt hatte, war alles, was ich trug: Ich hatte gefunden, daß Höschen und Büstenhalter aus lachsfarbener Baumwolle, ganz zu schweigen von einem Mieder, sich zu schlecht mit diesem hauchdünnen Wäschestück vertrugen, das ein wenig weit um meinen festen langbeinigen Mädchenkörper flatterte. »Wie finden Sie mich?« Hüftenschwingend ging ich zum Toilettentisch, wo meine offene Handtasche lag, und nahm eine Fotografie heraus, auf der ich lässig an einem blühenden Kirschbaum lehnte. Ein Blick in den Spiegel hatte mich über mein verführerisches Aussehen beruhigt: schwarzes Haar, das über rosigbraune Schultern floß, leicht verruchte Miene, um eine gewisse Angst vor dem selber provozierten Ereignis zu besiegen – nur ein Heiliger hätte mir widerstehen können, dachte ich in aller Bescheidenheit ... Der Verlobte erlag der Versuchung, er lief mir nach, um »sein« Foto in Sicherheit zu bringen, und wir rollten eng umschlungen aufs Bett. Plötzlich hörte er auf, mir Hals, Lippen und Schultern zu küssen und verschwand ins Badezimmer. Gleich darauf kam er im weißen Slip wieder zum Vorschein, doch seine kurze Abwesenheit hatte genügt, um mein Begehren in Unruhe zu verwandeln. Mein Parfüm hieß »Rumeur« von Lanvin, und dieses »Raunen« verbreitete sich drohend im Zimmer . . .

Als er eindrang, tat es nicht weher, als wenn Großmamas Siamkatze mir einen Krallenhieb versetzt hätte, es war mehr ärgerlich als schmerzhaft. Sehr leise bat er mich um Verzeihung, sagte mir, daß er mich liebe, aber ich war wie ein Stück Holz. Warum entschuldigte er sich für seine Ungeschicklichkeit? Wenn Schwester M. mich auspeitschte, bat sie mich da um Verzeihung? Sie wußte mir wenigstens Lust zu verschaffen mit ihren wirren verwirrenden Augen. Und er, mein schöner Wiking mit seiner gefälligen Blondheit, bezog mich nicht ein ins Liebesspiel. Er verdammte mich zur Rolle einer Zuschauerin, einer Rolle, die meine Unkenntnis der Lust zwar rechtfertigen mochte, die aber mein Körper nicht hinnahm: Er forderte sein Teil an meinem Glück, das mir vorenthalten blieb.

Frau oder Jungfrau, ich war noch immer nur ein naschhaftes kleines Mädchen, und ich riß mich aus meiner abwehrenden Starre, um mich den Weinbrandkirschen auf dem Nachttisch zu widmen. Ich verschlang drei Stück hintereinander, dann eilte ich ins Bad, das genauso grau war wie das Schlafzimmer, um dort den traurigen Beweis für meinen neuen Status festzustellen. Ich frisierte mich und musterte mich neugierig im Spiegel. Hatte ich mich seit jener eiligen Metamorphose verändert? Ich erinnerte mich an meine Kinderängste vor meinem siebenten Geburtstag – ich würde ins Vernunftalter eintreten, hatte mein Großvater behauptet. Doch beim Erwachen war ich zu meiner unendlichen Enttäuschung noch genau das gleiche robuste kleine Mädchen vom Vortag. Jetzt würde ich nie mehr wachsen, dachte ich, weil das Vernunftalter mich keinen Daumenbreit größer gemacht hatte. Nun spülte ich meine Wut über diese Enttäuschung, die meinem Kinderkummer so sehr ähnelte, mit einem großen Glas Wasser hinunter und ließ über meinen Körper die Dusche laufen, um – weiß Gott was? – davon abzuwaschen.

Erfrischt, vielleicht erneuert, kehrte ich zurück, und Xavier, der entzückt war, begann aufs neue und ebenso erfolglos wie zuvor mit seinen Experimenten. Er war ein typischer Apotheker, mein Wiking! Er dosierte seine Zärtlichkeiten, fragte mich besorgt: »Höher? Stärker?« Ich kochte vor Zorn, im Geist sah ich ihn mit der gleichen pedantischen Aufmerksamkeit seine Tränklein mixen. Am liebsten hätte ich gesagt: »Vor Gebrauch zu schütteln«, wie auf den Arzneiflaschen stand. Doch ich beschloß, mich zu entspannen. Wenn ich verkrampft war, nahm ich uns jede Chance auf Erfolg, und hoffnungsvoll öffnete ich artig die Beine, um mich küssen zu lassen, wie *sie* es tat. Denn sobald ich an sie dachte, spürte ich die Lust aufkeimen. Die ersten Sekunden hielten das Versprechen, aber die ewigen Fragen des Schwätzers verdarben diesen Anfang, und um Ruhe zu haben, und zum erstenmal in meinem Leben, tat ich, als ob. Gewiß, meine List wurde belohnt durch die Freude, die er alsbald bekundete. Wir taten also nach seinem Wunsch, und meine innere Kälte erlaubte mir, den Eindringling in aller Muße zu beobachten. In den Gefechtspausen stopfte ich mich mit Pralinen voll; ich naschte sogar, während er mit Feuereifer einen toten Schoß küßte. Diese Gefräßigkeit wurde übrigens bestraft: Ich hatte die Schachtel zu drei Vierteln geleert, als ich spürte, wie mein Magen revoltierte. »Mir ist übel«, flüsterte ich mit der teigigen Stimme eines Kindes, das den Mund voller Schokolade hat, »ich muß mich übergeben.«

Er schaute mich an; mein von Natur matter Teint schlägt bei der geringsten Übelkeit ins Grünliche um. Dann sah er, daß zwischen den Silberpapieren nur noch wenige Pralinen überlebt hatten. »Aber Liebste, du wirst krank werden! Nimm ein wenig Bikarbonat in Wasser aufgelöst.« Gesunde Reaktion des Pillendrehers, aber sie kam zu spät. Eine Hand auf den Mund gepreßt, erreichte ich mit Mühe und Not das Waschbecken. Von nun an, dachte ich in einer fatalen Ideenassoziation, wird für mich die Wollust mit einem Mann stets verknüpft sein mit diesem Ekel vor Sperma und Weinbrandkirschen.

VI Der Exodus

Trotz des belgischen und französischen Flüchtlingsstroms, der sich in Schüben südwärts wälzte, hatte ich meine Mutter überreden können, mich im Kloster zu lassen, wo ich nichts zu fürchten haben würde – jedenfalls nicht von den Deutschen.

Mein Vater mußte wegen seiner Geschäfte in Paris bleiben; meine Großeltern und Véronique dagegen hatten sich am dreißigsten Mai zum Atlantik abgesetzt, wo sich in einer Familienvilla zahlreiche Stammesmitglieder versammelten. Ich aber wollte mein Abitur haben, und ich dachte in meiner Naivität, daß es für Frankreich nichts Wichtigeres gäbe als die Examina seiner Jugend. Meine Mitschülerinnen teilten diese fanatisch egozentrische Ansicht. Schließlich hatte man uns sechs Jahre lang die unbedingte Notwendigkeit dieses Abiturs eingebläut, und mit Hinweisen auf die Prüfungen um so viele Vergnügungen und Tanzereien gebracht, daß wir nun – zum Teufel mit den Erwachsenen und ihrem kindischen Krieg – dieses Examen bestehen wollten trotz allem und wider alles Soldatenspiel, das wir uns weit interessanter vorstellten als unser Klosterleben mit Aufstehen beim Morgengrauen und ranziger Margarine zum kargen Pausenbrot.

Ich kam mir vor wie auf einer Insel, die von acht Wilden bevölkert war. Es fehlte nur Belba Martinez, die von ihren Eltern an die Côte d'Azur geschickt worden war. Die Lehrer trugen noch zu unserer emsigen Isolierung bei, indem sie uns in den schwachen Fächern büffeln ließen. Bei mir haperte es in Mathematik; zwar konnte ich die Lehrsätze und Fragestellungen auswendig lernen, aber die praktische Anwendung blieb mir rätselhaft. Glücklicherweise liebte Schwester M. mich auch weiterhin und half mir nicht nur im Englischen, wo ich übrigens, von einem unvollkommenen Akzent abgesehen, sehr gut war, sondern auch in Mathematik und Physik. Nie werde ich ihre kühle Zelle vergessen, in der ich mehr oder weniger glänzend auf ihre Fangfragen antwortete, um mit vielfachen und vielfältigen Küssen abzuschließen, die nie ihr Ziel verfehlten. Auf diese Weise praktizierten auch wir eine Art Schaukelpolitik: eine halbe Stunde strengen Unterricht, eine halbe Stunde Zärtlichkeiten. Und wenn es vorkam, daß ich bei irgendeiner Beweisführung steckenblieb, so kniff sich das kaffeefarbene Auge zusammen: »Du bekommst deine Strafe in ... sieben Minuten!« Ich senkte zunächst den Kopf, um danach die Studienleiterin unseres Vergnügens mit zärtlicher Unverschämtheit anzublicken. Denn zwischen uns hatte sich ein festes Ritual herausgebildet: Mein blauer Ledergürtel oder eine Handvoll Brennesseln sorgten dafür, daß ich eine solche Nachhilfestunde nur selten ohne Striemen auf dem Hinterteil verließ. Aber ich habe Schwester M. niemals berührt, und trotz meiner Bitten hat sie sich nie vor mir entkleidet. Sie beherrschte mich, wie man ein Tier beherrscht, das man mit gleichem Vergnügen streichelt und dressiert. Sie spielte ihr Erobererspiel und mästete mich mit klebrigen Honigbonbons, die sie der Wirtschafterin klaute, oder schrieb mir heidnische Gedichte auf Heiligenbildchen. Ich mümmelte die einen und meditierte über die anderen.

Die *boches* sind da! Sie haben Belgien überfallen, den Norden, die Kanalküste, sie kommen hierher! Selbst in mein Refugium aus Gelehrsamkeit und Wollust drangen die Gerüchte aus dem Dorf. Meine Mutter beschloß, daß wir unverzüglich in die Vendée aufbrechen müßten. Da das Abitur ohnehin verschoben wurde, hatte ich keinen Grund mehr, mich den mütterlichen Befehlen zu widersetzen.

Eines Morgens in den Hundstagen, um sechs Uhr – nachdem wir Mic, unseren Wolfshund, einer alten Nachbarin anvertraut hatten, die entschlossen war, auf ihrem Besitz zu sterben –, brachen Mama und ich auf unseren mit Koffern und Taschen bepackten Fahrrädern zur Flucht auf. Ich hatte Schwester M., die von meiner Abreise nichts wußte, nicht mehr wiedergesehen; unsere letzten Sitzungen waren unverändert und unberührt von den Zeitläuften vor sich gegangen.

An der Gare de Lyon in Paris befragten Mama und ich erfolglos die unglücklichen Flüchtlinge, die nach dem Süden zogen. Die tollsten Gerüchte waren im Umlauf und wurden auf ihrem Weg von Mund zu Mund durch das allgemeine Entsetzen immer mehr aufgebauscht: »Sie sind in Compiègne! . . . Die Regierung hat sich abgesetzt.« Abgesetzt – dieses Wort hat unsere Flucht wie eine verhallende Melodie begleitet. Und dieser Nebel, dicker als jeder Londoner *fog*, war nicht der schützende Nebel unserer englischen Verbündeten, sondern der beißende Rauch brennender Benzinlager.

O du mein Postkarten-Paris, wie schmerzt mich dein verzweifelter Opfergang!

Ist unser winziger Paul Renaud der schüchterne König von Bourges oder von Bordeaux?

Ach, warum bin ich nicht Johanna, die wackere Lothringerin, um der bedrohten Armee zu Hilfe zu eilen! Um den erschütterten Kampfgeist der Maginot-Linie wiederaufzurichten!

Warum bin ich nicht die Jungfrau von Orléans, um den Flüchtigen wieder Mut einzuflößen, die in ihrem angstvollen Rückzug ihren Stolz und den unseren preisgeben, ihre Macht und unsere Liebe!

O Heldenmut unserer Ritterschaft, warum kann ich dich nicht in unser Jahrhundert verpflanzen, dich stählen in einer modernen Tafelrunde!

O Elend meiner heldenlosen sechzehn Jahre!

Meiner Heldenlieder, die in unseren Geschichtsbüchern auf ewig abgeschlossen sind!

Meiner Verlobung mit einem Listling und Vernünftler.

Meiner Vermählung mit einer Nonne ohne Gnade und Barmherzigkeit, voller Hochmut und Gier, o Schwester M., o meine Passion und mein Glaube!

Doch zunächst hieß es, durch diesen Erbsenbrei radeln, mit der einzigen Aussicht auf die Lastwagen voll armer Teufel in aufgeknöpften Uniformen, stoppelbärtig und den Mund voller Zoten über unsere strampelnd entblößten Schenkel. Es war zum Verzweifeln, sowohl für Mama, die immer noch ganz »Jolie Madame« war, wie für mich, die leidenschaftliche Streberin nach dem Absoluten.

In Barbizon beschlossen wir, kreuzlahm und staubig wie wir waren, im *Pléiades* haltzumachen, einem Luxusrestaurant, wo Papa im Kreis seiner Lieben so manchen Sonntag verbracht hatte. Damals gingen wir nach einem vorzüglichen Mahl zum Spielen ins Labyrinth der Schluchten von Franchard. Véronique und ich bestiegen gewaltige Felsen, folgten roten und grünen Pfeilen, sammelten Moos und Pilze, rannten im Galopp, horchten auf die Geräusche und auf die Stille des Waldes . . .

Mama und ich wuschen uns wohlig in Strömen warmen Wassers in einem komfortablen Badezimmer; während unendliche Autoschlangen sich aneinanderreihten, zogen wir frische Leinenkleider an und tranken einen Portwein. Mama – groß und blond, eine zweite Valentine Tessier der Vorkriegszeit – strahlte wider von bürgerlicher Sorglosigkeit. Und ich verschlang eine Poularde und erzählte mir dabei Geschichten von Niederlagen, die sich in Siege verkehrten . . . Wenn wir eine Schlacht verloren hatten, so deshalb, weil wir nicht genügend gerüstet waren, aber wir, wir Franzosen, konnten nicht besiegt werden – obwohl ich allmählich fürchten mußte, daß wir im Augenblick nicht die Stärkeren waren.

Mama machte sich Gedanken über das Schicksal ihres Mannes, der als Invalide des Ersten Weltkriegs, Träger der Tapferkeitsmedaille, ihr am Telefon erklärt hatte, daß eine Flucht für ihn indiskutabel sei und daß er in Paris bleiben werde, komme was da wolle. »Dein Vater ist wahnsinnig, in seinem Alter und mit nur einem Arm, sein passiver Widerstand, mit dem er uns ständig in den Ohren liegt, wird das Vaterland nicht retten können! Er hätte uns lieber mit dem Auto wegbringen sollen, anstatt uns ein Tour-de-France-Rennen fahren zu lassen.«

»Aber nein, Mama!« rief ich, wütend über ihren Unverstand. »Papa ist ein Held des Großen Krieges. Er kann sich nicht als Feigling betragen wie diese Kerle da« – und ich wies voll Verachtung mit dem Finger auf zwei Flüchtlinge mittleren Alters mit Wildlederwesten und goldenen Zigarettenetuis.

»Schweig doch, Maud!« zischte meine Mutter, der meine trompetende Offenheit peinlich war. »Findest du nicht, daß wir ohnehin genug Unannehmlichkeiten haben? Diese Herren, die du als Feiglinge bezeichnest, könnten herüberkommen und dich ohrfeigen. So spricht man nicht über andere Leute, ohne daß man den Grund für ihr Verhalten kennt.«

»Der Grund, Mama, ist ganz einfach, daß sie Schiß haben. Und das wissen sie auch selber. Bestimmt waren sie Etappenhengste in der Verwaltung oder im Hilfsdienst.«

»Glaubst du? Nun, Xavier ist Hilfsapotheker, und mir ist nicht bekannt, daß du deinen Verlobten als Feigling betrachtetest.«

»Nein, das nicht, aber er imponiert mir auch nicht besonders. Wenn er wirklich aus dem Holz geschnitzt wäre, aus dem man Helden macht, dann hätte er sich an die Front gemeldet. Du weißt doch, Mama, daß die Ritter einst allen Gefahren trotzten um der schönen Augen ihrer Damen willen, die weinten, wenn sie von den Taten ihrer Kämpen hörten . . .«

»Und die dann auch ihren sinnlosen Tod beweinten«, ergänzte meine Mutter, deren gesunder Verstand alle ritterlichen Gefühle übertönte.

»Schau, Mama, dort kommt ein Offizier[1], der aussieht, wie die Männer von einst. Er hätte *mein* Ritter sein können, wenn ich nicht schon verlobt wäre.« Ich seufzte.

Ein drahtiger Rittmeister mit großen Abstehohren à la Clark Gable war soeben abgesessen und band sein Pferd an. Er streichelte es liebevoll mit der behandschuhten Hand, flüsterte ihm ein paar Worte zu, die wir nicht verstehen konnten, dann betrat er, riesig und vertrauenerweckend, unser Flüchtlingsasyl. Nachdem er Futter für sein Pferd bestellt hatte, machte er sich frisch und setzte sich dann allein an den Nachbartisch, nicht ohne einen Kennerblick auf die blonde junge Frau und das dunkle junge Mädchen geworfen zu haben, die fröhlich tafelten.

Er hatte auf dem Tisch eine Karte ausgebreitet, die er sorgenvoll studierte: Bestimmt berechnete er den Standort des Feindes. Dann zündete er eine blauweiße Delfter Porzellanpfeife an, und ich glaubte in ihren Rauchwolken alle die herumirrenden Holländer zu sehen, denen wir es nun nachtun würden. Er wollte nur ein Grillsteak essen – *bleu*, fügte er hinzu, und Käse. Doch im *Pléiades* wurde der Käse im Dutzend serviert, und ich kicherte hinter vorgehaltenen Händen, als

1 BDWZ'

ich meinem jugendlichen Wildwesthelden zusah, wie er Ziegenkäse aus Valency verdrückte, Pont-L'Evêque, Crottin du Chavignol und ein ordentliches Stück Roquefort, und das alles in Rekordzeit. Mama ermahnte mich: »Wann wirst du dir endlich abgewöhnen, albern und grundlos zu lachen, ich finde unsere Lage in keiner Weise erheiternd.«

»Nein, Mama, ich auch nicht, aber schau nach links, mein Kreuzritter verschlingt sämtliche Käsesorten Frankreichs mit seinen blanken Hauern: eine richtige Reklame für Superzahncreme!«

Ich hatte zu laut gesprochen, denn ich war erregt vom Beaujolais, an den das Kloster mich nicht gewöhnt hatte, und unser Nachbar hatte mich gehört.

»Freche Göre!« rief er mit Baßstimme.

»Capitaine, bitte verzeihen Sie meiner Tochter«, erwiderte meine Mutter heftig. »Sie ist nervös und übermüdet, ich hätte ihr wohl keinen Wein geben dürfen.«

Ich spürte, daß ich blutrot wurde, als sie mich vor diesem schönen Mann, der den Nimbus von Buffalo Bill mit dem des Recken Roland vereint, wie ein ungezogenes Kind behandelte. Ich wollte einen Skandal, um ihn zu provozieren. »Jedenfalls bin ich nicht betrunken, Mama; auch der Capitaine setzt sich offenbar ab, denn er ist allein hier in Barbizon, ohne seine Männer.«

Er fuhr sofort hoch und pflanzte sich vor unserem Tisch auf. »Ja, unsere Armee ist auf der Flucht, Mademoiselle, aber wir haben nur eine Schlacht verloren, und ich liege in Fontainebleau in Garnison, mit dem Befehl, dort zu bleiben. Meine Mahlzeiten kann ich ebensogut im *Pléiades* einnehmen wie in einer Kneipe: ist das vielleicht ein Verbrechen, da wir ohnehin zur Untätigkeit verurteilt sind? Übrigens wäre es unklug, Madame, wenn Sie weiterfahren würden, denn ›sie‹ wollen heute die Rückzugsstraßen bombardieren – das wissen wir – und Sie würden besser hier übernachten; die ganze Gegend ist überschwemmt von Belgiern und Holländern, und es werden noch mehr nachkommen.«

Mama zögerte. Trotz ihrer entschiedenen Absicht, so schnell wie möglich das Familienrefugium zu erreichen, imponierte ihr dieses große entschlossene Mannsbild. »Vielleicht haben Sie recht, Capitaine. Meine Tochter hätte in nächster Zeit das Abitur machen sollen, deshalb sind wir nicht schon früher aufgebrochen. Aber ich will sie nicht sinnlos der Gefahr aussetzen. Nehmen wir hier ein Zimmer; außerdem bin ich zu müde, ich könnte heute nachmittag doch nicht mehr weit radeln.«

»Mama, darf ich in den Wald gehen? Ich bin überhaupt nicht müde, ich könnte ein bißchen Mathematik repetieren.«

»Gut. Aber komm vor fünf Uhr zurück und verlauf dich nicht. Du kennst zwar den Wald, aber du bist so kopflos, du Dummerchen.«

Mama ging hinauf, um auszuruhen; ich wanderte, mein Geometriebuch unterm Arm, vergnügt zu einer Lichtung, wo die Sonne den Lehrsätzen ein wenig Leben einhauchte.

Ich lag bäuchlings im Moos, das Kleid hochgerafft, um Waden und Schenkel zu bräunen, die bei mir immer am längsten blaß bleiben, und ich zwang mich zum Lernen, als plötzlich Pferdehufe sich meinem Sonnenkäfig näherten, wo ich den Krieg vergessen hatte, um nur noch an meine Examenarbeit zu denken.

Ich blieb, auf meine rauhen Ellbogen gestützt, regungslos liegen, als die Reitstiefel meinen Horizont verstellten. Die Beine des Reiters schienen übermäßig zu wachsen, je näher er herankam, und ich hätte gern die nackten geöffneten Schenkel geschlossen, aber ich konnte mich nicht rühren, ich wartete gebannt.

Mit dem Ende seines Reitstöckchens streichelte er meine flaumigen Waden – ein Klosterzögling enthaart sich nicht –, dann kniete er plötzlich nieder und zog mir wortlos das leichte Kleid über die Schultern, wie einen Fallschirm, während ich den Kopf zwischen die Arme nahm und mich auf mein Buch duckte. Ich konnte nichts sehen, aber ich fühlte, wie er mein weißes Baumwollhöschen über meine Knöchel zog und mit beiden Händen mein Hinterteil packte. Moos drang mir in den Mund, während die Lippen meines Reiters meine Lenden erforschten. Ich bebte im Takt, keuchte fassungslos, verwirrt: wer feuchtete meinen Leib, Schwester M. oder dieser Unbekannte? Ich öffnete mich einer zwitterhaften Lust; beim ersten Hieb mit dem Reitstöckchen, so leicht er auch war, eher ein Streicheln, zuckte ich zusammen und schloß die Beine, doch er öffnete sie und peitschte mich von den Hüften bis zu den Schenkeln – genau wie *sie*.

Und wieder kuschte ich. Brauchte ich diese Tränen und diese Schläge zu meiner Lust? Ja. Und Schwester M. hatte nichts weiter getan, als einen Mechanismus ausgelöst; und niemals würde es Xavier mit seiner Sanftheit und seiner Liebe gelingen, mich aufzulösen, auszulösen.

Der Unbekannte indessen murmelte Sätze, die nur in Fetzen zu mir drangen, während er mich heftiger schlug: »Du hast es gewagt, mich einen Feigling zu nennen, mich, du arme Närrin! Vielleicht bin ich wirklich jetzt feige, weil ich dich peitsche, aber dein Fleisch ist allzu einladend, du kleine Nutte! Ich habe schon widerspenstigere Stuten gezähmt; und ich habe in Spanien in einem gnadenlosen Krieg gekämpft, der nichts gemein hatte mit diesem Papiergeplänkel!«

Er drehte mich um wie Sankt Laurentius auf dem Rost. Ich wußte nicht mehr, wo ich war oder woran ich war. Mein ganzes Fleisch zuckte, und mit dem Ellbogen trocknete ich die Tränen der Demütigung, um mir die Augen mit dem Anblick meines Peinigers zu füllen. Unter dem aufgeknöpften Waffenrock hatte er das Hemd geöffnet, und ich sah eine dicke Strieme quer über die mageren Rippen laufen. »Siehst du die Spuren eines Nahkampfs in Barcelona? Küsse sie!« Mit diesen Worten kniete er nieder, hob mich unter den Achseln hoch und preßte meinen zerzausten Kopf an seinen Leib. Die Narbe erfüllte mich mit Entsetzen. Der Mann war nur noch ein rosiger und bläulicher Abgrund, abstoßend und faszinierend, in den ich mich mit Herz und Lippen stürzen würde, um meine Qual hineinzuwerfen wie einen Stein. Dennoch küßte ich zitternd die Narbe. Ein wenig Speichel rann von der Brust zur Taille. Seine Stimme befahl, und willig gehorchte ich. Als die rauhe Wolle der Uniformhose meinem Mund wehtat, gebot er mit tonloser Stimme: »Noch tiefer, mach weiter! Die Hände auch!« Nun liefen meine Lippen über eine kampfbereite Schwellung. Xavier hatte sich bei meiner Defloration schamhaft und eilig gezeigt und keinerlei Ansprüche an mich gestellt. Diese neue Berührung brachte mich, obgleich sie durch die Stoffschicht gedämpft war, vollends um den Verstand. Ich begann so stark zu zittern, daß er es merkte. »Deine Zähne schnattern wie Vögelchen, kleine Maud! Aber hab' keine Angst, du bist genug bestraft; jetzt werde ich dich die Liebe lehren.«

Er warf Jackett und Hemd ab; sein hoher und harter Körper preßte sich auf meine Schenkel, die von den Schlägen gestriemt waren, und er biß sanft die Lippen, die Schwester M. so oft zum Schwellen gebracht hatte. Ich wand mich auf der weichen Erde und stellte mir vor, wie mein lockiges Vlies in der Sonne schimmerte, wie ich aufs Haar jener Lola de Valence glich, in der Baudelaire »den jähen Zauber des Juwels in Rosarot und Schwarz« erblickt hatte. Wider Willen stöhnte ich und rief ganz leise nach der, die mich eingeweiht hatte, die immer da sein würde, sobald die Wollust in mir aufkeimte, die den Schmerz zum gefürchteten Bruder meiner Lust gemacht hatte. »Schwester M., meine Liebe, meine Liebste«, flehte ich halb bewußtlos. Hörte er es oder erriet er, was diese Worte für die kleine Masochistin bedeuteten? Wiederum griff er zum Reitstöckchen, und nun galt es meinem dargebotenen Leib. Mit einem Handgriff wurden meine harten Brüste unter dem Kleid entblößt und ebenfalls mißhandelt, und plötzlich schlug die Ekstase über mir zusammen, wie im Kloster.

Er drang hart in mich ein, doch die Lust hatte mich bereits geschmeidig gemacht, und ich fühlte mich fortgerissen in einem zügellosen Galopp. Die glänzenden Stiefel des Reiters verstärkten noch dieses Gefühl eines phantastischen Rittes, und meine Hüften fielen in den geforderten Rhythmus. Und während mein Körper seine Glut an der Brunst des Mannes rieb, steigerte sich der Rhythmus, führte dann zu einem rauhen Knurren, das aus meinen Lungen sprang, bis der Mann am Ende seiner Widerstandskraft sich aus mir riß und ins Gras verströmte.

Und ich fing an, lauthals zu lachen. Ich brachte mein Kleid in Ordnung und rannte quer durch den Wald davon. Endlich, mit sechzehn Jahren, war ich Frau; nicht künftige Gattin, Matrone, die man achtet und kühl läßt, sondern Mätresse, die man bewundert und mißhandelt und befriedigt. Von nun an würde es für mich nur noch Männer geben, die mich befriedigten. So wurde unter der Sonne der Juni-Niederlage 1940 Messalina geboren. Eine Messalina, deren Claudius der liebe Xavier sein würde, eine Messalina, die sich zu bewahren wissen würde trotz aller Siliusse der Welt . . .

Ich kam bei sinkender Nacht völlig aufgelöst im *Pléiades* an, und Mama entlud ihre Nervosität und Mißbilligung in einer Sintflut von Vorwürfen. »Was hast du nur wie eine Irre im Wald herumzurennen? Hast du die Flugzeuge nicht gehört? Ich bin fast gestorben vor Sorge, und du treibst dich praktisch im Bombenhagel herum! Wir müssen bald zu Bett und morgen bei Tagesgrauen aufbrechen. Wenn wir uns tapfer halten, können wir noch vor Einbruch der Nacht in Blois sein.«

»Die Regierung hat sich nach Bordeaux zurückgezogen«, tuschelte uns eine imposante alte Dame in flohbrauner Seide mit schwarzem Samtausputz zu, die ängstlich ein riesiges Reisenecessaire aus Krokoleder mit dreifachem Boden an sich preßte. »Ich fahre mit meinem Chauffeur auch dorthin. Zum Glück ist er nicht mehr wehrpflichtig. Ich leider auch nicht: anno vierzehn war ich Krankenschwester, ich habe unsere tapferen Poilus gepflegt, und jetzt tauge ich gerade noch zum Sockenstricken, und sogar dabei verliere ich dauernd Maschen. Aber den Krieg können wir nicht verlieren, nicht wahr, Madame?«

Die gute, beflissene Dame mit ihren Erinnerungen und Klagen amüsierte Mama. Ich schwieg. Der Krieg, das fühlte ich, war für die verfetteten, verbürgerlichten und müßigen Franzosen mit Glanz und Gloria verloren. Den von Nietzsche beschriebenen faszinierenden Kämpfer fand ich weder in Xavier, dem friedliebenden und zärtlichen

Pillendreher, noch in Christian, dem feigen Reiter, der Ausreden erfand, um damit die Mißhandlungen kleiner Mädchen zu bemänteln. Daß die Prozedur mir Spaß gemacht hatte, daß ich dabei auf meine Kosten gekommen war, hinderte mich nicht, den Menschen zu verachten, der seine Kraft mißbrauchte. Vor allem war ich ihm böse, weil er meine Lust nach Gewalttätigkeit geahnt hatte. Dennoch schielte ich nervös nach dem Platz, den er beim Mittagessen eingenommen hatte und der jetzt leer war.

Als ich mich auf dem rustikalen Stuhl niedergelassen hatte, mußte ich einen Schrei unterdrücken: Christians Hand war schwerer gewesen als die Hand von Schwester M.! Nie hatte sie mich so geschlagen; zwischen ihr und mir war es eher ein Streichelspiel zweier junger Damen gewesen – obwohl auch sie sich beim erstenmal grausam und mitleidlos gezeigt hatte; aber das alles lag weit zurück, sehr weit.

Er setzte sich, nachdem er meine Mutter höflich und mich mit vielsagendem Lächeln begrüßt hatte. Dann beugte er das Raubvogelprofil mit der großen Hakennase, die im flackernden Licht der Kerzen auftauchte und verschwand, und verschlang, hungrig wohl von der Züchtigung, einen Teller voll Spaghetti mit Tomatensoße. Gibt es etwas Unpoetischeres als einen Mann, der italienische Teigwaren auf seine Gabel wickelt? Doch trotz dieses Handikaps bewahrte mein Verführer seinen Charme, und wenn er gelegentlich die Augen von seiner Zeitung hob, dann blickte er starr in die meinen. Verspottete er mich oder begehrte er mich weiterhin? Endlose Sekunden lang hielt ich seinem Blick stand; dann strich seine Hand plötzlich leicht über das Reitstöckchen, das zusammen mit seiner Mütze auf einem Stuhl neben ihm lag, und sein brauner und breiter Mund zog sich auseinander.

Ich war empört. Wie konnte er es wagen, auch nur mit einer Geste hier in diesem Speisesaal und in Gegenwart meiner Mutter auf unsere Raserei von heute nachmittag anzuspielen! Allerdings war meine reizende Mama weit davon entfernt, die gefährlichen Spiele ihrer Tochter zu ahnen. Wie die alte Dame im Rolls-Royce träumte sie lieber von unseren Chancen, dem deutschen Eroberer Einhalt zu gebieten. Mein zerstreutes Ohr fing die Schlagworte auf: Niederlage unmöglich ... Taxi zur Marne ... Schützengräben, Rückzugslinie ... Auffangstellungen ... Wütend fiel ich ihr ins Wort: »Diese famosen Auffangstellungen sind vor allem von den deutschen Strategen geplant worden. Sie haben auf die Feigheit der französischen Soldaten gesetzt, und ich bezweifle, daß unsere tapferen Krieger sie in diesem Punkt enttäuschen werden.«

»Mademoiselle, Sie sprechen gedankenlos über Dinge, von denen Sie nichts verstehen. Es ist höchst einfach für ein junges Mädchen, das in aller Ruhe sein Abitur vorbereitet, über Männer zu spotten, die sich tapfer schlagen. Verzeihen Sie meine Einmischung, Madame, aber als französischer Offizier kann ich die Armee nicht verunglimpfen lassen. Wenn der Krieg verloren sein sollte, was – Gott behüte! – keineswegs erwiesen ist, so verdanken wir dies der mangelnden Vorbereitung seitens der Politikaster der Volksfront. Übrigens, meiden Sie Orléans, Madame, wenn Sie morgen weiterfahren. Die Stadt ist militärisches Ziel und hochgefährlich. Es sei denn, Ihr Fräulein Tochter möchte gern die Jungfrau von Orléans spielen . . .«

»Sie jedenfalls«, konterte ich schlagfertig, »könnte ich mir gut als Karl VII. vorstellen. Was sind Sie eigentlich mehr, ängstlich oder unentschlossen, Sie Spaghettisoldat?«

»Madame, würden Sie mir erlauben, ihre Tochter über diesen groben Irrtum aufzuklären?«

»Capitaine, es ist zehn Uhr. Klären Sie dieses vorlaute Ding auf über alles, was Sie wollen, aber ich gehe jetzt hinauf. Maud, ich gebe dir zehn Minuten zu deiner Rechtfertigung, und Ihnen, Capitaine, die gleiche Zeit für Ihren Bekehrungsversuch.«

»Danke, Madame, das wird genügen.«

Vor dem Stallfenster leuchtete der Mond. Christian und ich balgten uns hitzig im knisternden Heu. Leben, ja, diese eine Nacht noch mußten wir leben und einander dabei verachten, begehren. Seine Fuchsstute wandte nicht einmal den Kopf nach uns. »Zieh dich aus, kleines Mistvieh«, flüsterte er. »Ich habe dich wohl auf der Lichtung nicht genug gezüchtigt?«

»Sie sind ein Feigling, aber ich liebe Ihre Kraft und sogar Ihre Schläge. Mein Körper fügt sich, was nicht heißt, daß mein Verstand nicht mehr arbeitet, und ich wiederhole, was ich bereits gesagt habe: Sie und Ihresgleichen, ihr seid abgesägte Helden.«

War ich betrunken, daß ich ihn so herausforderte, während mein ganzer Körper noch vom Nachmittag schmerzte? Er warf seine Kleider ab, Stück für Stück, in drohendem Schweigen. Ohne zu zittern, knöpfte ich mein rosa Kleid auf und lag mit nackten Brüsten nur im Höschen da. Mit einem knappen und sicheren Griff entfernte er diese letzte Hülle.

Das Heu duftete betäubend, und der Pferdegeruch mischte sich mit unserem Schweiß. Ah! Wie gut hast du mich damals besiegt, du, der

Mann aller Niederlagen, als du, über mir stehend, das Reitstöckchen auf meine gespreizten Schenkel sausen ließest und dein mächtiges Zepter sich erhob, auf das meine Begierde und meine Sinne spießten. Aber warum brauchte ich diese Härte? Baudelaire bot mir seine eherne Sonette dar, und ich suchte die Lust in der aufgepeitschten Furcht, in der Libertinage eines vernunftbetonten und philosophischen Zeitalters, in das mein Körper und mein Geist voll Hingabe tauchten. Warum hatte dieser Krieg ohne Waffen- und Liebestaten für mich einen Einschlag von hinterwäldlerischer Altmodischkeit?

Wollte meine Raserei sich austoben? Nichts leichter als das. Sensationen? Ich werde die große Sensationsreise machen, die Reise um mich selber, mit soundsovielen Verführern! Diesen Schwur um jeden Preis einzuhalten gelobte sich, an einem Juniabend des Jahres 1940, ein junges Ding mit runden Wangen, dessen Lippen noch geschwollen waren von zerkautem Heu und harten Küssen und dessen glatte Haut überzogen war von rosigen Striemen.

VII Mein erster Ehemann

Xavier. Der blondeste meiner drei Ehemänner und der schönste. Er hatte nur den Fehler begangen, ein junges Mädchen zu heiraten, das bei aller Frühreife viel zu unabhängig war, um sich festzulegen. Am Vorabend der Hochzeit wäre um ein Haar die ganze Feier ins Wasser gefallen. Mein Schwiegervater hat, als perfekter Notar, erbittert mit meinen Eltern um meine Mitgift gerungen; ich hatte von diesen Verhandlungen Wind bekommen und protestierte wütend bei meiner Mutter: »Ich bin keine Kuh, die man zum Markt führt, Mama, und ich habe nicht die Absicht, euch an den Bettelstab zu bringen! Ich mache da nicht mit!«

»Aber Maud, du weißt doch, daß alles vorbereitet ist. Die Trauung findet in der Kapelle des Klosters statt, das du so geliebt hast(!), und wir haben große Mühe gehabt, die Erlaubnis hierfür zu bekommen. Was würde die Familie sagen? Denke an alle die Ausgaben, in die wir uns gestürzt haben. Und dann, mein Kleines, du liebst doch deinen Verlobten; ich finde ihn fabelhaft, ihr seid ein entzückendes Paar.«

»Ja, er sieht prächtig aus, besonders in Uniform. Außerdem finde ich einen uniformierten Bräutigam besonders aufregend: ich habe den Eindruck, die ganze Armee zu heiraten.«

»Was für ein Gedanke!« rief Mama. »Und was für Ausdrücke! Aufregend . . . die ganze Armee heiraten . . . O ja, du wirst heiraten, ich will nicht länger für eine so schamlose Person verantwortlich sein.«

»Beruhige dich, Mama, ich bin sehr verliebt in meinen schönen Offizier, nur seine Familie hasse ich.«

»Das macht nichts, du heiratest ja nicht seine Familie. Versuche bitte, ein wenig gesetzter zu werden, mein Liebling, und kümmere dich nicht um die praktischen Fragen; das besorgt dein Vater, verlaß dich ganz auf ihn.«

Nach bürgerlichen Maßstäben war es eine vollendet schöne Hochzeit. Weißes Jerseykleid von Marcel Rochas, klösterlich streng, was im Hinblick auf Schwester M.s Anwesenheit nicht einer gewissen Pikanterie ermangelte; eine dicke Seidenkordel gürtete meine Taille. Die Mützenkordel des Apotheker-Leutnants paßte zu seinen grünen Augen. Beim Verlassen der Kirche flüsterte ich ihm zu: »Weißt du, mein Herz, an wen du mich erinnerst?«

»Ich hoffe, daß ich dich nicht an einen anderen erinnere . . . wenigstens jetzt noch nicht!«

»Sei nicht eifersüchtig. Du siehst aus wie der Legionär aus dem Chanson der Piaf:

Il était grand
Il était beau
Il sentait bon le sable chaud
Mon légionnaire . . .«

Vom Rest weiß ich nur noch, daß irgendwo in seinem blonden Haar das Licht gespielt hat . . .

Wir bewohnten in Auteuil in einer altehrwürdigen Straße eine langgestreckte Wohnung, die sich um sich selber zu rollen schien. Ich nannte sie »die Natter«, wegen der grünen Tapeten in den Korridoren, die meine Schwiegermutter in ihrer Begeisterung für die erste Nachkriegszeit im Stil der zwanziger Jahre dekoriert hatte.

Mit ein wenig Pfiff hätten diese geschmacklosen Möbel sogar witzig sein können, aber die Mahagonifurniere, die runden Drehspiegel, die dickleibigen Puffs mit den violett abgesetzten Kanten vertrugen sich allzu schlecht mit dem Schlafzimmer aus skandinavischer Birke und den pergamentbezogenen Klubsesseln, die meine Eltern mir geschenkt hatten. Ich wollte alles ändern, in der einen oder anderen Richtung. Xavier erlaubte es mir nicht, mit der Begründung, daß wir zuwenig Geld hätten und daß es unsere jeweiligen Eltern kränken könnte. Ich war nicht so taktvoll – und werde es auch wohl nie sein –, und ich schmollte, sooft wir über Einrichtungsfragen sprachen.

Morgens brachte uns Nicole, ein achtzehnjähriges Zöfchen, die winzig war wie eine Puppe, das Frühstück ans Bett, und ich genoß es zusammen mit ihrem lustigen Gesicht. »Haben Madame gut geschlafen?« Madame! Ich fühlte mich als Erwachsene, weil unser Kammerkätzchen, das ein Jahr älter war als ich, mich »Madame« nannte. Leider fügte sie meist hinzu: »Madame muß sich beeilen, der Unterricht beginnt heute um neun Uhr . . .« Und ich fiel wieder zurück in meine Kindheit, war wieder nichts weiter als ein verheiratetes Schulmädchen. Xavier mußte nicht zur Schule, sein Präparator öffnete die Apotheke, und er ließ sich Zeit mit dem Frühstücken. Er neckte mich oft; dann lieferten wir uns Kissenschlachten, wie ein Backfisch, der ich ja noch war, mit einem um weniges älteren Cousin. Zuweilen nahmen unsere Spiele auch eine andere Wendung, und wir liebten uns, ehe ich zur Schule ging. Dann klopfte Nicole erneut an die Tür und schalt uns: »Monsieur und Madame sind sehr unvernünftig.« Wir platzten fast vor Lachen. Aber die Mahnerin ließ nicht locker: »Und das will ein Ehepaar sein? Madame wird wieder den Unterricht versäumen und nicht zum Abitur zugelassen werden. Und wer trägt dann die Schuld?«

Dann sprang ich meist aus dem Bett. »Bestimmt nicht Sie, meine kleine Nicole. Sie sind mein Schutzengel.« Aber es kam auch vor, daß wir uns taub stellten und daß ich die Mathematik- oder Physikstunde schwänzte.

So vergingen unsere ersten Ehemonate in einer Atmosphäre wiedergefundener Unschuld. Mein Mann respektierte seine Schulmädchen-Frau, und wenn wir uns liebten, versuchte er nicht, sie allzu präzise Riten zu lehren, damit sie nicht auf dumme Gedanken käme . . .

Und ich zog meinen brillantenbesetzten Ehering ab, auf den ich so stolz war, und steckte ihn erst zum Nachmittagstee wieder an. Denn damals bestand in den staatlichen Schulen eine barbarische Vorschrift: verheiratete Schülerinnen wurden nicht zugelassen. Nur meine beste Freundin, die meine Brautjungfer gewesen war, kannte das Geheimnis. Doch als ich eines Aprilmorgens mein Fahrrad im Schulhof einstellte, stürzte Mademoiselle Prunes, meine Klaßleiterin, wie eine aufgescheuchte Henne auf mich zu. Ich glaube, daß sie mich mochte, weil ich in den Gängen trällerte und sie in mir eine Lebensfreude entdeckte, die sie, die hoffnungslose und rechtlose häßliche alte Jungfer, nie gekannt hatte. Ihr großer Kopf wackelte über einem entstellenden Kropfhals, daher hatten wir ihr den Spitznamen »der Pelikan«

gegeben. Sie wußte es übrigens, aber sie nahm es uns nicht übel. Sie rief mir entgegen: »Maud, mein liebes Kind, was haben Sie nur angestellt? Die Frau Direktor erwartet Sie unverzüglich in ihrem Büro.«

»Mist! Wo jetzt gerade Französischstunde ist. Madame Thierry gibt uns heute den Aufsatz über die Freiheit zurück: ich habe einen Bombenknüller hingelegt!«

»Maud! Sie drücken sich unmöglich aus . . . Und Sie vergessen die Frau Direktor.«

»Ich gehe ja schon. Aber wenn sie mir eins auf den Deckel geben will, dann hat es keine Eile, glauben Sie mir!«

Mademoiselle Prunes hob die Arme gen Himmel: »Auf den Deckel, Maud, schon wieder!« Ich küßte sie auf die rotgeäderte Wange und verließ die entrüstete, aber nachsichtige Dame.

Die Direktorin, in ein hochgeschlossenes und feierliches granatrotes Kleid geschnürt, das ihren schweren Busen in Schach hielt, ergriff ihr Lorgnon und musterte mich. »Frau Direktor haben mich rufen lassen?« säuselte ich unschuldig.

»Ja. Ich muß Ihnen eine wichtige Frage stellen.« Sie schaute dabei auf meine linke Hand, an der allein der kostbare Verlobungsbrillant glänzte. »Mein Kind, Sie sind eine ausgezeichnete Schülerin: die Erste in Philosophie, die Erste in Chemie, Anwärterin auf den Ehrenpreis. In Mathematik sind Sie vielleicht ein bißchen schwach, aber wenn Sie sich zusammennehmen, werden Sie mit Leichtigkeit Ihren Eltern und Ihrer Schule Ehre machen.«

»Aber, Frau Direktor, ich habe nicht die Absicht, irgend jemandem Ehre zu machen. Wenn ich bestehen will, dann mir zuliebe.«

»Wirklich niemandem sonst zuliebe?« gab sie mit einem seltsamen Lächeln auf meinen Ring zurück.

»Doch, meinem Verlobten zuliebe, natürlich.«

Jetzt explodierte sie. »Genau über dieses Thema wollte ich mit Ihnen sprechen. Seit einiger Zeit gehen Gerüchte um, wonach Sie verheiratet sein sollen. Ich habe sie nicht geglaubt, aber ich möchte das Dementi aus Ihrem eigenen Mund hören.«

»Sie hätten sie ruhig glauben dürfen, Frau Direktor. Seit dem zwölften November bin ich mit Xavier d'Orny verheiratet, einem approbierten Apotheker. Ist die Ehe ein Verbrechen? Ich habe nichts gesagt, weil niemand mich danach gefragt hat . . .«

»Kein Verbrechen, aber ein Verstoß gegen die Schulordnung«, fiel sie mir ins Wort. »Sie wissen genau, daß der Besuch eines Instituts wie des unsrigen verheirateten Schülerinnen untersagt ist; Sie wissen es so genau – und Sie fühlen sich so schuldig –, daß Sie keinen Ehering tragen.«

Jetzt explodierte ich ebenfalls. »Ich habe ihn nicht getragen, das war falsch, aber das wird jetzt anders werden.« Und ich schlug meinen Kittel zurück und zog aus der Tasche meines Schottenkleides den Ehering, den ich sofort an meinen linken Ringfinger steckte. »So.«

»Auf jeden Fall bin ich gezwungen, Sie bis auf weiteres zu suspendieren. Ich muß das Schulamt benachrichtigen. Das ist meine Pflicht, und ich werde sie nicht versäumen, auch nicht bei einer noch so intelligenten Schülerin. Das Schulamt wird entscheiden, ob in Ihrem Fall eine Ausnahme gemacht werden kann.«

»In klaren Worten, Sie werfen mich hinaus, weil ich verheiratet bin. Das ist vollkommen idiotisch, und ich werde niemals in Ihre muffige Bude zurückkehren; die Klassenzimmer haben zwar Blumennamen, aber sie riechen nach Schimmel! Und warum werde ich behandelt wie eine Aussätzige?«

»Sie sind unverschämt, Mademoiselle – pardon: Madame. Vergessen Sie nicht, daß Sie in andere Umstände kommen können, was kein leuchtendes Vorbild für unsere übrigen Schülerinnen wäre.«

»In andere Umstände, kein Vorbild!« Ich lachte schallend. »Das ist nicht die offizielle Version, Frau Direktor. Arbeit, Familie, Vaterland, sagt der Marschall. Sie sind nicht auf Vordermann!«

»Ihre Impertinenz ändert nichts daran, daß in diesem Hause immer noch ich das Kommando führe, und Ihre Aufsässigkeit erspart mir das Bedauern darüber, daß ich Sie bitten muß, von nun an unserer Anstalt fernzubleiben.«

»Oh! Welche Eleganz und Grazie im Ausdruck! Frau Direktor, der Schandfleck des Lycée Jules Ferry erweist Ihnen seine untertänigste Reverenz.« Und ich tat ein paar Schritte nach rückwärts, nahm die Schulschürze zwischen die Fingerspitzen und machte ihr meinen schönsten Hofknicks.

Xavier war recht erstaunt, mich so bald wiederzusehen. Er las gerade seine Zeitung, als ich ins Schlafzimmer trat und Bücher, Hefte, Schuhe und Turnanzug in die Ecke warf. »So, deinetwegen bin ich gefeuert worden. Du bist schuld daran.«

»Ich bin schuld, mein Engel? Wieso denn?«

»Du hast mich geheiratet, und das genügt, um mich zum Paria zu stempeln. Zum Paria, hörst du, die Frau Direktor hat es gesagt.«

»Hm. Wie recht ich hatte, dich zu heiraten. Komm in meine Arme, geliebter Paria, wir wollen deine Unwürdigkeit würdig feiern.«

Wir feierten sie so gründlich, daß neun Monate und sechs Tage danach Eric zur Welt kam, bei dem eigentlich die Frau Direktor hätte Pate stehen müssen.

Wir beiden unverbesserlichen Kindsköpfe naschten aus den gleichen Tellern und hatten die gleichen Ziele. Ich wollte mein juristisches Examen machen und Xavier wollte, daß ich ein Apotheker-Diplom erwürbe, um reich zu werden. Ich fand es lächerlich, durch ein Studium, das mich nicht interessierte, zu Geld kommen zu wollen, aber ich machte ihm dieses Zugeständnis, weil mir das Lernen nicht schwer fiel. Offengestanden fühlten weder er noch ich uns reif für die Rolle der Eltern, nicht einmal der schrecklichen Eltern. Unsere Spiele und Pläne genügten uns – mir mein Examen, ihm die Einrichtung seiner Apotheke. Und als ich feststellte, daß ich schwanger war, geriet ich zunächst in einen Höllenzorn, dann sprang ich mit Wucht von einer hohen Haushaltsleiter herunter: Wenn meine Schwiegermutter damals gesehen hätte, welchen Gebrauch in von diesem Gerät machte, wäre sie in Ohnmacht gefallen. Aber nichts half. Vergebens legte ich Trenet-Platten auf, um vergnügt die zerstörerischen Schütteltänze danach zu tanzen, ließ mir eine, zwei, drei Spritzen geben, nichts, noch immer nichts! Ich nahm sogar Fußbäder in Senfmehl, so heiß, daß ich krebsrote Füße bekam. Umsonst.

Und dabei rückte das Abitur immer näher. In einem Monat. Ich büffelte beharrlich, vor allem Mathematik und Physik, weil ich wußte, daß es in diesen Fächern hart auf hart gehen würde. Schließlich traf ich eine lächerliche Entscheidung: »Xavier, mein Herz«, sagte ich, indem ich mich auf seine Knie setzte und ihm in klassischer Pose die Arme um den Hals schlang, »ich bin abergläubisch, wie du weißt. Also wenn ich durchkomme, dann behalte ich diesen Wicht, der so gern leben möchte, wenn nicht, dann machen wir eine Curette: nach drei Monaten ist der ideale Zeitpunkt.«

»Willst du ihn wirklich behalten, Maud? Natürlich bestehst du, mit deiner Begabung und deinen guten Zeugnissen.«

»Du vergißt, daß mein Zeugnisheft nur zwei Semester aufweist, anstatt drei, und keine Bemerkung der Professoren; das wird beim Mündlichen einen peinlichen Eindruck machen: der regelmäßige Schulbesuch ist wichtiger als alles andere.«

Aber Xavier beruhigte mich und ich bestand mit »gut«, trotz der Einwendungen eines miesen alten Geographieprüfers, der zuerst spöttische Verwunderung darüber ausdrückte, daß ich eine verheiratete

Frau war, der Dummkopf, und mich dann nach der *exakten* Tiefe des Suezkanals fragte. Ich weiß sie noch heute nicht.

Am Tag nach diesem Triumph strickte ich mein erstes Paar Strümpfchen . . . rosa, für die Erbin.

Aber es kam ein Pausback, weiß wie ein Albino – und nicht das kleine Mädchen mit den veilchenfarbenen Augen, von dem ich geträumt hatte –, kugelrund, mit dem Smaragdblick seines Vaters. Wir fanden ihn wundervoll, und er versöhnte für eine Weile seine Eltern. Ich muß gestehen, daß es nie eine unerträglichere Schwangere gegeben hat als mich. Xavier und Nicole taten alles, um meine sämtlichen Launen zu befriedigen, aber ich erfand immer wieder neue. Zum Beispiel verlangte ich – während wir uns, wie die ganze besetzte Zone, mit dem fast unlösbaren Nahrungsproblem herumschlugen – Spargel im Oktober. Und Nicole, das muntere Kind, ließ ihre Reize spielen und entlockte einem Schwarzhändler eine Dose Spargel. Aber ich erklärte, daß ich sie nur in holländischer Soße essen könne – zu allen Mahlzeiten, und das zwei Monate hindurch! Und die tägliche Milchration – Nicole und ich hatten Karten für Jugendliche – verwandelte sich in delikate und sämige Sößchen . . . Ich träumte in der Nacht davon.

Im übrigen war ich völlig durcheinander, und meine Arbeit in einer Apotheke in La Muette, wo es Stein und Bein fror, machte die Dinge nicht besser. Ich hatte nicht einmal Zeit, die Suppositorien in ihre Formen zu gießen, sie erstarrten unterwegs. In meinem Zustand, schwanger, häßlich, mit glanzlosem Haar, Frostbeulen an allen Fingern und ständig erbrechend, hätte ich, um in diesem Kriegswinter eine gute Gehilfin zu sein, die Dumpfheit eines Schlachtviehs benötigt – was nie mein Fall war. Und meine einzige Zerstreuung waren zweimal in der Woche die Vorlesungen in Zivilrecht! Ach! Wie wenig glich ich der leichtlebigen Studentin, als die ich mich noch vor ein paar Monaten gesehen hatte.

Ich war so sehr von Übelkeiten geplagt, so mißgestimmt, daß ich sehr bald ein eigenes Schlafzimmer bezog. Wahrscheinlich hat diese frühzeitige Mutterschaft unserer sorglosen Idylle den Garaus gemacht. Wenn wir fünf, sechs Jahre gewartet hätten, wäre unsere Ehe vielleicht intakt geblieben, und unser Kind hätte ein Elternhaus gehabt. Doch als Eric zur Welt kam, war ich bereits zur Scheidung entschlossen. Ich würde das Baby meiner Mutter anvertrauen, mein juristisches Studium zum Abschluß bringen und Ehemann und Apotheke zu den Akten legen. Inzwischen war natürlich zwischen den beiden Großmüttern ein

Kampf um das Exklusivrecht auf den entzückenden Pausback entbrannt – den ich gern anschaute, gern küßte, von dem ich mich jedoch nicht am Leben hindern lassen wollte.

Ich lief zu einem Masseur. Er massierte und hofierte mich. Mir war alles egal: Hauptsache, mein Körper gewann seine Geschmeidigkeit wieder. Ich lernte Jean-Loup kennen; auf der Stelle ging ich mit fliegenden Fahnen zu ihm über. Ich verließ alles um dieses verheirateten Mannes willen, der nichts versprach und mir doch soviel geboten hat. In einem einzigen Jahr hatte ich ein blondes Kind bekommen, die juristische Zwischenprüfung und das Apothekerexamen abgelegt, meine Figur wiedererlangt und den idealen Liebhaber aufgestöbert – ich fühlte mich unschlagbar.

VIII Ein Mann[1]

Es war neunzehn Uhr, und ich wurde bald neunzehn Jahre alt. Wir waren mitten im dritten Besatzungswinter. Ich fror; ich klingelte am grauen Eingang eines Stadtpalais. Die Zofe fragte nach meinem Namen und führte mich in den linken Flügel des Hauses. Dort sah ich einen blonden männlichen Nacken, der sich ruckartig bewegte, ich hörte eine Stimme, die ins Telefon brüllte. Der Mann drehte sich zu mir um; porzellanblaue Augen eines Vierzigjährigen richteten sich auf die ungebetene Besucherin. »Bitte verzeihen Sie die Störung, Monsieur. Ich bin mit Ihrer Frau verabredet, das Mädchen muß mich mißverstanden haben.«

Sein Gesicht wurde breit vor Vergnügen. »Was soll ich verzeihen? Daß eine schöne Fee gekommen ist, um den armen Arbeitssklaven einen Augenblick zu zerstreuen? Im Gegenteil, ich bin entzückt und ich beneide Fabienne um eine Freundin wie Sie.«

Dann setzte er sich leger auf die Armlehne meines Sessels, zündete sich eine Zigarette an, holte eine Flasche Whisky aus dem Schrank und reichte mir ein riesiges farbiges Glas. Ich hatte noch nie Whisky getrunken, und ich lehnte ab. »Aber Sie sind meine Gefangene, mein schönes Fräulein«, erwiderte der Mann, ohne meine Ablehnung übelzunehmen; »und da unser Hausmädchen zerstreut war, werde ich sie für ihren Irrtum belohnen. Schön. Wer sind Sie also, und warum hat Fabienne mir nie von Ihnen erzählt?«

»Ich bin verheiratet, habe ein Baby von drei Monaten, ich studiere

1 MISLZ'

Jura und Pharmazie, im Juli lege ich ein Examen ab, das nächste im Oktober; ich kenne Fabienne erst seit einer Woche, aber es war Freundschaft auf den ersten Blick, und sie hat mich für heute zum Abendessen eingeladen.«

»Ah, Sie essen hier zu Abend! Aber als Pillendreherin kann ich mir Sie gar nicht vorstellen ... Ich sollte eigentlich heute mit ein paar Leuten ausgehen, aber ich bleibe, mein Sekretär wird für mich einspringen. Wenn ich schon einmal die Apothekerin meines Lebens treffe!«

Er klingelte. Der Kammerdiener erschien. »Roger, legen Sie noch ein Gedeck auf. Ich werde mit Madame speisen.« Und mit einer Entschuldigung zu mir: »Roger wird Sie zu meiner Frau bringen; ich muß die wichtigen Staatsgeschäfte erledigen, die mich manchmal nervös machen! Bis gleich, ich liege zu Ihren Füßen, unmögliche Madame Homais!«

»Aber ich habe nicht die geringste Berufung zur Bovary, Sie werden es sehen, Herr Minister!«

Er legte zwei Finger auf den fleischigen Mund und warf mir eine Kußhand zu. Ich bemerkte die kurze dicke Unterlippe – à la Habsburg, dachte ich. Dann schritt ich würdevoll hinter Roger hinaus.

Das also war mein erster Minister, Jean-Loup, und er würde nicht mein letzter sein; auch mein erster Mann von vierzig Jahren. Für mich, eine verheiratete Halbwüchsige, sagte er wichtigen Leuten ab. Der Whisky tat seine Wirkung (natürlich hatte ich ihn dann doch getrunken!), und als ich die Treppe hinaufstieg, berührten meine Füße kaum den Boden. Ich war Maud-Alice im Wunderland.

Fabienne war blond, schlank und rassig und malte in surrealistischer Manier. Ich bewunderte ihre Bilder und ihre Klasse so sehr, daß mein Vertrauen in meine Jugend mit einem Schlag dahin war. Gewiß, ich war schön, aber auch unsagbar linkisch. Und mein Ensemble von Frank & Fils, ärmelloses schwarzes Crêpekleid mit pastellfarbener Jacke, das mich soviel Textilpunkte und Geld gekostet hatte, sah typisch nach dem 16. Arrondissement aus, hoffnungslos provinziell im Vergleich zu der hinreißenden parmafarbenen Création aus dem Hause Maggy Rouff, die meine Gastgeberin trug.

Fabienne wunderte sich nur mäßig über die Sinnesänderung ihres Mannes. »Sie haben also Jean-Loup in drei Minuten erobert, Maud? Wissen Sie, daß Sie einen gefährlichen Fang gemacht haben? Ich kenne keinen Verführer, der es mit meinem Mann aufnehmen könnte, und ich habe immerhin einige ausprobiert ...«

Sie lächelte ohne jede Eifersucht, wie mir schien. Später sollte ich erfahren, daß die beiden eines jener typischen Pariser Ehepaare waren, die einander niemals bei ihren Unternehmungen in die Quere kommen. Dennoch liebten sie einander, und ihre fünf Kinder wuchsen in einer zugleich freizügigen und glücklichen Atmosphäre auf.

An das Diner, bei dem ich voller Neugier meinen ersten Kaviar verspeiste, erinnere ich mich kaum. Alles war so neu für mich, die Gerichte, der Scotch, der Lebensstil und dieser unwiderstehliche Elan, der mich zu dem schönen, nonchalanten und willensstarken *homo politicus* hinzog, von dem alle Zeitungen berichteten.

Mein Studium, mein Baby und mein Haushalt, den ein zwanzigjähriges Mädchen nach besten Kräften in Unordnung hielt, ließen mir nicht viel Zeit, mich um Politik zu kümmern. Ich hörte nicht einmal London, und wenn ich das Radio anstellte, schlugen mir die tönenden Verlautbarungen eines Jean-Hérold Paquis oder Philippe Henriot entgegen, die mir nichts sagten. Dieser Krieg war nicht mein Krieg, ich wußte nicht einmal, daß mein Vater der Widerstandsbewegung angehörte, denn vorsichtshalber verschwieg er es seinen »halbstarken« Töchtern, denen es im übrigen auch herzlich gleichgültig war.

Als Jugendfreund von Otto Abetz war Jean-Loup Informationsminister geworden. Vor dem Krieg, als das Wort noch nicht geächtet war, hatte er für die deutsch-französische Verständigung »kollaboriert«. Dann hatte er sich aus dem jungen, mittellosen und unbestechlichen Journalisten zum mächtigen Politiker gemausert. Meiner Ansicht nach hat er sich niemals verkauft; er hat nur konsequent eine Bahn verfolgt, die sich schon in seiner Jugend abzeichnete, auch wenn er in der Folge mit Vergnügen daraus Vorteile zog, die er ursprünglich nicht gesucht hatte. Und seine Diplomatie hat Tausende vor dem Zugriff der SS gerettet. Ich bin stolz darauf, ihn geliebt zu haben, und seine ganze Familie ist mir wider alle bürgerlichen Vorurteile immer in Freundschaft verbunden geblieben.

Bei Tisch spürte ich, wie seine flaumige Hand sich auf mein Knie legte. Finger streiften meinen Schenkel, stahlen sich bis zum Slip. Ängstlich beobachtete ich Fabienne, die anmutig und ungerührt dasaß. Die Angst, sie könne unsere Untertisch-Manöver bemerken und sich darüber ärgern, ließ mich Worte stammeln, deren Sinn ich selber nicht erfaßte.

Eine Tasse echten Kaffees, dieses unbekannten Getränks in der Zeit der Enthaltsamkeit, gab mir den Rest. Jean-Loup hatte sich auf dem

Teppich ausgestreckt und löste lässig die Riemchen aus Kunstleder, die damals um die Knöchel lagen, um die Schuhe mit den Ersatzsohlen festzuhalten, deren ich mich insgeheim schämte. Fühlte ich mich gedemütigt, weil meine Füße so unelegant beschuht und fremden Blicken preisgegeben waren oder weil die Ehefrau keinerlei Anstoß an meiner unbedeutenden Person nahm? Als ich aufstand, um mich zu verabschieden, schlug mein Gastgeber vor, mich von seinem Chauffeur heimfahren zu lassen. Ich bedankte mich bei Fabienne, und der Minister ging mit mir hinunter. Sobald ich mit ihm allein war, gewann ich meine Sicherheit zurück. Ich blickte ihm fest in die Augen, in diese Gletscheraugen, die ich nie vergessen werde, und sagte: »Nie wäre ich auf die Idee gekommen, daß Sie mir einen ganzen Abend widmen würden; doch von nun an bin ich der Minister, und Sie werden mir gehorchen!«

Ich brach in aufgekratztes Gelächter aus. Der Alkohol hatte meine Befangenheit verscheucht und eine Woge des Triumphs schlug über mir zusammen: endlich würde ich bei diesem Mann von vierzig Jahren das kennenlernen, was ich bei einem sadistischen Rittmeister und einem allzu achtungsvollen Gatten nur erahnt und ersehnt hatte.

Wir fuhren ab, begleitet von seinem Leibwächter, einem Bullen, der hinter uns Platz nahm. Jean-Loup fuhr schnell, er hatte einen Arm um meine Schulter gelegt, und mich erfüllte unerklärliches Behagen. Ich beugte mich zu der Hand, die mich liebkoste, und bedeckte sie mit Spatzenküßchen, pickte an dem honigfarbenen Flaum, von dem ich tausend Süßigkeiten erwartete.

Endlich hielten wir und betraten ein vornehmes Gebäude in einer Gegend, die ich nicht kannte. Ich begriff, daß wir in seinem Büro waren: ein langer, rotbraun tapezierter Raum, dessen Wände sich bei einem Druck auf unsichtbare Knöpfe öffneten und jenen Whisky herausgaben, an den ich mich allzu schnell gewöhnte. Jean-Loup nahm nur ein Glas für uns beide, und ich trank, während er meine Brust streichelte. Er entkleidete mich, Stück für Stück, und bald hatte ich nur noch mein schwarzes Musselinhemdchen an. Er hatte das Jackett abgelegt, und man sah quer über das blaue Popelinehemd den Lederhalfter seiner Parabellum-Pistole. »Lassen Sie sich von mir entwaffnen«, sagte ich, »bitte.«

»Gern, kleine Apothekerin; der Krieger ist müde, er kämpft nur noch um deine Liebe.«

Ich entfernte vorsichtig die Waffe, dann schlüpfte eine neugierige kleine Hand unter sein Hemd. Aber schon hatte er mich auf den

Teppich hingestreckt ... Immer haben wir uns auf dem Fußboden geliebt, rollten von einer Wand zur anderen; und immer hat er meine dünnen Hemden zerrissen. Großzügig wie ein Sultan ersetzte er sie mir dutzendweise. Wie Fabienne hatte ich unbeschränkten Kredit bei Maggy Rouff, denn für seine Frau und seine Geliebte wollte der Herr und Meister nur das Schönste und Teuerste. Meist führte er uns einzeln aus, es kam aber auch vor, daß er uns am gleichen Tisch zusammenbrachte, bei *Maxim's,* und immer war es von uns allen mir am peinlichsten. Übrigens verhehlte er mir nicht, daß er sich von Zeit zu Zeit einen Seitensprung leistete. Ich jedoch blieb ihm treu, ich raste und weinte, wenn er mir ganz nebenbei gestand, daß er nicht habe widerstehen können. Eines Tages endlich hörte ich auf zu winseln und schleuderte ihm entgegen: »Wie viele Frauen hat Don Juan verführt? Willst du seinen Rekord brechen? Ist das der ganze Ruhm, von dem du träumst?«

»Ich kann nicht anders, ich muß mitnehmen, was am Wege liegt. Du kennst meinen Tageslauf, Liebste, er ist vollgepackt mit Anordnungen, Kommuniqués, Audienzen. Der Krieg ist aus, und wenn die Deutschen nicht ihre Geheimwaffen zücken, ehe die unausbleibliche Landung der Alliierten stattfindet, dann ist der Kompromiß-Friede verloren, und ich werde erschossen, weil ich Frankreich ein schlimmeres Los erspart habe. Und was dich betrifft, mein kleiner Blaustrumpf, erinnere dich, daß du nur einem Supermann angehören kannst – oder mehreren.«

In der Apotheke der Avenue Mozart verliefen meine Tage in klebriger Langeweile. Lustlos drehte ich Pillen und Zäpfchen, aber mein schrecklichster Feind war das Valerian, dessen Geruch nach faulen Eiern meine Kleider, meine Nägel und mein Haar tränkte. Daher geriet ich in Panik, sooft mir seine Verwendung bevorstand, und ich becircte feige den dicken rotgesichtigen Präparator, dessen Geschwätzigkeit mir so auf die Nerven ging.

Ich hatte die eheliche Wohnung verlassen und das Kind meiner jungen Mama anvertraut, die entzückt war, den Sohn ihrer Tochter hätscheln zu dürfen. Mein Vater dagegen war wütend über meine Liaison mit einem der bekanntesten Kollaborateure. Ich aber war von allem hingerissen; und von meiner Junggesellenwohnung in der Rue des Dardanelles, mit Terrasse und Loggia, trat ich geradewegs in ein Abenteuer, dessen Paprikageschmack ich hoffentlich bis zu meinem Tod auf der Zunge behalten werde. Ich war eine ausgehaltene Studentin, hatte eine Operettenzofe, die sich als diebische Elster gefiel, speiste mittags in der *Tour d'Argent* und abends bei *Maxim's*. Und wenn ich manchmal noch mein Fahrrad bestieg, so wegen meiner schlanken Linie. Jean-Loup amüsierte sich über meinen Backfischappetit, mit dem ich kunterbunt die freie Liebe und die Abendeinladungen genoß, bei denen die hübschen Frauen ein bißchen zärtlicher zueinander waren, als der Knigge es vorsieht.

Bei Armelle zum Beispiel, in einem riesigen Apartment in der Nähe der Champs-Elysées, wies das Essen keine Spur jener Armseligkeit in Aspik auf, die mein und aller besetzter Franzosen tägliches Brot war, und die gastronomischen Extravaganzen regten mich zu einer gewissen – sagen wir, Gefühlsakrobatik an. Armelle hatte überall rosa Kerzen aufgestellt, und auf Diwans und Fauteuils umschlangen sich die Paare. Jean-Loup drängte mich gegen einen Kissenstapel und streichelte meine Beine, wobei er den Modeschlager von Jean Sablon trällerte:

»*Je tire ma révérence*
Et m'en vais au hasard
Sur les routes de France
De France et de Navarre . . .«

Die poetische Huldigung kitzelte meine Ohren, und die geliebte Stimme machte mich melancholisch. »Heldenbaß«, hörte ich, »ein Sänger mit solcher Magenweite verkörpert den gewichtigen Verführer . . .«

Dann wurde das Kerzenlicht spärlicher. Die Stimme Jean-Loups erhob sich über diesen recht gemischten Reigen: »Wollen wir Beichte spielen? Armelle, was ist Ihre größte Sünde?«

»Die Promiskuität. Je gemeiner die Menschen sind, um so mehr ziehen sie mich an.«

»Nun, dann dürften Sie heutzutage nicht zu kurz kommen . . . Und Sie, Nino, welche Frau gefällt Ihnen am besten hier?«

»*Siete tutte bellissime ma tanto mi piace Maud* . . .«

Als ich diesen bauchgewaltigen Fünfziger auf den Flügeln des Wodkas so enthusiastisch das Lob meiner unbekannten bescheidenen Person singen hörte, wurde ich purpurrot. Aber Jean-Loup fuhr fort: »Du solltest Ninos Talente ausprobieren, mein Engel, im Küssen hat er nicht seinesgleichen.«

»Aber ich habe gar keine Lust auf seine Küsse!«

»Mir zuliebe, ich möchte so gern sehen, wie Nino an dir seine berühmte Atemtechnik demonstriert.«

»*Di tutta la mia alma . . . se Jean-Loup me lo permette* . . .«

Und ohne mich noch zu fragen, kniete er sich neben meine Bergère, spreizte mit kraftvollem Griff meine Beine und zog meinen widerstrebenden Leib zu sich heran. Nein! Ich wollte nicht! Nein! Mich würde Jean-Loup nicht in aller Öffentlichkeit von diesem Opern-Bramarbas vergewaltigen lassen – doch er krallte sich in meine Brüste, und sein Mund knebelte den meinen. Ich schämte mich furchtbar, beschloß aber plötzlich, nachzugeben. Unser Trio produzierte sich vor zehn Personen, die der Darbietung höchst interessiert, ja gierig folgten. Wodka, oh Wodka, in meinem Kopf drehte sich alles, und die unwillkürliche Bewegung meiner Hüften zeigte mir, daß Nino seinen Ruf wirklich verdiente.

Armelle verließ den schönen blonden Epheben, den sie in die verbotenen Spiele einweihte, um mit einem Glas in der Hand zu mir zu kommen. Und ich bat sie, flehte sie an: »Noch ein Glas, Armelle, küß mich, Armelle.« Ja, ich wollte sie haben, diese imposante griechische Statue. Auch sie . . . Sie stillte die Wollust, die zwei Männer in mir erregt hatten, und ihre rosigen Lippen erweckten mich wieder zum Leben.

Unnötig, die Eroberungen dieses Abends aufzuzählen. Armelle, die strahlende, ein wenig betrunkene Löwin, umschlang mich, während ihr zerbrechlicher Ephebe sich an meiner brüderlichen Schulter ausweinte. Wir litten beide, wir waren weder pervers noch naiv, nur berauscht von unserer Leidenschaft für unsere jeweiligen Vierziger. Zärtlich küßte ich die Wange dieses Kükens, das mich ohne Freude geliebt hatte, aber ich weinte nicht. Im Gegenteil, ich lachte laut und grub die Zähne in Jean-Loups feuchte Handfläche. »Komm«, sagte ich, »ich habe genug von diesem Irrenhaus; ich habe dir gehorcht, jetzt ist die Reihe an dir.«

»Ich bin dein Sklave, Kleines, denn ich liebe dich. Und alles andere ist unwichtig.«

Wir haben den dumpfen Salon verlassen, wo die Leiber hemmungslos wogten, und die salzige Kühle der Nacht hat unsere Lebens- und Liebesgeister aufs neue erweckt.

IX Mein zweiter Ehemann[1]

Als er ins *Monseigneur* kam, war ich köstlich beschwipst, und Jean-Loups Hand hielt mich um Taille und Schultern fest. Die russischen Geiger spielten für mich die Ungarische Rhapsodie Nummer 2 von Liszt; ich trug ein Kleid von Maggy Rouff, Musselin auf dunklem Unterkleid, weite Ärmel mit engen Bündchen, hochgeschlossen, wirbelnd, durchsichtig – ein Kleid, mit dem man die Welt erobern konnte! Ich war verliebt, glücklich in diesem Bad aus Musik und Champagner, und ich lächelte dem jungen Riesen mit dem gutmütigen Blick hinter der goldgefaßten Brille zu, als er respektvoll die Finger der lässig sich räkelnden Favoritin des Informationsministers küßte. »Ich stelle dir meinen besten Freund vor, Maud«, sagte Jean-Loup, »den intelligentesten aller Männer von Paris.«

»Was will das heute schon besagen. Dennoch, ich bin entzückt, dieses Wunder kennenzulernen.«

»Und ich bin entzückt, die impertinenteste Frau Frankreichs kennenzulernen«, versicherte Ludovic, »eine seltene Spezies.« Und zu Jean-Loup: »Findest du nicht, daß diese junge Frau den brasilianischen Orchideen gleicht, wild und saftig?«

»Wild, ja, aber sie läßt sich zähmen« (er streichelte meinen Nacken und küßte ihn, er genoß das Begehren, das ich in Ludovic bereits geweckt hatte); »und saftig – du kannst selber urteilen.«

Und er bog meinen Hals dem Mund des Unbekannten entgegen. Ich war es gewohnt, von meinem Geliebten anderen Männern ausgeliefert zu werden. Es bereitete ihm ein raffiniertes Vergnügen, und ich hatte mich ihm wohl oder übel beugen müssen. Danach kehrte er stets noch zärtlicher, noch verliebter, noch ergebener zu mir zurück. Und wie bei allen, denen ich zu Willen sein mußte, galt es auch in diesem Fall, bestimmten Riten zu gehorchen.

Ich ließ also mein Haar die Lippen des Unbekannten streifen, meine Brüste seine Seite, und ich wartete . . . Der Kuß kam nicht. Im Gegenteil, Ludovic nahm behutsam meinen Kopf zwischen seine gepflegten Intellektuellen-Hände und legte ihn wieder auf Jean-Loups Schulter. »Nein. Sie liebt dich, und ich habe nicht die geringste Lust, mit diesem Tierchen herumzuspielen. Aber« – und er wandte sich an mich –, »sollten Sie sich eines Tages von ihm trennen, so werde ich immer für Sie da sein. Guten Abend. Auf bald – oder auf Nimmerwiedersehen, wer weiß?«

Er war verschwunden. Seine große graue Gestalt hatte sich aufgelöst in Zigarettenrauch und Musik. Jean-Loup, zerstreut, schenkte dem Zwischenfall nur geringe Aufmerksamkeit, ich aber war wieder zu mir gekommen, dieser brüske Abschied hatte meine Trunkenheit hinweggefegt. »Komm, gehen wir, ich liebe dich, heute abend noch liebe ich nur dich. Nutze die Gelegenheit!«

»Du bist so melancholisch: waren es die Geigen oder ein allzu respektvoller Bewunderer?«

»Beides, Jean-Loup, ich gebe es zu. Aber jetzt wollen wir uns lieben, und morgen wirst du mir von ihm erzählen.«

Er war vor kurzem aus Tunis zurückgekommen, wo der Marschall ihn vom einfachen Beobachter zu einer Art Gouverneur befördert hatte. Er war erst neunundzwanzig Jahre alt, besaß jedoch ausgeprägtes Verantwortungsgefühl und hatte das Land bis an die Grenzen des Möglichen gegen die Italiener, die Deutschen, die Engländer und die Araber verteidigt. Mein gutmütiger Riese war in Wahrheit ein eisenharter Mann. Jetzt war er durch einen merkwürdigen Taschenspielertrick Besitzer einer Tageszeitung geworden, für die er häufig selber die Leitartikel schrieb, und er erwartete täglich seine Ernennung zum Statthalter in Norditalien, während Mussolini von Hitler entführt und dann wieder als Herrscher über eine Hälfte der Halbinsel eingesetzt worden war. Er hatte den Vater früh verloren und war von seiner Mutter unter großen Opfern erzogen worden. Sein juristisches Studium hatte er sich als Gepäckträger auf den Bahnhöfen und als Lastträger in den Hallen verdient und mit der Promotion abgeschlossen. »Reisekoffer und Gemüsekörbe stemmen, das waren meine Sportarten«, sagte er zu mir, der verwöhnten jungen Bourgeoise.

Als leidenschaftlicher Kommunist hatte er sich von Jugend an in die Aktion gestürzt; dann war er wie Gide in die Sowjetunion gereist und hatte seine »Rückkehr aus der UdSSR« geschrieben, zutiefst enttäuscht von der Karikatur eines Regimes, das das Ideal seiner Jugend gewesen war. Er faszinierte jedermann durch seine Großherzigkeit und seine Autorität, und die Masse flog ihm zu, weil er beredsam war wie ein Volkstribun. Ich war im Wagram-Saal, als er nach seiner Rückkehr aus Tunis zu der Menge sprach, die sich Kopf an Kopf drängte; es war ein Triumph. Er war der geborene Redner, dieser Ehrenmann, der im Exil lebte und dem, wenn der zähe Haß zwischen den Anhängern Pétains und de Gaulles nicht die Wertskala verwirrt hätte, eine große politische Karriere beschieden gewesen wäre.

Kurz, und um auf mich zurückzukommen, das Leben änderte sich. Jean-Loup, der durch die Landung der Alliierten und ihre für ihn verhängnisvollen Folgen große Sorgen hatte, vernachlässigte mich wider Willen. Außerdem ochste ich für mein juristisches Abschlußexamen und konnte nicht mehr wie früher mit ihm ausgehen. Immerhin dinierten wir danach noch bei *Maxim's*, um meinen Erfolg zu feiern. »Euer Ehren«, sagte er plötzlich, »so schwer es mir fällt, und gerade, weil ich dich liebe, muß ich dich aufgeben. Ich habe fünf Kinder und eine Frau zu beschützen. Für uns, die Führer der Kollaboration, ist alles zu Ende. Das Wort ist verpönt, sogar bei denen, die es geprägt haben. Wer mit den Siegern paktiert hat, gilt als Volksfeind, auch wenn er es, wie ich, nur getan hat, um anderen das Leben zu retten. Wir haben ausgespielt. Du hingegen bis zwanzig, du bist schön, und ich liebe dich. Rufe Ludovic an. Er ist geschieden, er hat keine Kinder, und er ist verrückt nach dir. Rufe ihn sofort an. In fünf Minuten hätte ich vielleicht nicht mehr den Mut, dich zu verlieren.«

Ich schaute ihn verständnislos an, ich sah nicht ein, daß er mein Bestes wollte. Tränen stiegen mir in die Augen. Ich trank mein Glas Champagner auf einen Zug hinunter und verschluckte die Tränen, die nicht fließen durften. »Du willst mich loswerden? Du trittst mich an deinen Freund ab, weil du mich satt hast? Und wieviel Provision bekommst du für dieses schöne Geschenk? Du kannst es mir ruhig sagen, schließlich ist es nicht das erstemal, daß du mich verschacherst . . .«

Unsere Blicke maßen einander. Unter anderen Umständen, und wenn wir allein gewesen wären, hätte er mich geohrfeigt; aber wir waren in einem Lokal, und er litt genauso wie ich. »Verzeihung, Liebste, du weißt nicht mehr, was du sprichst. Aber tu, was ich von dir verlange; seit zwei Jahren hast du mir immer gehorcht, tu es noch ein letztesmal. Du weißt genau, daß ich nur ein Selbstmörder mit Aufschub bin, du aber sollst leben. Die Nummer ist Central vier-sieben-neun-null. Die Zeitung kommt in einer Stunde heraus. Er ist bestimmt dort.«

Jean-Loup hatte recht, und ich war nicht stark genug, um gegen seine Entschlossenheit zu kämpfen. Ach! Ich war eine armselige Anwältin meiner eigenen Sache. Stumm stand ich auf, und ohne Paulette zuzulächeln, der Garderobiere, die ich gern mochte (sie ist in zwanzig Jahren nicht um ein Fältchen gealtert), verlangte ich die Nummer. Lange wurde nach ihm gesucht, endlich hörte ich seine Stimme durch den Lärm der Setzmaschinen. »Wollen Sie mich haben?« flüsterte ich. »Sagen Sie es rasch. Jean-Loup will es.«

»Die Antwort ist ja. Aber als Diplomatin haben Sie noch viel zu lernen. Wo sind Sie?«

»Im *Maxim's*.«

»Ich komme. Ich schwöre Ihnen, daß Sie es niemals bereuen werden.«

Ich erneuerte sorgfältig mein Make-up – man beginnt nicht ein neues Leben mit einem verwüsteten Gesicht –, entbot Paulette mein allergnädigstes »Guten Abend«, und lächelte beflissen allen Bekannten zu, während ich durch den Saal schritt. Ludovic war schon da. Jean-

Loup und er standen gleichzeitig auf; doch Ludovic nahm jetzt den Platz neben mir ein. Der Champagner floß lange an diesem Abend. Und ich fand meinen Leichtsinn und meinen Witz wieder. Jean-Loup war eher sarkastisch. Und Ludovics gelassene Heiterkeit war eine dauernde Herausforderung an unsere Nervosität. Um die Wahrheit zu sagen, ich habe nur zwei Menschen gekannt, die mich verstanden und akzeptiert haben, so wie ich bin: ihn, und später Alban de Maltavert. Zwei gesunde Menschen, die lieben konnten, ohne zu zerstören. Die anderen, Arnaud, Francesco, Jean-Loup und ihre Leidenschaften hätten mich fast zugrunde gerichtet.

Wir verließen das *Maxim's* gemeinsam, aber ich stieg in Ludovics Wagen. Er wohnte im Hotel *Ambassador,* doch da er wohl noch nicht mit dieser jungen Frau, die ihm soeben geschenkt worden war, heimfahren wollte, zogen wir noch durch sämtliche Nachtlokale von Montparnasse. Ich trank überall, und als er mich endlich in sein Schlafzimmer schob, war ich so zerschlagen und betrunken, daß er mich ins Bett steckte und auf dem Sofa seines Arbeitszimmers übernachtete. Erschöpft, aber dankbar, schlief ich zum ersten und letzten Male in meinem Leben ein, ohne mich auszuziehen und abzuschminken.

Am nächsten Tag gegen Mittag hob ich ein schweres Augenlid und verzog das Gesicht vor Schmerz. Ich hatte eine Migräne, die mir den Schädel spaltete, und ich lag im Musselinkleid auf einem fremden Bett. Die harte und kalte Dusche tat mir gut. Dann bestellte ich Aspirin und starken Kaffee. Das Telefon klingelte, ich nahm mechanisch den Hörer ab: es war Ludovic. »Ah! Sind Sie endlich aufgewacht, Dornröschen? Ich habe gebeten, man möge mich benachrichtigen, sobald Sie ein Auge öffnen würden. Ich schicke Ihnen meinen Chauffeur. Fahren Sie nach Hause und ziehen Sie sich rasch um, ich nehme Sie zum Mittagessen aufs Land mit.«

»Ich werde keine vollwertige Tischgenossin sein; ich bin bereits beim vierten Aspirin.«

»Ich habe schon Schlimmeres gesehen, als ein verkatertes kleines Mädchen. Und dann, sagen wir, ich fühle mich Ihnen gegenüber noch als der barmherzige Samariter . . .«

»Ich habe schon verstanden«, erwiderte ich patzig. »Maud Magdalena, ja, ja, ich bin Ihnen unendlich dankbar, falls es das war, was Sie hören wollten.«

Ich war gemein zu diesem Mann, der schließlich nur das geringe Verdienst für sich buchen konnte, kein Flegel zu sein. Jean-Loup, seine leise Stimme, sein gehetzter Blick, sein letzter Kuß erschienen mir da wie ein großer Sumpf aus wogendem Blut, in dem ich versank. Dennoch stand ich auf, schlüpfte wieder in mein dekolletiertes Musselinkleid und verließ so am hellen Mittag das Hotel unter den neugierigen Blicken eines Portiers und der Pagen, die wohl an manches gewohnt waren, aber mich doch staunend anstarrten.

Wir aßen im *Coq hardi*. Höchst angenehm. Ich wurde wegen jeder Kleinigkeit von Lachanfällen geschüttelt. Ludovic schaute mir zu, wie ich aß und lachte, und fuhr mich hart an, wenn mein Gesicht sich sekundenlang verkrampfte. So hat er vier Tage und vier Nächte lang gewartet, bis ich aufhörte, nervös und albern zu sein oder halb betrunken vom »dry«, dessen Mischung in mir eine maßlose Traurigkeit erweckte, auf die stammelnde Glaubensbekenntnisse folgten. Als ich mich endlich ergab, bedeutete das, daß er mich gewonnen hatte, und wenn ich auch niemals den Mann vergaß, der mich entdeckt und geformt hat, so habe ich doch in den Armen meines guten Riesen neue und aufregende Varianten der Liebe kennengelernt.

Im August beschlossen wir zu heiraten; aber eine Zierde des Anwaltsstandes versicherte mir, daß meine Scheidung langwierig sein werde, da die Gesetze der Regierung Pétain die jungen Eheleute vor sich selber schützen wollten.

Ich besuchte häufig meinen Sohn, der äußerst streitbar wurde – Kunststück, bei dieser Mutter! –, doch als Ludovic und ich Frankreich in aller Eile verlassen und mit einem Minimum an Gepäck nach Baden-Baden gehen mußten, konnte ich mich nicht einmal mehr von Eric verabschieden, da er bei meiner Schwiegermutter in den Ferien war. Ich litt sehr unter der Trennung von ihm, aber es wäre Wahnsinn gewesen, ihn einem Leben auszusetzen, das sicherlich mehr als abenteuerlich sein würde. Ich würgte also meinen Schmerz hinunter, und dank meiner jugendlichen Unbekümmertheit gewöhnte ich mich recht und schlecht an ein Leben im Exil.

In Deutschland bot uns ein Palasthotel à la Marienbad das mitleidige Willkommen alter Offiziere, das wir nach dem Maschinengewehrfeuer unserer Odyssee so nötig hatten. Wie viele Kurorte atmete auch Baden-Baden, dessen Nabel der städtische Musikpavillon war, Langeweile und Verfall. Auf der Promenade konnte man Louis-Ferdinand Céline begegnen, der seine Katze in einem Korb herumtrug. Er war rechts von seiner Frau flankiert, einer ehemaligen Tänzerin, die noch immer schön war unter ihrer glatten Ballerinenfrisur, und links von dem Schauspieler Le Vigan, dem unvergeßlichen Goupi Tonkin. Ich bewunderte den Autor von *Reise ans Ende der Nacht* leidenschaftlich, aber ich war enttäuscht von seiner grämlichen und verbitterten Miene. Le Vigan verriet eine so ängstliche Nervosität, daß ich eine Gänsehaut bekam. Unaufhörlich wiederholte er: »Wir sind im Eimer, im Eimer!« Die Frauen hielten sich, wie immer in solchen Lebenslagen, weit besser. Eine blonde Klaviervirtuosin zerstreute die unsinnigen Ängste unserer Abende; Fabienne, die von ihren fünf Kindern begleitet war, blieb die anmutige *grande dame*. Und als Jean-Loup zwischen zwei Verhandlungen mit Abetz einmal kurz auftauchte, empfand ich zu meiner Überraschung nichts mehr von jener unwidersetzlichen Anziehung, die mein Leben aus der Bahn gebracht hatte. Dafür wurde ich die Freundin Fabiennes, die mir nichts nachtrug und von meiner Verlobung mit dem von ihr sehr geschätzten Ludovic wußte. Übrigens war ich nicht die einzige, die ihrem Geliebten in den Zusammenbruch folgte. Eine sehr junge, gutbürgerliche Ehefrau, flachshaarig, mit einem Madonnengesicht, hatte sich sterblich in Ludovics Adjutanten verliebt. Wir hatten uns beim Sonnenbaden im *Molitor* kennengelernt und waren einander in der Folge nähergekommen, ja unsere Freundschaft war in immer sapphischere Küsse ausgeartet. Am Ende warf Sabine sich sogar in meine Arme, aber beim ersten Hahnenschrei war sie desertiert.

Ludovic wollte so schnell wie möglich seinen Posten in Italien antreten. Er fuhr also weg, nicht ohne mir für alle Fälle einen ansehnlichen Notpfennig zurückzulassen. Außerdem wollte er meine Einreise nach Italien und unsere Heirat in die Wege leiten. Ich machte mir weiter keine Gedanken, ganz im Gegensatz zu Sabine, die sich bis aufs Blut quälte und wegen ihres jungen und schönen Gatten ein furchtbar schlechtes Gewissen hatte. Ich fühlte mich als Fanfan, der Husar, und fand die Wechselfälle meines Abenteuers eher spaßig als tragisch. Von den Todeslagern hatten wir keine Ahnung, und ich wußte keinen meiner Lieben in Gefahr, denn Ludovic schien mir viel zu immun gegen das Los der unglücklichen politischen Flüchtlinge. Dieser Machiavell aus dem Volke lehrte mich die Maximen des Principe; ihm verdanke ich meine Amoralität und jene oberflächliche Gefälligkeit, die alle anderen rührt, ohne mich zu berühren. Vor seiner Abreise gab Ludovic mir einen letzten Rat: »Du bist schön, Maud, und voll Leben: Wenn du Schwierigkeiten hast – und das wird der Fall sein – und ich bin nicht da, um dir zu helfen, so wende dich stets an die oberste Instanz. Gehe einfach los und sage dir: ›Ich werde es schaffen.‹ Eine Störung durch eine Frau, wie du es bist, wird in neunzig von hundert

Fällen für den Mann, bei dem du vorsprichst, eine willkommene Abwechslung sein. Er wird dir dankbar sein für dein Lächeln, deine Sonnenbräune, deine Frechheit und deine Nonchalance.«

Ich habe diesen Rat aus berufenem Munde, den du, Ludovic, meinen gefährdeten zwanzig Jahren erteiltest, nicht vergessen. Mit vierzig Jahren praktiziere ich ihn noch immer mit dem denkbar besten Erfolg ...

Nachdem Ludovic fort war, wurden wir alle zu Dienstleistungen herangezogen. Ehrengäste hin oder her, wir mußten alle arbeiten. Entrüstungsschreie und Zähneknirschen quittierten allerseits diese deutsche Anwandlung von Humor. Céline und Le Vigan weigerten sich, forderten die Einreisegenehmigung in die Schweiz. Ich wurde aufgrund meiner Erfahrung als Salbenreiberin in eine Apotheke am Ort dienstverpflichtet. Da ich jedoch nicht eines Wortes der Sprache Goethes mächtig war, mußte ich beim Ausfertigen der lateinisch geschriebenen Rezepte höllisch aufpassen und mich – auf englisch! – belehren lassen. So habe ich womöglich in aller Unschuld und Unwissenheit manchen Patienten vergiftet und bin zur Widerstandskämpferin geworden, ohne es zu wissen. Jedenfalls werde ich mich immer an *Brenners Park Hotel* und an seine Festivitäten erinnern, an die durchsichtigen Sülzen in Sacharinfarben und an das schlechteste und raffiniertest servierte Essen meines ganzen Lebens: unglaubliche und mikroskopische Cotelettes Pojarsky, die hauptsächlich aus großen Mengen weißer Rüben und anderem Viehfutter bestanden und mit der Eleganz der Jahrhundertwende kleine Rüschen aus Spitzenpapier trugen.

So sorglos ich auch war, die pausenlosen Luftangriffe und die spärlichen, aber für Hitlerdeutschland katastrophalen Nachrichten versetzten auch mich allmählich in Panikstimmung. Von Ludovic kam endlich ein Geleitbrief mit der Anweisung, mich unverzüglich zu ihm nach Fasano am Gardasee auf den Weg zu machen. Mein einziger Koffer war im Handumdrehen gepackt.

Einen Teil der Reise machte ich zusammen mit der Geliebten Otto Abetz', einer äußerst schlanken und übertrieben eleganten Person, die nur zehn Wörter französisch konnte, darunter die beiden Eigennamen Maggy Rouff. Dann war ich allein und glücklich, diese putzsüchtige Schnepfe ihren kostspieligen Steckenpferden zu überlassen, und fuhr weiter in bombardierten Eisenbahnzügen und per Autostop auf Lastwagen voller Soldaten, die sehr nett waren zu der taubstummen Landstreicherin. Mit der Hartnäckigkeit eines Insekts überwand ich alle

Hindernisse, einschließlich des Brenners, und landete wohlbehalten in der Villa Bianca in Fasano.

Dann wurde ich zur Bigamistin: Anfang Oktober heiratete ich einen Ludovic, der ebensowenig geschieden war wie ich. Unsere Trauzeugen waren der deutsche Botschafter von Rallan und der italienische Minister Bouffifarini – genau der richtige Zeuge in dieser Opera buffa.

In der Folgezeit habe ich mehrmals an der Seite Mussolinis gespeist, der von einem Magengeschwür und düsteren Ahnungen geplagt war. Ich hatte noch nie einen Diktator aus der Nähe gesehen, und meine kindliche Neugier war stärker als die Empörung, die Mussolinis feiger Angriff von 1940 in mir ausgelöst hatte. Leichtfertig vergaß ich in meinen Reden alle Mahnungen zur Vorsicht, die Ludovic mir für etwaige Unterhaltungen mit dem kleinen Diktator eingebläut hatte. »Hätte ich geahnt«, säuselte er, »daß Frankreich eines Tages von einer so jungen und hübschen Botschafterin vertreten sein würde, so hätte ich Ihrem Lande niemals den Krieg erklärt, *chère Madame.*«

»Und das wäre auch besser gewesen, Duce«, erwiderte ich. »Erstens für uns, und zweitens für Ihren Ruf. Ihr Kompliment schätze ich darum nicht geringer. Nur die Romanen beherrschen die Kunst, uns Frauen mit Worten zu schmeicheln; sie meinen es nicht ernst, aber das ist unwichtig, denn wie sagte schon Talleyrand: ›Alles, was übertrieben ist, ist bedeutungslos.‹«

»Sie sind entschieden eine höchst bemerkenswerte Frau«, sagte Mussolini nachdenklich und lächelnd. »Mir gegenüber die Worte des gefürchtetsten Diplomaten des vorigen Jahrhunderts zu zitieren, ermangelt nicht der Würze!« Und er beugte sich zu mir und flüsterte: »Der französische Botschafter hat entschieden mehr Glück als der deutsche. Sie haben – wie sagt man? – ein helles Köpfchen.«

Ich lachte – benissimo, Duce. Insgeheim fand ich ihn ganz geistvoll. Und seine kantige Kopfform war mir nicht unsympathisch. Mein Projekt über den weiblichen Willen zur Macht im Lauf der Jahrhunderte lag doch nicht so fern! Zu meiner Rechten saß ein Beispiel für die männliche Version; und diesen »Übermenschen« würde ich um den Finger wickeln, um der guten Sache, um meiner Sache willen. Doch mein Mann rutschte bereits seit einer Weile unruhig auf seinem Stuhl herum, da er meine wenig diplomatische Verve fürchtete und sich fragte, was sein Gastgeber und seine verheerende Gattin wohl tuscheln mochten . . .

Ich traf Mussolini noch mehrmals, stets zeigte er sich mir gegenüber wohlwollend, ja sogar galant und wollte alles von mir und meinem

Studentenleben wissen. Bei jeder Begegnung stellte ich augenfällige Veränderungen an seinem Äußeren fest: Das quadratische Gesicht schien manchmal zu verfallen, die Scherze wurden plumper, die stimmgewaltigen Drohungen gegen das perfide Albion seltener. Das Orakel flüsterte nur noch. Am Ende war er der Schatten seiner selbst geworden; Clara Petacci jedoch bewahrte ihm die Treue, sie blieb die standhafte römische Heldin. Ihre Eltern dagegen, eine richtige Famille Cardinal, flogen ins Verlorene Paradies, begraben unter Schmuck und Pelzwerk.

Ein armer Flüchtling, der nach dem Aufenthalt in dem badischen Grandhotel total ausgehungert war, konnte nichts Gefährlicheres tun, als den zweiten Honigmond in einem Land zu verbringen, wo man alles »organisieren« konnte: Pasta asciuta und Chianti und kleine Weißbrötchen mit Butter – da konnte man zunächst nur mit einem beschämten Seufzer von der Waage steigen und sich danach eisern zurückhalten.

In der Villa Bianca waren wir nie weniger als zwanzig Personen bei Tisch, lauter französische Flüchtlinge aus Norditalien, für die Ludovic verantwortlich war. Fernand, mein Haushofmeister, war ein stolzer Korse, ebenso groß wie mein Mann, sein ehemaliger Mitarbeiter in Tunis und früherer Polizeikommissar, dessen Umsicht mir bei der Führung dieser auf dem Weg der Vorsehung gelegenen Herberge höchlichst zustatten kam. Wie vielen jungen Frauen von Milizsoldaten oder Mitgliedern der LVF habe ich damals helfen können, indem ich ihnen Unterkunft, Nahrung und Pflege verschaffte. Und dazu noch als Dreingabe die Zärtlichkeit einer Mutter, die ihr eigenes Kind zurückgelassen hatte und nicht wußte, wann sie es wiedersehen würde – ob sie es überhaupt wiedersehen würde. Ich spielte mit den Ersatzkindern meiner Pflegebefohlenen, und Fernands Frau Titou[1], die ebenso winzig war wie er riesig, stand mir mit ihrer Grazie einer bretonischen Geisha zur Seite. Ich erinnere mich, daß sie in unserem Kreis ihren dreißigsten Geburtstag feierte, und daß ich am Abend, nach den üblichen Geschenken, in den Armen meines Mannes flüsterte: »Wie kann eine Frau dreißig Jahre alt sein? Es ist schrecklich! Balzac hat es gesagt: ›Für eine Frau ist es das Alter des Verfalls und des Verzichts.‹ Titou muß sehr unglücklich sein. Ich würde mich an ihrer Stelle umbringen, solange ich noch hübsch bin.« Ludovic lachte schal-

1 H Y' S' M'

lend: »Wie dumm du bist! Mit Dreißig beginnt eine Frau erst allmählich zu leben und zu fühlen. Ich versichere dir, kleine Heidin, daß du dich nicht umbringen wirst – auch wenn ich nicht zur Stelle sein sollte, um dich daran zu hindern . . . Titou ist bezaubernd, und ihre Kindereien entzücken uns alle, dich in erster Linie. Neulich muß Fernand ihr seine Liebe allzu schlagend bewiesen haben, und am nächsten Morgen hat Sylviane, die nie vergessen wird, daß sie im Institut der Ehrenlegion erzogen wurde, süßsaure Fragen gestellt.«

»Ich erinnere mich. Sie hat Titou gefragt, wie sie solche Gewalttätigkeit ertragen könne. Titou hat mit ihrer trotzigsten Miene geantwortet: ›Vielleicht macht es mir Spaß, wenn ich Prügel kriege!‹«

Es dauerte nicht lange, bis ich die hübsche Bretonin in Bridge und Libertinage eingeweiht hatte. Mein Mann, der eifrig den verschleierten politischen Hintergrund absuchte, schenkte mir, sooft er für kurze Zeit nach Mailand fuhr, Schmuck und Pelze. Doch was nutzten diese Pflästerchen einer Frau von zwanzig Jahren ohne Lebensziel, einer Mutter ohne Kind, einer Fürsorgerin ohne Sorge und Berufung. Mein Temperament, das durch die vielen Martinis noch mehr angeregt wurde, forderte explosivere Freuden.

Im Bridge war das Resultat meiner Unterweisung durchschlagend. Titou, die bereits Championne im Belotespielen war, wurde in weniger als einer Woche zur brauchbaren vierten. Was die Libertinage betraf, so kamen ihre Neugier und ihr aufsässiger Charakter mir zwar sehr entgegen, doch hatte ich auch bald genug davon. Ich konnte ihre Taille mit den Händen umspannen, ihre spitzen Brüste fanden in einem Champagnerkelch Platz; und sie beeilte sich, mich ihr kleingelocktes Persianervlies bewundern zu lassen. Mit Recht, aber nicht mit den rechten Worten. Es war die Stunde der Siesta. Auf meiner Privatterrasse schützte ein üppiges Gerank von Herbstrosen uns vor neugierigen Blicken. Wir schlürften Limonade aus langen Strohhalmen. Wir waren beide nackt, beide gleich braun, gleich schön, Sportmodell und Minimodell. Als ich mit der Spitze meines Strohhalms das lockige Dreieck kitzelte, flötete ihre Stimme: »Maud, Liebste, gefällt Ihnen mein Kätzchen? Es ist nicht so schön wie das Ihre, buschiger, aber hübsch gezeichnet; dabei epiliere ich es nie. Und Sie?«

»Ich habe noch nicht im Traum daran gedacht, meine Pinzette zu diesem Zweck zu benutzen, aber du bringst mich auf einen Gedanken, Titou. Ich will dir dein Kätzchen, wie du sagst, noch schöner stutzen und zurechttrimmen.«

Ich hauchte einen Kuß darauf, »leicht wie Libellenflügel«, und ging meine Augenbrauenpinzette holen. Dann faßte ich in das Vlies und machte mich daran, die Kontur der seidigen, schwarzen Kommas zu verbessern, indem ich jedes überflüssige mit einem schnellen Ruck ausriß. Ein Vogelschrei begleitete jedes Zupfen. Als ich dorthin kam, wo die Haut am zartesten ist, steigerten sich die Piepser zum Gekreisch. Ich wurde ärgerlich: »Willst du wohl aufhören, du Hasenfuß! Ah! Du möchtest ein hübsches Kätzchen! Dann beherrsch dich gefälligst und weck nicht das ganze Haus auf. Wenn du noch ein einziges Mal schreist, peitsche ich dich aus, daß dir Fernands Hiebe dagegen sanft vorkommen.«

Erschreckt drehte sie sich auf den Bauch, um dem Folterinstrument zu entrinnen. Aber was hatte sie da getan! Erregt von der Feigheit dieses jungen Hinterns versetzte ich ihr einen klatschenden Schlag, dann einen zweiten, nicht minder heftigen. Titou winselte leise und schniefte, um kein Geräusch zu machen. Allmählich veränderten sich Ton und Rhythmus der Seufzer. Wallte auch über dem Gardasee die weiße Haube von Schwester M., friedlich und pervers, ohne Rücksicht auf Krieg oder Frieden?

Titou wand sich heftig, aber weniger aus Abwehr, und mein Mund vollendete schmeichelnd, was meine Hand unzart begonnen hatte. Plötzlich ließ diese wunderliche kleine Person ihrem Vergnügen freien Lauf. »Oh! Wie gut das tut, Maud, hören Sie, Sie müssen mich oft schlagen. Sie können es so gut! Viel besser als Fernand, ich werde es ihm sagen . . .«

»Du wirst den Mund halten, dummes Ding, sonst peitsche ich dich bis aufs Blut. Und er bestimmt auch. Wir beide würden dich ganz schön mürbe klopfen, du Teufelsbraten.«

»Sie haben recht wie immer«, seufzte sie. »Aber darf ich Sie nicht auch küssen? Ich möchte es so gern; aber ich weiß nicht, ob ich es noch kann.«

Andächtig ergriffen die runden Lippen von mir Besitz. Ah! wie beredt sie waren, wenn sie nicht sprachen . . . Von nun an würde ich ihr Schweigen auferlegen, sobald mich die Laune ankommen würde, die Spiele, die ich sie gelehrt hatte, mit ihr zu repetieren.

Aber sie hatte trotz meiner Warnung unsere Sonnenbäder halb und halb gestanden. Eines Abends warf Fernand plötzlich ins Gespräch: »Wissen Sie, Ludo, was Titou mir von der Siesta unserer Frauen erzählt hat?«

»Nein. Das heißt, ich kenne Titous Darstellung nicht, aber Mauds Version kann ich mir vorstellen. Institutsspiele? Ich bin der letzte, der sie deshalb tadeln würde; sie haben nicht viele Zerstreuungen, die armen Kinder, zwischen den ruppigen Flüchtlingen und ihrer gefräßigen Brut. Ich liebe meine Frau, Fernand, und ich würde nicht zulassen, daß sie irgendeinem Mann die geringste Vertraulichkeit gewährt. Aber wenn sie mit einer so schönen Spielgefährtin wie Titou ein paar Zärtlichkeiten tauscht, so sehe ich darin kein Verbrechen.«

»Sie sind sehr großzügig, ich aber verlange, daß man meine Frau schonend behandelt und sie nicht auspeitscht wie gestern; sie ist mit einem Popo wie ein Zebra angekommen.«

»Ein Popo wie ein Zebra! Au! Au! In diesem Fall muß ich Recht sprechen. Titou! Zeigen Sie uns das Corpus delicti!«

Blutrot vor Scham begann mein gefälliges Opfer zu heulen. Nun klemmte Fernand sie schonungslos unter den Arm und hob den Rock, zog mit einem Ruck das Höschen herunter und wies meinem Mann die mit leichten rosa Striemen bedeckten Apfelbäckchen. Titou wehrte sich, aber was vermochte sie gegen den Riesen, der ihren malträtierten Popo entblößte? Um dem Gestrampel seiner besseren Hälfte ein Ende zu machen, versetzte Fernand ihr ein paar schallende Schläge, die den schuldigen Körperteil noch lebhafter tönten. »Sehen Sie«, sagte ich honigsüß, »Sie strafen sie weit härter als ich, Ihr reizendes Täubchen. Schau ihn an, Ludovic, groß und stark wie der Riese Goliath, und schau, wie schwach ich neben ihm bin ... Ich habe Titou gestern vielleicht ein paar übergezogen, aber sie hat es verdient. Übrigens habe ich sie mit Vergnügen bestraft ... nicht wahr, mein Herzchen? Und sie hat ihre Strafe geduldig hingenommen. Fernand, mischen Sie sich da nicht ein. Titou untersteht meinem Befehl, und Sie wissen genausogut wie ich, daß sie nur eine einzige Sprache versteht: die Prügel.«

»Ah! Das hast du mir nicht gesagt, du Schlampe! Aber Sie haben recht getan, Maud. Und von nun an ermächtige ich Sie, Titou zu verbleuen, sooft es Ihnen gefällt.«

Ich machte eine artige Verbeugung vor ihm. »Und ich«, protestierte Ludovic, »soll ich der einzige sein, der an diesen reizenden Popo nicht Hand anlegen darf?« Und bei diesen Worten klapste er das Hinterteil einer Titou, die aufs neue zu schnuffeln begann.

»Nur zu, alter Freund, Maud hat recht: wer nicht hören will, muß fühlen.«

Worauf Titou gebeten wurde, hinzuknien, die Arme auf das mit violettem Rips bezogene Sofa zu legen, wo sie mit hochgeschlagenem blauem Kleid und aufgelöstem schwarzem Haar einer Sirene glich, und wir trommelten ein kleines Trio nach den Klängen der Chopinschen Polonaise. Wie ich geahnt hatte, nahm sie die kollektiv verabreichten Prügel willig entgegen. Ich hatte bereits ihre Schenkel geöffnet und lauerte auf die Vorhut ihrer Lust, doch Fernand ließ mich die feurige Sitzung nicht beenden: plötzlich warf er sich auf den Bauch, das laue Naß zu schlürfen, das wir selbdritt aus dem Busch geschlagen hatten.

Man darf nun aber beileibe nicht glauben, daß Ludovic, Fernand und ich nichts weiter getan hätten, als unsere Titou zu trimmen und zu vertrimmen. Mein Haushofmeister vergaß seine nützlichen Pflichten nicht, und Ludovic erörterte mit dem kommandierenden General der deutschen Truppen in Italien die Bedingungen für einen Kompromißfrieden, den er bald in einem neutralen Land aushandeln sollte.

Nur ich hatte noch Zeit, zwischen zwei Samariterdiensten die schöne Sünderin zu züchtigen.

Es wurde Ende Dezember, der See bedeckte sich mit flockigem Schnee, und unsere Hoffnung auf Heimkehr schwand dahin. Dann kam die Zeit der Kirschblüte und etwas wie ein Hoffnungsschimmer, als Ludovic in einem Militärflugzeug aufstieg, um das Land aufzusuchen, das sich bereitfinden würde, den Waffenstillstandsverhandlungen als Gastland zu dienen. Nun gerieten der deutsche und der italienische Generalstab in Panik. Unsere Botschaft wurde dem Ersten Sekretär anvertraut, Stephan Mascardi, einem Abkömmling der Bonaparte, klein und von fanatischer Willenskraft. Wir bekamen gefälschte Pässe und zerstreuten uns in alle Winde. Titou und Fernand reisten auf der Straße vom Como in Richtung Schweiz. Mascardi und ich (»Arzt« und »Fürsorgerin«) wandten uns ebenfalls dorthin, jedoch auf Nebenwegen – was uns beinahe zum Verhängnis geworden wäre.

Ein paar Kilometer vor Como wurde nämlich unser Wagen von betrunkenen *partigiani* angehalten. Sie waren an die dreißig Mann, sangen laut und unterwarfen Verdächtige einem rücksichtslosen Verhör. Verdächtig waren wir. Ein Kerl von etwa vierzig Jahren nahm mich ins Gebet. Ich antwortete in leidlichem Italienisch, denn in den acht Monaten in Fasano hatte ich einiges gelernt. Plötzlich schüttelte er mich heftig und forderte mich auf zu gestehen, daß ich in der französischen Botschaft gearbeitet hätte. Mascardi mischte sich ein, er forderte den Mann energisch auf, mich nicht anzurühren. Der Mann brach in Schmähungen aus, die ich nicht verstand. An Mascardis besorgter Miene konnte ich jedoch ablesen, daß unsere Lage sich verschlechterte. Wir verhandelten, zeigten unsere Papiere, nichts half, der andere wiederholte nur beharrlich: »*Non vale niente ... non vale niente.*«

Es wurde immer schwüler. Im Gebirge grollte der Donner. Endlich beschloß der Anführer der Gruppe, uns zwecks Überprüfung unserer Angaben bis zum nächsten Tag in Verwahrung zu nehmen. Stephan riet mir, keinen Widerstand zu leisten, und zwischen Piken und Heugabeln fühlte ich mich wie zur Zeit der Schreckensherrschaft inmitten der Sansculotten. Unter sicherer Bewachung wurden wir zu einer Jagdhütte am See gebracht, und dort mußten wir dicken Chianti trinken, von dem mir nach all der Aufregung schrecklich übel wurde. So führte ich nur noch zum Schein die Korbflasche an die Lippen und wechselte dabei mit Stephan leise beruhigende Worte in Französisch. Im Lauf der Nacht gesellten sich drei weitere Verdächtige zu uns: ein Milizsoldat, den wir vom Sehen kannten, seine Frau und sein Sohn, ein Knirps von drei Jahren, der ständig quengelte und seine Nasenpopel lutschte. Mir wurde einigermaßen schwummerig, denn sie kannten meine Identität – ich hatte ihnen Unterkunft besorgt. Doch die junge Frau betrachtete mich mitfühlend, und trotz ihrer eigenen Angst versprach sie mir dankbares Schweigen, indem sie einen Finger an die Lippen legte.

Mascardi hatte mich ermahnt, jeden Augenblick zur Flucht bereit zu sein. Daher suchte ich die Toilette auf und steckte mein Geld zum Teil in meinen Büstenhalter, zum Teil in die Innentasche meiner gelben Jacke.

Die Gesänge der Männer verstummten nach und nach, und nur der Anführer und sein Adjutant, ein alter Graubart, der seinen Knaster schmauchte, blieben zu unserer Bewachung zurück. Je mehr der Alte rauchte, um so mehr schwankte sein benebelter Kopf. Es schlug elf. Wir hatten Chianti getrunken, aber nichts gegessen, während unsere Kerkermeister sich mit Wurst und Weißbrot vollgestopft hatten. Ich stieß Mascardi an, ich war so hungrig! Aber er flüsterte: »Lassen Sie sie schlafen. Der Alte wird bald soweit sein; und der andere ... nur Geduld! Er hat so viel gefressen, irgendwann muß er verdauen.«

Noch zwei Stunden vergingen. In einer Ecke der Hütte zusammengerollt, döste ich vor mich hin, als ein leichtes Kneifen mich aufschreckte: »Kommen Sie, Maud, es ist soweit.« Wirklich lagen unsere beiden Wächter schnarchend vor der einzigen Tür. Wir schnallten unsere Rucksäcke um, ließen die beiden Koffer dem Milizsoldaten und seiner Frau, die wegen des Kindes nicht ausrücken konnten. Mascardi öffnete das Fenster, stieg als erster hinaus und reichte mir die Hand.

Ich sprang, aber der Rucksack behinderte mich, und ich fing mich schlecht ab und verstauchte mir den Knöchel. Beinah hätte ich aufgeschrien, beherrschte mich aber gerade noch. Mascardi wisperte: »Wir müssen schwimmen, das ist unsere einzige Chance.«

Und trotz meines schmerzenden Beins ließ ich mich in das trübe und eisige Wasser des Sees gleiten. Wie viele Kilometer haben wir so in voller Montur zurückgelegt? Ich bin eine ausdauernde Langstreckenschwimmerin, ich habe mit fünfzehn den Rettungsschein gemacht, aber dieser Rucksack behinderte mich, und ich wußte nicht mehr, wie ich weiterkommen sollte, ohne ihn abzuwerfen. Am Ende legte ich mich darauf, wie ein Neuling auf seinen Schwimmreifen. Nun war ich gerettet. Gewiß, schnell kam ich nicht voran, da ich mit einem Arm schwimmen mußte, aber ich ging nicht unter. Mascardi tat es mir bald nach, und unser Pinguin-Stil amüsierte uns trotz aller Gefahr.

Endlich gingen wir an einem verlassenen Ufer an Land. Ich zog mich um, ich schämte mich nicht vor diesem Mann, der mir ein Bruder geworden war. Auch er zog die nasse Hose aus, und unsere Kleider aus den Rucksäcken waren zwar ein wenig feucht geworden, kamen uns aber ausgesprochen mollig vor. Dann marschierten wir stundenlang durch unwegsames Gebirge, bis wir endlich einem fünfzehnjährigen Mädchen begegneten, das seine Kühe hütete. Wir boten zehntausend Lire – eine ungeheure Summe –, wenn sie uns den Weg in die Schweiz zeigen würde; die Hälfte des Geldes gaben wir ihr sofort, den Rest sollte sie bekommen, sobald die Grenze in Sicht sein würde. Und weiter ging es, mit den Herdenglocken unserer Hirtin als Marschmumusik.

Mein Knöchel war so angeschwollen, daß ich den Leinenschuh nicht mehr ertragen konnte. Ich zog ihn also aus, und Mascardi bandagierte den Fuß mit seinem Taschentuch. Humpelnd und hinkend überschritten wir schließlich die Demarkationslinie; wir stellten uns sofort den schweizerischen Behörden, die uns mit der Herzlichkeit ihrer eiskalten Duschen empfingen.

Im schweizerischen Internierungslager erfuhr ich vom Tode Mussolinis und Clara Petaccis. Sie waren ganz nah an dem Ort, von dem wir selber geflohen waren, verhaftet worden; durch seine Kaltblütigkeit und seine Erfahrung mit dem Maquis hatte der Korse mir das Leben gerettet. Ich danke dir, lieber Stephan.

X Es lebe die Freiheit

Man muß nicht Monate im Gefängnis zugebracht haben, um die Freiheit schätzen zu lernen. Mir genügten drei Wochen Untersuchungshaft in Frankreich.

Es war in Lyon, im St.-Paul-Gefängnis. Ich war von Läusen und Wanzen heimgesucht; wir hatten nur einen unzulänglichen Wasserhahn auf dem Korridor zur Verfügung, und die Toilette, die höchst summarisch war, fand in Gegenwart hämischer Wächter statt. Die Kost bestand aus einer trüben Brühe, in der Knochenstücke und Gemüseabfälle schwammen. Man hätte sie keinem Hund vorsetzen mögen. In vielen Zellen spielten sich Schreckensszenen ab.

Der Oberinspektor[1], der mich über Mussolini und die italienischen Minister verhörte, fragte mich eines Tages beim Anblick meiner verwahrlosten Gestalt, ob ich gern ein Bad nehmen wolle. Ich fuhr auf: »Machen Sie sich nicht über mich lustig, Sie wissen genau, daß das verboten ist.«

»Ich kann es einrichten, wenn Sie meinen Bericht korrigieren. Sie sind schließlich Juristin. Am besten sollten Sie ihn gleich selber schreiben.«

Er steckte sich ein Zigarillo an, und ich begann fieberhaft zu schreiben. Ich habe mich immer geweigert, einen französischen Namen zu nennen, doch die italienische Geschichte erlaubte mir, Ballast abzuwerfen, ohne meinen Landsleuten zu schaden. Und am Abend verließ ich, wie abgemacht, zusammen mit meinem Oberinspektor die Zelle und wurde von ihm in das Zimmer eines Stundenhotels geführt, wo ich mich in der Badewanne räkelte, mich mit richtiger Seife abschrubbte und ihn an mir seinen Spaß haben ließ, ohne mich daran zu beteiligen. Danach genehmigte ich mir den Luxus, ihn mit aller Kraft zu ohrfeigen. Trotz des schmutzigen Spiels, das er getrieben hatte, war er ein guter Verlierer. Er zuckte nicht mit der Wimper, und wir kehrten ins Gefängnis zurück. Er hatte versprochen, daß ich im Lauf der Woche entlassen würde, und er hielt Wort. Mein geschickt abgefaßtes Protokoll wurde durch Einstellung des Verfahrens belohnt.

Allerdings durfte ich Lyon nicht verlassen, ich blieb unter Polizeiaufsicht. Damals half mir ein junger Bankier, Denis Larty[2], ein Freund meines Vaters. Mißtrauisch beobachtete ich sein Verhalten der

1 J' G' O' S' V'
2 T P' Q R

Geächteten gegenüber. Doch er öffnete mir nicht nur die Türen seiner Privatvilla, er führte mich auch in die gute Gesellschaft von Lyon ein. Und Ehre, wem Ehre gebührt: es heißt, die Stadt des Präsidenten Herriot sei äußerst exklusiv; doch mir öffnete sie sich freudig, und alle, von den Seidenhändlern bis zu den Financiers, feierten das räudige Schaf (das im wörtlichen Sinne räudig war).

Denis, der Sportsmann und Junggeselle, lebte in einer Welt kostbarer Antiquitäten, über die Blanche, eine streng aussehende und puritanische Haushälterin, wachte. Paradoxerweise akzeptierte sie mich, sie entlauste, wusch und bürstete mich, und achtundvierzig Stunden nach meiner elenden Ankunft war ich Liebkind in allen Salons und natürlich die Geliebte meines Gastgebers. So ist das Leben.

Man feierte mich bei Jean-Marie Ravier, bei Tony de Mézières und vielen anderen, die nie Kollaborateure gewesen waren. Mein jugendliches Ungestüm hat sich nie besser austoben können als damals. Denis besaß ein Landhäuschen am Saôneufer, und dorthin zogen wir mit der ganzen Gesellschaft übers Wochenende. Mit Corinne, einer Blonden aus dem Rhônetal, die so alt war wie ich, und drei Anfangsvierzigern schweiften wir über die sandigen Hänge, sprangen von Baum zu Baum und lebten wie die Wilden. Ich hatte autoritativ verkündet, daß weiße Brüste abscheulich seien. Wir spielten also »oben ohne« Federball und Bockspringen. Dann schoteten wir die grünen Erbsen aus oder bereiteten die Lammspießchen, alles in der gleichen Aufmachung, und unsere Galane beklagten sich nicht darüber.

Diese Zeit, während der ich mich jeden Morgen (ausgenommen an Sonntagen) auf dem Polizeirevier eintragen mußte und jeden Abend der Liste meiner Anbeter einen neuen Namen anfügen konnte, schien mir wie ausgeklammert aus der Wirklichkeit. Ich nahm sie nicht ernst, und wenn ich auch auf freier Wildbahn herumgraste, so hatte ich doch nicht das Gefühl, einen Ehemann zu hintergehen, den ich anbetete, der jedoch weit weg war und von dem ich noch lange nichts hören würde. Im Gegensatz zu meinen unglücklichen Gefährtinnen hatte ich im Gefängnis keine Mystikkrise durchgemacht und auch meine Heirat nicht bedauert. Ich hatte in einer verlausten Zelle getobt, weil ich mit meinen zwanzig Jahren nicht in Freiheit leben durfte, und als sie mir nach drei Wochen wiedergeschenkt wurde, hatte ich beschlossen, sie mit allen Fasern zu genießen.

Endlich erklärte der Polizeikommissar, daß es mir freistehe, Lyon zu verlassen, da mein Fall als der nationalen Unwürde unwürdig befunden worden sei. Ich triumphierte unverhohlen. In Paris empfing mich mein Vater mit offenen Armen. Dennoch dröhnte mir das Herz in der Brust, als ich an die Tür des Elternhauses klopfte. Meine Mutter öffnete mir. Doch diese Vierzigjährige war ein Zerrbild der hübschen, guterhaltenen Frau, die ich gekannt hatte. Zwanzig zusätzliche Kilo entstellten ihre Figur und zerstörten ihren Charme. Hatte sie so sehr unter dem Krieg gelitten, unter unserer Trennung, der schlechten Ernährung, oder trug nur das Alter die Schuld an dieser Wandlung? Während ich sie zärtlich umarmte, schwor ich mir, niemals dick zu werden. Trotz einer gewissen erblichen Belastung habe ich Wort gehalten; mein Körper zeigt noch keine Spuren von Verfall.

Die schönste Überraschung war mein Sohn, ein kleiner strohblonder Wiking, der begeistert war von einer Mama, die ihn das Radfahren lehrte und ihm ungewöhnliche Geschichten erzählte. O mein kleiner Prinz, der heute ein Mann ist, Flugzeugführer und Mozartfan, wie habe ich deine kindliche Begeisterungsfähigkeit geliebt!

Nach einer zweimonatigen Erholungspause in Paris knüpfte ich die Fäden der verlorenen Freundschaften aufs neue und gab dem Wunsch meines Mannes nach, zu ihm nach Spanien zu kommen. Im Hotel *Matignon* suchte ich Gaston P. auf, der mich höflich, um nicht zu sagen leutselig empfing. Ich war auf einem alten Fahrrad zum Ministerium gefahren, aber in einem Leinenkleid in Französischblau und Weiß. Ich überwand alle Schranken. Ludovics Ratschläge trugen Früchte.

»Was kann ich für Sie tun, Mademoiselle?«

»Alles, *Monsieur le ministre*. Ich komme aus dem Gefängnis, ich bin nicht abgeurteilt worden. Mein Mann war noch vor einigen Wochen einer der jüngsten Minister des Marschalls. Er ist in Spanien, wo er Verhandlungen über einen Kompromißfrieden zwischen den vernünftigen Elementen der Kollaboration und den Résistance-Leuten, die Sie repräsentieren, anbahnen wollte . . .«

»Können Sie mir für diese Angaben Beweise liefern?«

»Selbstverständlich«, antwortete ich mit der Sorglosigkeit meiner Jugend. »Aber geben Sie mir zuerst einen Paß, damit ich über die spanische Grenze komme, andernfalls müßte ich heimlich hinüber. Ich habe geheiratet, um Freud und Leid mit meinem Mann zu teilen, und jetzt braucht er mich. Wenn General de Gaulle so groß wie sein Ruf ist, kann er seine Größe beweisen, indem er einem ehrlichen und loyalen Gegner eine hilfreiche Hand leiht und alle Franzosen vereint, die guten Willens sind.«

»Wenn er Sie hören könnte, wie Sie mit soviel Feuer die Sache der selbstlosen Kollaborateure verteidigen, dann, glauben Sie mir, chère Madame, würde der General sich bestimmt von Ihren Argumenten überzeugen lassen. Ich will Ihren Fall prüfen. In drei Wochen werden Sie, wenn es irgend möglich ist, Ihr Visum haben. Sollte es nicht zu machen sein, so seien Sie mir deshalb nicht böse, ich bin schließlich nicht der liebe Gott . . .«

»Sie sind nur einer seiner Heiligen«, unterbrach ich ironisch, »und ich habe den Glauben verloren. Sie können ihn mir wieder geben, lieber Herr Minister.«

Als der einundzwanzigste Tag ohne eine offizielle Mitteilung vergangen war, beschloß ich, auf eigene Faust zu handeln. Ludovic hatte mir seine Anweisungen gegeben. Ich ging nach Canet-Plage und nahm mit den beiden mir benannten Schmugglern Kontakt auf. Doch infolge eines Zwischenfalls wurde die Grenze streng bewacht, und ich mußte mich ein paar Tage gedulden.

Der August gehörte der Sonne und den Ferien, ich wohnte in einem Touristenhotel, und in aller Unschuld gab ich mich den Badefreuden hin. In einem Winkel des stillen Strandes reduzierte ich meinen Bikini noch weiter, damit mein armer Mann wenigstens eine braungebrannte und optimistische junge Frau in Empfang nehmen könnte. Dabei beobachtete ich hinter meiner Sonnenbrille einen großen mageren Mann, dessen Blondhaar hier an der Pyrenäengrenze auffallen mußte. Er grub und grub den ganzen Tag. Ich habe nie genau begriffen, ob er Minen ausgrub, oder was sonst, aber ich kam bald mit ihm ins Gespräch. Er war deutscher Kriegsgefangener, er zeigte mir das Foto seiner Mutter und fügte seufzend hinzu, daß er mich schöner finde. Ich habe nicht mit ihm geschlafen, aber ich habe ihm ein Lächeln und Zigaretten geschenkt. Wer einmal im Leben Bekanntschaft mit dem Gefängnis gemacht hat, dem wird der Anblick eines Gefangenen immer schmerzlich sein.

Nach vier Monaten eines geruhsamen Lebens amüsierte mich mein illegaler Grenzübergang wie ein gelungener Scherz. Die Schmuggler trugen meinen Koffer, und ich hielt mich für Mata Hari! Ludovic war noch gerührter als ich, fühlte er sich doch verantwortlich für meine Odyssee und für die Miseren, die sie mit sich gebracht hatte. Ich warf mich in seine Arme, um ihn zu trösten und ihm zu danken, gerade für diese Strapazen, die mir den Geschmack am Abenteuer verschafft hatten. In diesem ersten Akt meines Lebens hatte ich mich endgültig gelöst von der Mentalität der kleinen Bourgeoise, die Schwester M. liebevoll verdorben hatte, in einem Alter, in dem andere von einer rosenroten Zukunft träumen.

Drei Monate in Barcelona und ein Jahr in Madrid lehrten mich die Größe Goyas und die Härten des Exils kennen. Aber ich war die Maja meines eigenen Genies, und ich verkaufte ohne Bitterkeit meine Juwelen, um uns am Leben zu erhalten.

Ich habe Toledo gesehen und das Haus Grecos, Manolete und Arruza im *mano a mano*, und ich fühlte in meinen Adern das Tröpfchen spanischen Blutes brennen, das eine legendäre Ahnin mir vermacht hat.

Abel Bonnard gab mir den ehrenvollen Auftrag, seine Kartei über Napoleon zu vervollständigen, und ich tauchte in die strengen Freuden der Geschichtsforschung.

Die spanische Aristokratie feierte uns; der Generalissimus empfing uns mit seinem ausgeprägten spanischen Sinn für Gastfreundschaft nach dem Motto »*Mi casa es tu casa*«; und ich gewann im Tennis den Ersten Preis der Damen von Kastilien, angefeuert vom *viva* dreier Landsleute, Ex-Ministern, die vor Freude brüllten, als ich im Finale knapp über eine athletische Amerikanerin siegte.

Wenig später reisten wir nach Argentinien, wo wir das Unmögliche versucht haben: eine Ehe zu führen bei voller gegenseitiger sexueller Freiheit. Doch von allen diesen südamerikanischen Zugvögeln, die drei Jahre lang in meinem Leben nisteten, erinnere ich mich nur noch an Francesco, meinen mittellosen italienischen Fürsten. Ludovic seinerseits hat die weiblichen politischen Flüchtlinge ziemlich sämtlicher Verbündeter Deutschlands in seine Sammlung aufgenommen. Eine ungebrochene Reihenfolge galanter Abenteuer! Wir haben darüber gelacht, waren noch glücklich über diese Würze unserer ehelichen Beziehungen, die von der Gewohnheit schon ein wenig schal geworden waren.

Aber dann, eines Tages, habe ich nicht mehr gelacht, und Ludovic hat geweint. Eine Seite in meinem Lebensbuch war für immer abgeschlossen. Immerhin geschah dieser Abschluß auf aparte Art. Ludovic und ich waren zum Poker in Buenos Aires bei einem exilierten Minister Mussolinis. Francesco[1] raffte in einer Lehrstunde bedenkenlos mein gesamtes wöchentliches Taschengeld an sich. Dann brachte er mich nach Hause und wunderte sich, daß er kein Geld fand, als er das Taxi bezahlen wollte. Und dann verliebten wir uns Hals über Kopf. Ludovic, der meine Eintagskapricen duldete, war wütend über diese

1 I N W' S

hemmungslose Hingabe und sperrte mich nachts in mein Zimmer ein. Francesco holte mich durchs Fenster heraus. Wir liebten uns überall, in seiner Junggesellenwohnung, im Freien, auf einer Jacht, die einer unserer schwerreichen argentinischen Freunde uns geborgt hatte, und sogar in diesem mondänen Nachtklub *The Golden Gate*. Die Atmosphäre dort war schwül, leidenschaftgeladen, ein Schwarzer sang *Old Man River*. Unser Tisch stand in einer Nische. »Küß mich«, flüsterte ich, und Francesco küßte meinen Nacken, meine Lippen nach dem Rhythmus des Blues. Plötzlich spürte ich eine Berührung zwischen meinen nackten Beinen, und bald darauf die üppigen Lippen meines Geliebten. Mir fielen fast die Augen aus dem Kopf. Trotz meines wadenlangen New-Look-Kleides mußte ich fürchten, daß die übrigen Gäste sahen, wie Francesco unter dem Tisch kniete und sich verbotenen Spielen hingab. Aber gerade das Bewußtsein, daß jemand unsere Libertinage bemerken könnte, steigerte meine Lust. Die Ekstase überfiel mich zugleich mit dem Ausklingen des schwarzen Gesangs und setzte ihn fort wie ein Echo.

Sechs Monate später zwang ich meinen Condottiere, die alte Argentinierin, die ihn aushielt, zu verlassen, und er wurde Bankangestellter ohne Zukunftsaussichten. Ich schrieb Artikel für eine französische Zeitschrift, die in Subskriptionsauflagen erschien. Ich hatte meinen Mann ohne Drama verlassen: Unsere gegenseitige Achtung war so groß, daß die Scheidung nichts an unserer Zuneigung ändern würde.

Francesco und ich liebten und zerfleischten einander. Er verausgabte die geringen Ersparnisse, die sein kostspieliger Geschmack ihn zur Zeit der »vieja« hatte machen lassen, während eines wundervollen Wochenendes in Punta del Este, wo wir sonnenverbrannt und selbstbewußt mit unseren zusammen fünfzig Jahren und unserer Unbekümmertheit glänzten. Schließlich beschlossen wir, gemeinsam zu sterben, da dieses Jahrhundert nicht das unsrige war. Kaviar, Gänseleber, Champagner, ein schwarzes Zimmer, Liebe, Liebe – ich schrieb mein »letztes« Gedicht:

Bald brechen wir auf zu der schönsten Reise.
Bald frage ich dich: Was wollen wir spielen, mein Engel?
Bald wirst du erwidern: Geliebte, das Todesspiel
Bald wirst du bei mir sein, an mich geschmiegt
Und lang und braun und schlank wie die Nacht
Und bleich wie der Regen
Mit Freudentropfen am Saum deiner schwarzen Augen
Mit meinem Lachen wie einem Hauch auf den Lippen

Bald werden wir einsam und stolz sein
Vom gleichen Stolze gespannt
Magnetisch erregt an beiden Polen
Bald werde ich toll sein, rasend und reißend
Bald wirst du grausam gebannt sein, glutvoll
Bald steigen wir auf wie Raketen
In fiebernden Wogen
Champagnerschaums
Bald kennen wir nicht mehr
Dein Leid und das meine
Bald wird mein Blut sich den Adern verweigern
Bald wird dein Herz dir nicht mehr gehören
Bald wird das Telefon
Seine Nervenkrisen ins Leere schrillen
Bald werden die Zeiger der Uhr Sinn und Richtung verlieren.
Bald gibt es nicht mehr
Sie und ihn, sondern beide
Bald wird aus dir und aus mir das Wir
Bald wird ein Freund von uns insgeheim denken
»Schade, sie waren so jung und so schön«
Bald werden die andern, alle andern
Über uns sagen
Pervers und feig und verrückt
Hysterische Komödianten, nicht fähig, sich einzuordnen
Bald werden wir aufbrechen
Ineinander verankert
Zur Apotheose unserer menschlichen Liebe
Bald auch entdecken wir
Ein Universum neuer Gestirne
Bald lachen wir beide, gemeinsam
Über die todlose Parze
Bald, mein Engel, ja bald
Doch wie weit ist der Weg bis bald.

Und wir fütterten einander aus dem Röhrchen mit Gardenal. Wir versanken . . . Ich kam mit zwei Tagen Klinikaufenthalt und einer Scheidung davon, die ein Ehemann eingereicht hatte, der jeden Skandal verabscheute. Francesco dagegen wurde sehr krank, sein Magengeschwür hatte sich verschlimmert. Ich habe ihn niemals wiedergesehen. Die Lächerlichkeit eines mißlungenen Doppelselbstmords kann keine Leidenschaft überstehen.

XI Norbert de Loisy[1]

Nach meiner Rückkehr aus Südamerika verkehrte ich im Nouveau Cercle, der damals aus unverbesserlich optimistischen Pétain-Anhängern bestand. Eine alte Egeria des Marschalls, Mathilde Caverne, die meinen zweiten Mann gekannt hatte, belästigte mich mit Fragen über die politischen Flüchtlinge in Argentinien, über Perón – der meiner Meinung nach sehr überschätzt wurde – und über die schöne und geistvolle Evita, die *pasionaria* der *descamisados*. »Stimmt es, daß sie Insassin einer ›Maison Tellier‹ gewesen ist?« fragte Mathilde boshaft.

»Keine Rede. Ihre Mutter hatte eine Familienpension, wie man sie in Buenos Aires häufig findet, und die Töchter halfen ihr bei der Arbeit. Wie man daraus schließen kann, daß es sich um ein Bordell handelte, ist mir unverständlich. Evita ist in ihrer Eigenschaft als Nachrichtensprecherin des argentinischen Rundfunks bekannt geworden. Sie hat eine angenehme, ein wenig heisere Stimme und die Fähigkeit, Informationen sinnvoll zu verlesen.«

Der Vizepräsident war zu den beiden Plaudertaschen getreten, aber vor allem wollte er wissen, was er von der »Neuen« zu halten habe. »Teure Freundin, würden Sie mich gütigst dieser Sirene vorstellen, die uns heute abend die Ehre gibt?«

Die Baronin machte mich also mit dem Herzog von Loisy bekannt; sie wollte das Interesse, das er mir bekundete, für sich ausnutzen, um ihre etwas wacklige gesellschaftliche Position zu festigen. »Meine Freundin Maud kommt frisch aus Argentinien«, flötete sie. »Dies ist ihr erster Ausflug in die Pariser Gesellschaft. Ich war der Meinung, sie sollte unverzüglich das neue Schauspiel des Cercle bewundern.«

»Wenn Ihre südamerikanische Sirene nicht gekommen wäre, so wäre das Schaupsiel um seine schönste Schau gekommen.«

Mathilde meckerte kräftig mit. Ich aber, unhöflich wie immer, spottete: »Bravo, Herzog, wie geistreich! Allerdings muß ich Ihnen gestehen, daß ich nicht Südamerikanerin bin, sondern Pariserin, in Paris geboren, ich habe nur drei Jahre drüben verbracht. Soeben sprach ich mit Mathilde über eine Frau, die ich bewundere: Evita.«

»So! Dann sagen Sie mir, wer diese schöne Frau in Wirklichkeit ist. Und was ihre zügellose Demagogie zu bedeuten hat. Kennen Sie sie näher?«

»Ja. Mein früherer Mann ist Peróns Berater. Wir waren häufig beim

1 M P V' F Z'

Präsidenten zu Gast, und ich war fasziniert von Evita, wie alle, die in ihre Nähe kommen. Sie versteht es, sich ins rechte Licht zu setzen, doch sie setzt sich mit der gleichen Bravour für die Forderungen der Gewerkschaften ein. Sie bringt es fertig, einen Gesandten zwei Stunden warten zu lassen – zum Beispiel den spanischen –, um den Arbeitern der Schlachthöfe eine Audienz zu gewähren, die in ihren Augen ungleich wichtiger ist. Der Botschafter selber, Graf Canello, hat mir das berichtet. ›Ich bin empört weggegangen‹, hat er mir anvertraut, ›um ein Haar hätte es einen diplomatischen Zwischenfall ausgelöst.‹«

»Und Sie finden diese Frau wundervoll«, sagte der Herzog schroff. »Ich betrachte sie als eine nicht nur ungezogene, sondern auch ungeschickte Person.«

»Täuschen Sie sich nicht«, erwiderte ich heftig. »Ich bewundere sie nicht, weil sie unhöflich ist, sondern weil sie mit einem Lächeln, einem Scherzwort, den schwer gereizten spanischen Diplomaten am nächsten Tag wieder gezähmt hat. Und was die Schlächter betrifft, so ist in einem Land, wo die Shorthorns und die Aberdeensangus König sind, der Preis für Kalbskopf wohl ein Privileg wert; auch sie waren Gesandte, Botschafter der Volkswirtschaft.«

»Wissen Sie, daß Sie einen ausgezeichneten Anwalt der verlorenen Sache abgeben würden?« Er lächelte.

»Vielleicht. Ich habe das juristische Staatsexamen abgelegt, ich wollte straffällig gewordene Jugendliche verteidigen. Die Ereignisse, die Politik, auch mein Mangel an Ehrgeiz haben es anders gewollt. Aber ich gehöre eben der Generation an, die sich mit den kriegerischen Instinkten der Freiwilligenlegion und der achtzehnjährigen Widerstandskämpfer auseinandersetzen mußte. Wundern Sie sich also nicht über meine angestaute Beredsamkeit.«

»Was für einen seltenen Vogel habe ich da aufgestöbert! Ich bin entzückt, ausgesprochen entzückt, daß Sie niemanden in Paris kennen, denn ich selber möchte Sie Tout Paris vorstellen.«

»Es wird mir aus der Hand fressen!«

»Möglich, aber seien Sie vorsichtig. Der geringste Fehler, und Sie sind erledigt. Also nehmen Sie meinen Arm, als erstes sollen Sie mit mir die Parade abnehmen.«

Wir schritten ein doppeltes Spalier von Mitgliedern ab, die Norbert mir vorstellte. Die Blicke der Männer bestätigten mich als Schönste im ganzen Land, und die verkniffenen Lippen der zumeist ältlichen Gattinnen machten den Abend für mich vollends zu einem Triumph. In der Pause beugte ich mich zum Herzog: »Wissen Sie, mein lieber Präsident, woran mich diese reizende Komödie erinnert? An den Roman *Große Welt* von Gyp, der das Entzücken meiner zwölf Jahre gewesen ist. Sie selber besitzen ein wenig diese elliptische Art meiner früheren Helden. Ich bin glücklich und verwirrt, Ihnen gestehen zu dürfen, daß Sie der erste französische Herzog sind, den ich je in solcher Nähe gesehen habe ...«

»Noch näher, meine Liebe, so nahe, wie Sie wollen.«

»Kalauern macht Sie älter, mein lieber Herzog. Um mich zu verführen, muß etwas ganz neu oder sehr alt sein, aber nicht halb und halb. Erinnern Sie sich: der geringste Fehler, und man ist erledigt!«

»Sie sind ja abscheulich!« rief er zornig. »Niemand hat mich je so schlecht behandelt! Sie sind wirklich sehr selbstbewußt ...«

»Nein, nur sehr neu ..., wenn Sie verstehen, was ich meine.«

Er ergriff meinen Ellbogen und flüsterte: »Die anderen verstehen uns ebenfalls. Morgen wollen wir unseren Strauß ausfechten. Auf jeden Fall haben Sie mir einen ebenso überraschenden wie reizvollen Abend bereitet. Der blasierte alte Mann dankt es Ihnen tausendmal.«

Ich hatte Mathilde bitten müssen, meinen überstürzten Aufbruch gütigst zu entschuldigen, denn Loisy wollte mir das Lokal zeigen, wo man sich unbedingt zeigen mußte, wenn man dazugehören wollte. »Ich habe sofort verstanden, meine Liebe, was der Präsident mit Ihnen vorhat. Nehmen Sie sich in acht, seine Feuer sind nur Strohfeuer. Er ist geizig und egoistisch und ...«

»Soll er nur, Hauptsache, er führt mich in das Nachkriegs-Paris ein, das ich nicht kenne. Vielen Dank für Ihren Rat, aber ich kann allein auf mich aufpassen.«

Mathilde verließ mich gekränkt. Seither verfolgt sie mich ständig mit ihren Sarkasmen; aber diese Art Spitzen bringt mir mit meinem dicken Fell nicht einmal einen Kratzer bei.

Im *Carrol's* forderte der Herzog mich zum Tanz auf, nachdem wir mit der Besitzerin geplaudert hatten, Fredy, einer großen, männlich wirkenden und ungemein rassigen Frau. Sie beglückwünschte ihn zu seiner Begleiterin. Mit einem Seufzer, bei dem wir alle drei in Lachen ausbrachen, erwiderte er: »Ach, meine liebe Fredy, lassen Sie sich vom Augenschein nicht täuschen. Diese schöne Statue benutzt mich vorerst nur als Fremdenführer.«

Animierdamen im Smoking führten mit der besitzergreifenden Entschlossenheit von Zuhältern andere Frauen zum Tanz. Einige normale

Paare mischten sich in diese Versammlung, die mich erregte, denn ich hatte zwar schon allerhand Spiele mit weiblichen Partnern getrieben, noch nie aber hatte ich mit ihnen getanzt.

Schon beim ersten Slow ließ mein Tänzer mich gütigst ahnen, daß ich ihn inspirierte, doch da ich wie ein artiges Mädchen weitertanzte, mußte er wohl oder übel seine Ansprüche wieder senken. Wir gingen auf unsere Plätze zurück und er erzählte mir alles über die Anwesenden: »Diese große blonde, nicht mehr ganz junge Frau ist Yolande Laurier-Marin.«

»Hochelegant! Haben Sie ihr schon den Hof gemacht?«

»Vor so langer Zeit, daß keiner von uns sich mehr recht daran erinnert. Seit vierzig Jahren sieht man sie überall und mit allen, nur nicht mit ihrem Mann – denn es gibt eine Menge Monsieur Laurier-Marin, übrigens ein sehr sympathischer Bursche und ein großartiger Erzähler.«

»Was soll an einem Erzähler schon großartig sein? Ich bin entschieden noch nicht von Paris angesteckt! Sie haben noch viel Arbeit vor sich, mein lieber Herzog. Und die da?«

»Dolly. Fredys große Leidenschaft. Sie singt mit den Armen.«

Dolly war eine prächtige Blondine in einem Kleid, schwarz und hauteng wie das meine, aber besser geschnitten. Ihr Haar war kurz und im Garçonne-Stil frisiert. Als ihre durchdringende Stimme den Saal erfüllte, durchlief mich ein Schauder. Zwei weiße Schlangen setzten jede ihrer Bewegungen fort, zwei lange und feste Arme, die zum Zupacken einluden. »Fredy ist ein Glückspilz«, seufzte ich.

»Privater Jagdgrund, meine Liebe! Vorsicht, man sieht, daß sie Ihnen gefällt, und Fredy wäre über die Bewunderung einer so faszinierenden Rivalin nicht sehr erbaut. Haben Sie denn eine Schwäche für das zweite Geschlecht?«

»Das geht Sie nichts an, mein Lieber. Ich betrachte Dolly vom ästhetischen Standpunkt aus. *A thing of beauty is a joy for ever*, nicht wahr?«

Er lächelte nachsichtig und amüsiert. Viele Augen waren auf uns gerichtet. Dolly kam an unseren Tisch. Loisy machte uns miteinander bekannt, und wir gingen tanzen. Wir waren gleich groß und gleich schlank, hatten das gleiche Etui-Kleid und das gleiche Verlangen. Fredys Stammgäste kamen an diesem Abend nicht zu kurz. Dolly führte, und ich spürte ihre schweren Brüste auf mir lasten; sie biß mich in den Nacken, und ich atmete schnell, zu schnell. Schließlich konnte ich nicht mehr widerstehen, ich legte meine Hände auf ihre Lenden, und Schoß an Schoß, Wange an Wange steigerten wir uns in die Ekstase, vor allen diesen Zuschauern, die erraten mochten, was vorging . . .

Doch Fredy stellte die Ordnung schnell wieder her, indem sie Dolly unter irgendeinem Vorwand zurückrief. Mir war es egal: ich hatte bekommen, was ich wollte, diesen seltenen und flüchtigen Schauder. Denn ich liebte nicht diese Sängerin, sondern den Zauber ihrer Nähe und die seltsame Morbidität dieses Abends.

»Ich habe den Eindruck, meine Liebe«, sagte der Herzog, »daß Dolly Ihretwegen eine Tracht Prügel einstecken wird. Übrigens hätte sie sie verdient. Eigentlich sollte ich mich ärgern, aber ich kann Ihnen nicht böse sein. Sie sprachen vorhin von Ästhetik, nun, Ihr Slow war ein großartiges Schauspiel. Es scheint demnach, meine Göttliche, daß der Weg zu Ihnen über eine Ihrer Geschlechtsgenossinnen führt?«

»Schluß damit. Bitte bringen Sie mich jetzt nach Hause.«

Am nächsten Tag lud er mich zum Mittagessen ein, nachdem er einen erlesenen Blumenstrauß von Baumann geschickt hatte. Er eroberte mich im Sturm. Er erhielt, was er sich gewünscht hatte. Er schlug sich wie ein Held, trotz der dreißig Jahre, die uns trennten. Als guter Jäger zeigte er sich mehr kameradschaftlich als verliebt, und ich glaube, daß wir nach siebzehn, für uns beide sehr bewegten Jahren im Innersten ein unauslöschliches Wohlwollen füreinander bewahrt haben. Schließlich stellte er mir meinen dritten Ehemann vor und war Trauzeuge bei unserer Heirat. Auch dafür bin ich ihm dankbar. Weiter nichts.

XII Mein dritter Ehemann[1]

Eines Abends stellte Norbert mir im Nouveau Cercle einen eleganten jungen Mann mit langem und sensiblem Gesicht vor. Wir wechselten ein paar Worte, und der Neue schlug mir eine Besichtigung des Marais vor, das er gut kannte, weil er seit seiner Rückkehr aus der Gefangenschaft dort wohnte. Von diesen Spaziergängen vom *Hôtel de Sens* zum *Hôtel des Ambassadeurs de Hollande*, vom Carnavalet zum Musée Victor Hugo bewahre ich eine der klarsten Erinnerungen meines chaotischen Lebens.

Joel, der bereits von Hause aus die Geschichte der Stadt gut kannte, informierte sich mir zuliebe noch gründlicher über dieses ritterliche

1 P T P' O T' R'

Stück Vergangenheit; und wir durchwanderten als Verliebte die Landkarte der Zärtlichkeit, die von der Bastille zu den Hallen reicht, wo der Ile-Saint-Louis zur Place Maubert. Wie unrecht du hättest, lieber Joel, mir diese harmlosen Geständnisse zum Vorwurf zu machen, denn sie verraten dir heute, nach fünfzehn Jahren, wie gründlich du mich erobert hattest.

Eines Morgens riefst du mich bei meinen Eltern an, wo ich seit meiner Scheidung wohnte, und ludest mich ein, die Osterferien mit dir in Val-de-Loire zu verbringen. Und wir sind per Fahrrad aufgebrochen, ich, exzentrisch wie immer, in Hose und Pullover à la Greco, du in Knickers, sehr schick, ein bißchen aus der Mode, was dir vorzüglich stand.

Unsere erste Etappe war »Au chant des oiseaux«, kaum dreißig Kilometer von Paris entfernt, denn mein alter Drahtesel stammte noch aus dem Krieg, und du mußtest die Gangschaltung reparieren. Wir tranken Beaujolais, und ich erzählte dir nun meinerseits Geschichten, zu denen deine Gelehrsamkeit mich angeregt hatte. Du hast mir Zugang verschafft zum Cabinet du Littré, wo Jean-Jacques, Witzbold und Buchhändler, mir die seltsamste Lektüre empfahl. Du warst unschlagbar in Sachen Saint-Simon, dafür war ich eine ausgepichte Kennerin von Dangeau, der die Liebesbriefe Ludwigs des Vierzehnten an Mademoiselle de La Vallière verfaßt hatte und *vice versa*. Ich machte dich mit Nimier vertraut, meinem Leibhusaren, und mit Blondin, dem Paladin der modernen Zeiten. Du solltest mich nicht nur meines Äußeren wegen lieben.

Und dann haben wir geheiratet. Schnell. Norbert de Loisy war von meinem Geliebten zu einem Freund geworden. Du wußtest es. Du wußtest auch, daß er dein Vorgänger gewesen war. Warst du mir deshalb böse? Wir haben nicht darüber gesprochen; wir konnten nichts dafür. Mag sein, daß das Prestige seiner herzoglichen Familie den Unmut deines düsteren Stolzes gemildert hat.

Die ersten Monate waren glücklich, obwohl wir ziemlich arm waren. Ich arbeitete bei einer Immobilienfirma in der Avenue de l'Opéra als Syndikus für ein mittelmäßiges Gehalt. Du warst Direktionsassistent bei einer großen Firma, und deine dürftigen Bezüge überstiegen nicht die Hälfte der meinen, die doch schon sehr bescheiden waren. Ich kaufte im St.-Paul-Viertel ein und feilschte zum erstenmal in meinem Leben.

In homöopathischen Dosen und bei Verwendung erstklassigen Rohmaterials war das Kochen mir nie lästig gewesen. Doch das war hier nicht der Fall, ich mußte es täglich tun. Pauline, die alte Magd meiner Mutter, half mir zweimal wöchentlich im Haushalt, aber mit ihren mürrischen siebzig Jahren war sie mehr eine moralische als eine praktische Stütze. So kam zu meiner beruflichen Belastung noch meine Unzulänglichkeit als Hausfrau und ließ mich ein wenig schwarz sehen für die Zukunft unserer Ehe. Dabei warst du ein musterhafter Gefährte, halfst mir bei allem, drücktest dich vor keiner Arbeit, doch es nutzte alles nichts, ich wurde langsam aber sicher verbittert; und daß ich dir meine Unzufriedenheit nicht zeigen wollte, machte sie nur noch schlimmer.

Nur einige Abende haben heitere Erinnerungen hinterlassen. Noch immer denke ich voll Rührung an unsere Streifzüge durch Saint-Germain-des-Prés, wo wir uns unter dem Völkchen des »Quartier« herumtrieben, in der Rhumerie einen Punsch tranken und unter der Bezeichnung »Diner« einen abenteuerlichen Drahtverhau im Restaurant *Aux Assasins* verschlangen. Bettelnde Guitarristen linderten für ein paar Minuten unser eigenes Elend, und Däumling, der Mini-Maler, der auch als Künstler noch immer nicht groß geworden war, verkaufte uns für ein paar Francs Hähne in Technicolor, die noch gallischer waren als das Wappentier. Doch warum mußtest du zu unseren Ausflügen in die Bohème unbedingt Krawatte und Straßenanzug tragen? Ich hätte dich so gern in Rollkragenpullover und Kordhose gesehen, wie ich sie trug. Im Grunde sind es diese überkommenen Vorurteile, die dich um meine Liebe gebracht haben – das einzige Abenteuer deines ereignislosen Lebens, wie du sagtest. Ja, im Nouveau Cercle, wo wir zuweilen in großer Aufmachung dinierten, warst du in deinem Element; und während ich im Büro klaglos Rock und Pullover trug, glänzte ich bei diesen Soireen im schönsten Staat.

Du hast mich über die Wichtigkeit des gesellschaftlichen Gefüges aufgeklärt, lieber Joel, und ich wollte als strebsamer Außenseiter die neu erworbenen theoretischen Erkenntnisse sofort in die Praxis umsetzen. Dein Generaldirektor war ein Snob, er trachtete nach guten Verbindungen; wir konnten sie ihm vermitteln, dafür hätte er seinerseits, so fand ich, deine Karriere beschleunigen können. An dieser Überlegung war nichts Verächtliches. Sie war nur eines der tausend Projekte, die ich für unseren gemeinsamen Erfolg schmiedete. Du jedoch wolltest nichts von diesem Verfahren wissen, das du als »unelegant« bezeichnetest, und aus dieser Meinungsverschiedenheit war unser erster Streit entstanden. »Aber Joel, versteh doch, wenn du deinen Monsieur Dupont mit der Crème de la crème vom Faubourg-Saint-

Honoré zusammenbringst, so kann er dafür nur dankbar sein, und du weißt, daß wir eine berufliche Verbesserung dringend nötig haben. Wenn du ein bißchen Ehrgeiz an den Tag legst, kannst du in einem Jahr stellvertretender Direktor sein ...«

»Halt, Maud, bis hierher und nicht weiter! Ich bin nie ehrgeizig gewesen und werde es auch nie sein. Ich will zusammen mit dir lesen und mich weiterbilden und dazu brauche ich die Freizeit, die mein jetziges Leben mir läßt. Und was würde aus unseren Fahrradausflügen am Wochenende zu den Renaissanceschlössern und den romanischen Kirchen, wenn ich deinen Theorien folgte? Und aus unseren Konzerten in der Salle Pleyel? Bei uns ist ein Direktor ein Mann, der täglich fünfzehn Stunden arbeitet und keine Ferien kennt. Dazu fühle ich mich weder aufgerufen – dieses Erfolgsstreben ist mir widerlich – noch fähig. Ich bin drei Jahre lang Kriegsgefangener gewesen; ich habe Bridge und Schach gespielt, statt eine Hochschule zu besuchen. Daran ist nun nichts mehr zu ändern. Wir müssen uns damit abfinden: ich bin ein Zuschauer, einer, der sich von allen Bindungen freihalten will.«

»Sag lieber: du bist ein Friedensverbrecher, mein armes Herz! Eine Ehefrau, die den ganzen Tag schuftet, um im Immobiliengeschäft Karriere zu machen, die sich nebenbei noch ihre Haute-Couture-Kleider mit Schriftstellerei erarbeitet, die sich schier überschlägt, damit dein Haushalt ordentlich geführt wird, verdient schon eine Gegenleistung, Joel. Wenn du mich liebst, dann mußt du dich auch ein bißchen anstrengen. Hilf mir, mein Freund, statt mir Steine in den Weg zu legen, und wir werden es zu etwas bringen.«

Der Streit endete auf dem Kopfkissen und mit dem Versprechen beiderseitiger Zugeständnisse. Doch es folgten zahlreiche ähnliche Auseinandersetzungen, die allmählich einen Abgrund der Erbitterung zwischen uns gruben.

Denn Joel wollte seine Integrität als Ehrenmann nicht angetastet sehen, und ich begriff, daß dieser Krautjunker dazu geschaffen war, auf seinen Gütern und von seinen Einkünften zu leben und nicht zu dem Weggefährten taugte, von dem ich geträumt hatte. Ich wollte mich nicht von anderen hinters Licht führen lassen, noch weniger aber von mir selber. Da Joel aus beruflichen Gründen häufig in die Provinz reisen mußte, gewöhnte ich mir an, ohne ihn auszugehen. Meine Südamerika-Rubrik diente mir zunächst als Vorwand; doch bald schon suchte ich gar keinen Vorwand mehr. Und ich wurde oft allein eingeladen. Ich war sechsundzwanzig, hatte Schick und Schwung, einen adeligen Namen: wirksame Waffen, die ich ins Treffen führen wollte.

Die Prinzessin Amédée de Broglie organisierte alljährlich eine Wohltätigkeitsveranstaltung »La Belle et la Bête«, die wegen ihrer Eleganz und Exklusivität über die Landesgrenzen hinaus berühmt war. 1950 hatte ich einen Artikel darüber geschrieben; 1951 nahm ich, dank der Unterstützung meiner schönen Cousine Villaz, in Gesellschaft eines Seehunds an der großen Parade teil. Loisy führte neben der Prinzessin den Vorsitz in der Jury. Seine ein wenig parteiische Nachsicht und mein orangefarbenes und gelbes Ensemble, das Givenchy mir geborgt hatte, trugen mir den Großen Preis für das originellste Kostüm ein. So war ich unter den schönsten Frauen von Paris zur ungekrönten Königin gewählt, und das in der denkbar geschlossensten Gesellschaft. Ich triumphierte! Und als Joel am nächsten Morgen erwachte, war er nur noch der Ehemann der schönen Maud –: Sie wissen schon, die für die Prinzessin Mannequin spielte ... Ach, Eitelkeiten! In der folgenden Woche nahm ich an der Modenschau anläßlich des Prix des Drags teil. Die Couturiers liefen einander den Rang ab, um mir ihre ausgefallensten Modelle zu leihen. Ich war lanciert. Leichten Herzens gab ich mein staubiges Juristendasein auf und ging jeden Morgen ans Seineufer, drei Minuten von meiner Wohnung entfernt, um dort im Bikini meine Artikel zu kritzeln. Die Sonne war warm, ich wurde braun und unterhielt mit den Clochards die angenehmsten Beziehungen von Souverän zu Souverän: unsere Reiche, der freie Himmel und die Fauna eines mondänen Mannequins ergänzten einander in den Augen der Juni-Touristen.

Ich hatte auch einen Sonnenjünger, einen Epheben, der sich als Tänzer an der Staatsoper ausgab, jedoch vor allem als erfahrener Homosexueller im Sommer die Saison auf Capri mitmachte, den Winter in Gstaad verbrachte und den Rest des Jahres damit finanzierte. Am Knöchel trug er ein kunstvoll gearbeitetes Goldkettchen, das ich hinreißend fand, und er fand es amüsant, eine selbst in spärlicher Bekleidung elegante Erscheinung in dieser ungewöhnlichen Umgebung zu sehen. Ich sah in diesem blonden weibischen Talmi-Knaben eine ganze Welt à la Genet, die mich faszinierte. Aus einer Ideenassoziation heraus hatte ich ihm den Spitznamen »Notre-Dame-des-Pleurs« gegeben, denn wenn er mit unnachahmlicher Originalität von seinen männlichen Abenteuern erzählte, dabei von sich in der dritten Person sprach und dazu die schmalen gebräunten Hüften rollen ließ, konnte ich Tränen lachen.

Manchmal las ich ihm ernsthaft mehrere Seiten Colette vor und meine halb komödiantische, halb lehrhafte Natur war von einer so aufmerksamen Zuhörerschaft entzückt. Außer dem Goldköpfchen war noch Nestor da, in zerschlissener Hose und graugrünem Hut, stets begleitet vom »Bischof«, so genannt wegen seiner Rotweinbacken und der verquollenen Nase. Mimile, der Zeitungsträger, klein, mit strammen Waden, der zwischen zwei Ausgaben die sonnigen Hänge aufsuchte und mich in Sachen Fahrradschaltung beriet. Eine dicke Hausfrau, die aus Belleville mit ihrem Jules hierher gekommen war und sich nicht zurechtfand, strickte den ganzen Tag gewaltige Pullover in jenem undefinierbaren Lila, das den arbeitenden Klassen so teuer ist.

An manchen Abenden schilderte ich meinem mißbilligenden Gatten diese unschuldigen Clochard-Parties. Bei meinen Freunden aus der Caféhaus-Society erntete ich vollen Erfolg für diesen – linientreuen – Nonkonformismus. Knoblauchwurst und ordinärer Rotwein sollten bald den Adelsbrief erhalten. So habe ich monatelang den mondänen Hampelmännern widerstanden, die mir den Hof machten, um dann einem knabenhaften Verleger ins Netz zu gehen[1].

Ich hatte ihn bei einer Ausstellungseröffnung kennengelernt, und wir hatten uns wie wütende Gassenkinder gestritten. Er war blond und blauäugig, und seine Bewegungen waren von fast weiblicher Grazie. Man tuschelte, daß er sich über seine Ehe mit einer hochgeborenen und reifen Dame von Dichter-Epheben hinwegtrösten lasse. Ich hatte bestimmt nichts Ephebenhaftes an mir, ich war gebaut wie eine schwarze Karyatide, aber ich war eine aufblühende Dichterin. Er hörte von mir, und er lud mich zu seiner nächsten Autorenlesung ein.

Ich weiß nicht mehr, ob es sich um die Leistungen eines berühmten Alpinisten handelte oder um die Memoiren einer königlichen Hoheit; jedenfalls bestand das Publikum aus Aristokraten und Großverdienern oder aus solchen, die als das eine oder das andere gelten wollten, ganz zu schweigen von den Pressefotografen, die mich allmählich recht gut kannten. Als ich Loisy einmal naiv gefragt hatte, wie und wann man definitiv zu Tout-Paris gehöre, hatte er geantwortet: »Indem man sich zeigt, wie du es tust, und indem man geistreiche und möglichst boshafte Aussprüche von sich gibt; und wenn dir mit der Post Freikarten zu den großen Premieren zugehen, die du nur in den wenigsten Fällen annimmst, und wenn du in den Klatschspalten von *Commère* zitiert wirst.«

»Aber wie kommt man zu alledem? Ich kann mir nicht vorstellen,

1 L A' E R' J

daß Carmen Tessier die Aussprüche einer Unbekannten zitiert, wie ich es bin.«

»Tu etwas, was aus dem Rahmen fällt. Du wirst bereits bei den Rennen und den Galas fotografiert, das ist schon etwas. Von nun an wird es schneller gehen, als du glaubst, wenn du bei der Wahl deines nächsten Liebhabers keinen Fehler machst. Vor allem darfst du nie mit jemandem ausgehen, der *out* ist, jedenfalls jetzt noch nicht; später könnte es dir im Gegenteil nützlich sein . . .«

Blaise, »mein« Verleger, war in ein Kontingent von Fürstinnen und Schauspielerinnen eingekeilt, die ich nicht voneinander hätte unterscheiden können, wenn ich nicht gewußt hätte, daß die adeligen Damen im allgemeinen auffälliger geschminkt sind als die Aktricen; dafür drücken sie sich einfacher aus und gestehen ihre Unwissenheit ohne Beschämung ein. Ich habe mir diverse Scheiben davon abgeschnitten, um es mit den Worten einer Leuchte des Gotha zu sagen. Das hat mir genützt und wird mir nützen bis zu meinem – gesellschaftlichen – Tod.

Endlich gelang es Blaise, mich zu begrüßen. »Schöne Tigerin, der Herr des Dschungels, Ihres Dschungels natürlich, legt Ihnen seine Bewunderung zu Füßen.« Denn ich hatte einen prachtvollen, enggefleckten Mantel, sportlich und, wie immer, geborgt. »Sie sehen sehr vergnügt aus«, erwiderte ich, »und gar nicht so seriös wie ein großer Geschäftsmann; genau wie ein Gassenjunge, der sich als businessman verkleidet hat.«

»Und ich wollte Sie durch mein Auftreten beeindrucken! Na, das ist völlig danebengegangen!«

»Nicht völlig.«

»Wieso? Kennen Sie alle hier oder niemanden? Letzteres trifft auf mich zu. Kommen Sie! Wir wollen gemeinsam meine Gäste kennenlernen. Doch, das hier ist Jacques Dupuy, mein alter ego; er weiß, was ich nicht weiß, und kennt längst, was ich vielleicht eines Tages erfahren werde . . .«

»Schutzengel mit Pythiafunktion, üben Sie Ihre Fähigkeiten auch an anderen Opfern? Was weiß ich? Wer bin ich? Eins, zwei, drei, antworte, Orakel!«

Wir lachten alle drei. Wir waren jung, angehende Rastignacs, die menschliche Komödie faszinierte uns, ohne uns jedoch über Gebühr zu imponieren. »Die Erde ist eine Zauberkugel, ähnlich wie ich«, sagte Jacques, der ein bißchen rundlich war, »aus der ihr bald tausend Feuer schlagen werdet. Achtung, ehe ich bis fünf zähle, wird die Tigerin verliebt vor ihrem Meister kuschen – Kamera ab!«

Blaise nahm meine Hand und zeichnete leicht mit der Fingerspitze den Lauf der Pulsader am Gelenk nach. »Eine Liebkosung für die abstrakte Kunst, eine zweite gegen die abstrakte Kunst, noch eine für meinen Freund Jacques, eine für die Autoren, eine für die Kritik – die sie nicht verdient! – und schließlich eine für mich, der sie besser verdient als alle diese Spielverderber. Morgen, meine Tigerin, essen wir zusammen zu Mittag.«

»Einverstanden, aber die Tigerin wird ihren Pelz abgeworfen haben. Wird sie Ihnen auch dann noch gefallen?«

»Ach, wie gräßlich! Eine Frau, die die Wahrheit sagt! Ich bringe mich in Sicherheit, splitternacktes großes Mädchen. Um ein Uhr, bei Lipp!«

Mehrmals in der Woche aßen wir von nun an bei Lipp zu Mittag und zu Abend, der alte Cazes mochte uns gern. Und während die Politiker feindlicher Parteien von Tisch zu Tisch vertrauliche Bemerkungen tauschten, die dazu bestimmt waren, unverzüglich von den stets im Hinterhalt lauernden Journalisten kolportiert zu werden, tauschten wir Küsse in der Öffentlichkeit, lieferten uns Eifersuchtsszenen und waren jung und sorglos. Auch die gesamte Freimaurerloge der Erfolgsautoren war anwesend, Cécil Saint-Laurent, Jean Duché, Pierre Daninos . . . die im vertrauten Kreise das Sauerkraut des Ruhms verzehrten. Die anderen, die Unbekannten, die Nicht-Verlegten, führten zuweilen ausgeklügelte Annäherungsmanöver aus: glaubten sie, der Besitz einer aufsehenerregenden Geliebten mache meinen Freund geneigter, ihre Gesammelten Werke zu publizieren?

Blaise bewunderte mich vielleicht, aber vor allem bewunderte er die Komödie, die wir gemeinsam aufführten. Ich erinnere mich an einen zauberhaften Sonnenuntergang auf der Place de la Concorde, den wir bestaunten, ausnahmsweise wortlos, ehe Blaise in einen lyrischen Erguß ausbrach und seinen Mantel auf den Boden warf, damit er mir nach portugiesischer Sitte als Ehrenteppich diene. An »freien« Tagen, das heißt, wenn er ein paar Stunden Zeit hatte, spielten wir Mimi Pinson und wanderten Arm in Arm zu unserem Stammlokal auf den Buttes Chaumont. Wie oft haben wir in der Euphorie der Verliebten unser Glas auf das Wohl eines legitim angesäuselten Paares erhoben! Denn wir tranken den Hochzeitswein . . .

An einem frostigen Januarnachmittag stapften wir gestiefelt und tief vermummt durch den Schnee in unserem Park. Wir kamen zu einer kitschigen Grotte im Stil des Zweiten Kaiserreichs, als Blaise meine

Hand drückte: »Schau, wie schön!«

»Aber wie kann er nur, bei diesem Wetter? Und am hellen Tag?«

Der Gegenstand unserer Verwunderung war ein Arbeiter in Strickweste und Overall, der sich im Angesicht dieser unbefleckten Weiße vor unseren Augen der aufreizendsten Onanie hingab. Sein Geschlecht war mächtig, heroisch, schockierend, sublim. Blaise trat zu ihm, ohne mich loszulassen. Der Mann sah uns, setzte jedoch mit der rechten Hand die maschinenhafte Bewegung fort. Meine Erregung war unerträglich. Blaise, in dem ich schon den potentiellen Homosexuellen geahnt hatte und der mich auf sehr lesbische Art liebte, zitterte ebenfalls. Schließlich nahm er meine linke Hand, zog den Handschuh ab und legte sie zugleich mit seiner eigenen Hand auf das Geschlecht des Mannes, der mich ernst und unerbittlich anstarrte. Wir streichelten ihn schweigend, und es ergriff uns jenes namenlose Verlangen, das zuweilen in jedem von uns aufwallt wie ein heftiges Fieber. Wir erreichten gleichzeitig oder fast gleichzeitig unsere höchste Lust; und es war wie Trommelwirbel von der Klage des Weibes zum doppelten Keuchen der Männer. Dann gingen wir unseres Weges weiter. Wir hatten kein Wort gesprochen.

XIII Vinca[1]

Yvette Villaz hat mich zu ihrer Cousine Vinca geschleppt. Das große Atelier im Louis-XV-Stil war in Schweigen getaucht, obwohl es nach ein Uhr mittags war. »Glaubst du, wir haben uns im Tag geirrt?«

»Aber nein, Vinca ist so. Sie hat einfach kein Zeitgefühl.«

Die Zofe bot uns Whisky an, und ich nahm ein Glas, um das Unbehagen zu verscheuchen, das diese gänzlich verödete Wohnung in mir auslöste. Yvette schwatzte unaufhörlich, und ihr Geplapper stand im krassen Gegensatz zu dem regelmäßigen und ernsten Madonnengesicht; sie war, und so würde sie immer sein, denkbar jung, denkbar hinreißend. Ihre älteste Tochter war in meinem Alter. Yvette war ein Fall für sich – beneidenswert.

Ich hatte bereits drei Fluchtversuche unternommen, die von Yvette unter großen Mühen immer wieder vereitelt worden waren, als ein zerbrechliches Persönchen mit flammendem Haar die Innentreppe herunterkam. Ihr smaragdgrüner chinesischer Kimono ließ bei jedem Schritt ihre grazilen Beine sehen. Hatte ich zuviel getrunken? Der

1 IHFANV'

wohlgeformte Schatten des Schenkels schimmerte skarabäusgrün – eine Wasserjungfer? Das beinah rote Haar brannte in allen Flammen des Fegefeuers. Träumte ich? Das Insekt stammelte mit völlig neutraler Stimme undeutliche Entschuldigungen. Yvettes Stimme weckte mich. »Vinca! Du bist wirklich ein Faulpelz. Ich komme mit Maud, nach der du seit Corinnes Hochzeit ständig lamentierst, und du bist nicht einmal auf, um uns zu begrüßen. Wenn ich denke, daß wir zusammen erzogen wurden. Ich schäme mich für meine Tante!«

»Sie sind Yvettes Cousine«, sprudelte ich aufgeregt heraus, »und ich bin die Cousine ihres Mannes, wir sind also verwandt . . . um ein paar Ecken.«

»Mein Familiensinn erwacht, wenn es sich um lebendige Statuen handelt. Ich glaube, Yvette, sie ist ebenso schön, ebenso gut gebaut wie du, diese Cousine aus Buenos Aires. Sehe ich zwischen euch nicht aus wie eine Motte?«

»Sie tun sich unrecht«, rief ich feurig. »Als ich Sie herunterkommen sah, dachte ich an eine Libelle oder einen Skarabäus, mit einem Schild am Strumpfband: Vorsicht, Lebensgefahr!«

Die verbrannten, schlecht servierten, inexistenten Mahlzeiten habe ich vergessen oder vielmehr unter die Dinge eingereiht, die man mit Vinca nicht tun sollte. Vinca, die nie vor ein Uhr aufwacht, Vinca, der Rücksicht auf andere fremd ist, Vinca, die nur nachts lebendig wird, im Licht der Begierden, die sie entflammt, der Verachtung, die sie ausströmt, Vinca, mein goldener Skarabäus mit dem tödlichen Siegel. Vinca, die ich gezeichnet habe, solange ich es wollte . . .

Unser Einweihungsabend spielte sich in drei Sätzen ab.

Erster Satz: Ballett im Théâtre des Champs-Elysées. Vinca benerzt bis an die Nase, ich ganz schwarz, doch mit Weißfuchs gesäumt. Vinca schmuckbeladen wie ein Reliquienschrein, ich nur mit meinem Wappenring.

Zweiter Satz: im *Carrol's,* versteht sich. Souper. Ich denke an Dolly, deren Platz jetzt eine Imitation von Maria Felix einnimmt, ebenso schön wie hohl. Ich fordere Vinca zum Tanz auf, ich führe und spiele den Mann bei diesem winzigen Geschöpf mit der venezianischen Haube. Ihre sehr kleinen Brüste stechen durch das Etuikleid aus altgoldenem Brokat. Ich presse diesen Mädchenkörper enger an mich und umfasse die Brust, die sich in meine Hand schmiegt. Ich zittere vor Ungeduld, während sie sich wortlos und ohne ein Anzeichen von Erregung an mich drückt. Wütend kneife ich sie in die Brustwarze: sie hebt die schrägen, erzürnten Augen. Besänftigt nehme ich ihre Hand, und wir setzen uns artig auf unsere Plätze wie zwei Institutsmädchen, die Ausgang haben. Aber unser Sinn steht nicht nach einer Tasse Schokolade. Vinca trinkt nur Champagner, eine bestimmte Marke: »Dom Pérignon Rosé 1937«. Wir haben ihn oft und viel getrunken. Vinca ist aufreizend und sanft zugleich. An jenem Abend benimmt sie sich abscheulich, ruft befehlend Fredy herbei und läßt die angeblich schmutzigen Gläser auswechseln, streichelt den Nacken eines Animiermädchens. Bis ich so außer mir bin, daß ich ihr Ohrfeigen androhe. Dann will ich die vermutlich astronomische Rechnung begleichen. Aber sie hindert mich daran. »Ich zahle immer, wenn ich mit Frauen ausgehe. Geben Sie mir die Rechnung«, fügt sie hinzu und nimmt den Zettel an sich.

»Nun, dann werden Sie sich umstellen müssen. Zahlen Sie heute abend noch, denn Sie wissen ohnehin, daß diese Rechnung für mich zu hoch ist, aber morgen werden Sie mein Gast sein, Sie widerliches reiches Gör.«

Sie lächelt, vielleicht habe ich sie für den Augenblick gezähmt.

Dritter Satz: ein riesiges Bett, das die ganze Nische des Zimmers ausfüllt. Vinca kauert auf zyklamenfarbenen Laken in einem Meer von schwarzen Spitzen.

Aber ich habe keine Eile, zu ihr zu kommen; sie soll demütig, weiblich sein, diese herrische Verführerin. Ich stehe nackt auf der Schwelle, eine Players zwischen den Lippen, und betrachte das seidige Durcheinander. Als meine Zigarette zu Ende ist, werfe ich sie in einen marmornen Aschenbecher mit der Aufschrift »Capri« und strecke mich schließlich auf dem schwarzen Negligé aus, das mir jetzt den Rücken wendet. Langsam streichle ich ein Geschlecht, das behaglich schnurrt. Aber ach! Die Minuten vergehen, die Sanduhr meiner Lust hat sich bereits geleert, und mein Turteltäubchen gurrt noch immer, ohne ein Ende zu finden. Da ziehe ich mit einem Ruck das schwarze Hemd weg, schlage das herausfordernde Negligé hoch und versetze dem widerspenstigen Hinterteil ein paar saftige Schläge. Ich bin auf das Schlimmste gefaßt . . .

Aber genau darauf hatte sie gewartet: sie schnellt herum und küßt mich leidenschaftlich auf den Mund. Dann deutet sie auf den Wandschrank und bettelt leise: »Nimm sie, Maud, bitte, tu mir weh, weh.« Diese langsame Amazone hat mich so verärgert, daß ich zunächst nur Pullover und Schärpen in allen Farben sehe. Bei näherem Hinschauen erspähe ich schließlich einen rosa Griff, mit Silber umwunden, und dann halte ich die köstlichste Fransenpeitsche der Welt in der Hand.

Vinca gurrt bereits unter Wonneschauern. Aber ich will sie zahm machen, ich befehle: »Schau mich an, bitte mich, daß ich dich peitsche!«

»Nein, ich will dich nicht darum bitten!«

»Ganz wie du willst.«

Und indem ich mein Knie fest auf ihre Lenden stemme, ziehe ich ihr die feinen Schnüre über die Hinterbacken, die sich mit langen roten Streifen bedecken. Sie ist erregt, sie weint höchst stilvoll. Plötzlich halte ich ein und küsse eine pralle Aprikose, die sich augenblicklich vor Freude teilt. Die Peitsche hat mühelos alle Verkrampfung gelöst, ein Phänomen der harmlosen Impotenz, das man bei den meisten Lesbierinnen beobachten kann.

Wie viele Freuden haben wir in der Folgezeit geteilt! Reisen, Ferien an der Côte d'Azur, Schi in Mégève. Wir haben uns oft geliebt, und immer war die Fransenpeitsche mit von der Partie. Und unter meiner Fuchtel haben ihre Lenden stets die Spuren der Peitschenschnüre getragen. Immer und immer wieder hat sie mich auf Knien angefleht, sie zu schlagen, hat mich um Verzeihung gebeten. Dennoch glaube ich, daß sie mir überlegen war, zumindest durch ihre Perversität, ihre Härte, ihren Erfolg. Kein wohlhabendes Wesen konnte in Reichweite ihrer gierigen Krällchen geraten, ohne Federn zu lassen. Federn in Gestalt von Schmuck und Pelzen, von Wertpapieren und normannischen Schlössern.

Sie heiratete selten – nur zwei Ehemänner –, ging selten mit jemandem ins Bett und sagte niemals danke. Ihre Devise war: die Reichen sind oft Masochisten; ich muß es wissen, also: auf die Reichen! Ich könnte hinzufügen, daß sie offenbar auch keinen Schlaf brauchen. Vinca war nicht vor Tagesanbruch zum Heimgehen zu bewegen, ich bin eine Frühaufsteherin. Ein nahezu unlösbares Problem, wenn zwei solche Menschen nicht ohne einander auskommen können. Also machten wir Zugeständnisse. Und ich bewahre eine pittoreske Erinnerung an einige dieser – sagen wir: Opfer. Schauplatz war Saint-Germain-des-Prés, wo wir oft zu Abend aßen. Wenn unsere Freunde aufbrachen, gewöhnlich gegen Mitternacht, dann begann für uns das »Spiel von Liebe und Zufall«.

Wir hatten es wissenschaftlich ausgearbeitet. Eine von uns setzte sich ans Steuer unseres Kabrioletts und fuhr eine Viertelstunde lang langsam durch das Viertel. Man durfte dreimal anhalten, nicht öfter, und mußte mit einer Beute zurückkommen. Zu Anfang durfte es ein Mann oder ein Mädchen sein, doch da wir beide gleich eifersüchtig auf eine weibliche Schönheit waren, die möglicherweise nicht nach einer Nacht wieder in der Versenkung verschwinden würde, hatten wir nach vielen Szenen und Züchtigungen beschlossen, uns an das Geschlecht zu halten, das als stark zu bezeichnen uns wahrhaft komisch erschien. Das erwählte Objekt mußte jung sein, die Altersgrenze für Kandidaten bei diesem speziellen Examen lag bei fünfundzwanzig. Kunststudenten hatten Vorrang: ebenso der »durchreisende Ausländer, der seine Kenntnisse der Sitten und Gebräuche unseres Landes vervollständigen möchte«.

Wir trafen uns wieder im *Flore* oder im *Deux Magots* oder in der *Rhumerie Martiniquaise* – wir mußten das Lokal wechseln, um nicht die Aufmerksamkeit der Stammgäste zu wecken – und dort zeigten wir unseren Fang vor. Wenn eine von uns die Wahl der anderen nicht billigte, so tat sie, als ginge sie telefonieren. Der Code schrieb vor, daß wir den Auserwählten zunächst zu *Gordon* führten, wo wir ihn, Schenkel an Schenkel, auf Weißglut erhitzten. Die Rückfahrt ging zu Vinca, nach mehr oder weniger sentimentalen Zwischenstationen. Ich vernaschte den Mann, auch wenn sie ihn geködert hatte. Für meine rothaarige Freundin gab es keine größere Erregung, als uns beiden zuzuschauen und sich vorzustellen, daß sie statt meiner in sich aufnahm, was ihr in Wirklichkeit nur weh getan hätte.

Unsere Dressurakte fanden ausschließlich im Atelier und beim Licht eines Silberleuchters statt. Der Mann und ich waren nackt, Vinca oft in ihre Pelze vermummt. Sie kauerte tief in einem Sessel, die langen Beine übereinandergeschlagen, und zog fieberhaft an einer goldenen Zigarettenspitze. Ihre Erregung wuchs noch, wenn ich mich auf den prachtvollen Aubusson-Teppich legte und dem erhobenen Werkzeug des Kandidaten meine Lenden bot. Dann kam sie, wie von einer unwiderstehlichen Kraft gezogen, streichelte mich mit den feinen, beringten Fingern und führte selber den Mann in meinen Schoß. Sie schrie zugleich mit mir; doch wenn der Junge sie berühren wollte, schlug sie ihn und wehrte sich mit aller Kraft. Eines Abends wäre aus der Komödie um ein Haar ein Drama geworden. Vinca hatte einen nordischen Riesen geohrfeigt, der sich mir plötzlich entrissen hatte und sie buchstäblich vergewaltigen wollte. Ich konnte gerade noch die Knöchel des Barbaren packen und mit einem Ruck daran ziehen. Er fiel auf die Nase und blutete. Vinca war wütend, weil ihr schöner Aubusson besudelt wurde, aber auch erleichtert, weil sie Herkules zu Füßen seiner beiden Omphalen sah. Wir pflegten ihn mit Whisky und schickten ihn bei Tagesanbruch zu angemesseneren Touristenvergnügungen.

Im allgemeinen beförderte ich das Objekt unserer Spiele, nachdem ich mich seiner ein paarmal bedient hatte, im Lift nach unten. Dann kam für uns der Augenblick der Entspannung oder der Raserei. Ich legte mich zu Vinca und spielte mit ihrem Körper, wie nur Frauen und einige rare Liebhaber es verstehen. Ich schilderte ihr meine Lust an dem Mann und machte sie zärtlich zu der ihren; oder ich griff zur rosa Fransenpeitsche und züchtigte dieses zarte Fleisch, ich wütete über meine Unfähigkeit, sie ein für allemal von ihrer Indolenz zu heilen.

Diese Szenen befriedigten uns beide; ich konnte meine Neigung zur Gewalttätigkeit und mein Temperament austoben, sie kompensierte auf masochistische Art eine Leidenschaft, die uns beide wider Willen verzehrte.

Dennoch verließ ich sie eines Tages, und zwar eines Mannes wegen; niemals hätte ich sie um einer anderen Frau willen verlassen. Das hätte keine von uns beiden überlebt.

XIV Arthur[1], Daniel[2] und einige weitere

Als ich Arthur bei einem Diner kennenlernte, war ich noch im Besitz eines Ehemanns, und paradoxerweise fühlte Arthur sich zunächst zu Joel hingezogen. Dieser Brite aus gutem Stall hatte ausgezeichnete Manieren, mein Mann ebenfalls. Gemeinsame Zurückhaltung besiegelte das gute Einverständnis zwischen den beiden, während ich mit meinen Temperamentsausbrüchen diesen mittellosen Lord, der sein Wappen neu vergolden oder doch zumindest sein Schloß zurückkaufen wollte, befremdete und beunruhigte.

Er gab in London eine ziemlich obskure Kunstzeitschrift heraus. Seine – übrigens hervorragenden – Kenntnisse endeten allerdings mit dem Beginn des Jahrhunderts. Sich in einem Artikel für die Leser der *Times* über den Impressionismus hinauszuwagen wäre ihm als der helle Wahnsinn vorgekommen. Ich aber schlug ihm sogleich vor, seinen Lieblingsthemen die meinen anzufügen, nämlich die ästhetischen Begriffe des zwanzigsten Jahrhunderts, den Einklang von Architektur, Innenausstattung und Lebenskunst mit den neuen Rhythmen einer Zivilisation, in der sogar die Freizeit demokratisiert wird. Er war außer sich.

Dennoch sahen wir uns bei jeder seiner Stippvisiten in Pairs. Ich

1 P Q K T'
2 R F V' U Z'

bereitete sogar Reportagen über die schönen Häuser meiner Freunde für ihn vor. Insgeheim schnitt ich so das Problem der funktionellen Wohnung an, die sich daneben noch erlaubte schön zu sein. Ich erschütterte seine Vorurteile, und ich kostete ihn auch viel Geld mit meiner Rubrik *french so french*. Aber die Auflage der Zeitschrift verdoppelte, verfünffachte sich. Sie bekam snob-appeal, ohne ihre Seriosität zu verlieren. Die *intelligentsia* las sie, ja, kaufte sie sogar.

Dankbarkeit nimmt bei den Männern kuriose Formen an. Und Arthur war in Gefühlsdingen fast noch grüner als sein berühmter Rasen. Über unseren Arbeitsessen, für die ich mit Vorliebe das *Marais* wählte, schwebte ein Nebel seltsamer Verehrung. Arthur, der große, stattliche Fünfziger mit dem weißen Bürstenhaar, den gemeißelten Zügen, der soldatischen Haltung hätte in mir vernünftigerweise Wünsche wachrufen sollen, die andere, weniger Begünstigte, in mir zu wecken verstanden hatten. Zu seinem Unglück – die Vernunft spielt bei diesen Dingen keine Rolle – war das nicht der Fall. Hat mich eine gewisse Steifheit des Nackens á la Erich von Stroheim entmutigt? Oder vielleicht eine beginnende Kupferrose, eine sexuelle Schüchternheit, die ihn alle »personal remarks« vermeiden ließ. Ich weiß es nicht. Aber ich fühlte mich wohl in seiner Nähe, wir machten jeweils Fortschritte in der Sprache des anderen, und wenn ich ihn in die abstrakte Kunst einweihte, so machte er mich dafür mit dem Chippendale vertraut.

Unsere Freundschaft fiel mit meiner Leidenschaft für Vinca zusammen und mit meiner Flucht vom häuslichen Herd. In verschleierten Wendungen erklärte ich Arthur meine sentimentale Odyssee, die ihn, nachdem sie ihn schockiert hatte, dennoch faszinierte. Er wollte um jeden Preis Vinca kennenlernen. Ich arrangierte also – kein nächtliches Rendezvous, da sein Alter gegen unsere Vorschriften verstieß – sondern eine Reportage bei meiner Geliebten. Ein einmaliger Anblick, wie dieser bei aller Weltläufigkeit der Manieren ein wenig steifleinene Gentleman den beiden Bacchantinnen, die sich nicht genierten, ihn durch ihre Blicke, ja sogar durch Liebkosungen zu entrüsten, seine Aufwartung machte.

Arthur verlangte nicht das Unmögliche, und so erhielt er, was wir ihm zu bieten hatten: relativen Exhibitionismus. Er rüttelte ihn auf aus der Lethargie des respektablen Engländers, der mit seiner respektablen Ehehälfte ein respektables Heim bewohnt. Vinca akzeptierte ihn ebenfalls. Sie fand ihn harmlos, und ich fühle mich nur wohl in meiner Haut, wenn ich einen Mann liebevoll quälen kann. Danke, Arthur, daß Sie jedes Fest, jeden Geburtstag mit einem originellen Geschenk markiert haben; danke für Ihren Verzicht auf diese dumme Eigenliebe, die Sie, wenn Sie ihr gefolgt wären, um das prickelnde und zwielichtige Vergnügen gebracht hätte, der platonische Geliebte einer Frau zu sein, deren Herzen Sie näher gekommen sind als so mancher Dummkopf, dem sie ihre Gunst geschenkt hat.

Wollte ich Ihr Bestes – im Sinn des italienischen »*ti voglio bene*«? Bestimmt, denn eines Tages brachte ich Sie mit der jungen, untröstlichen, aber lustigen Witwe zusammen. Myrza liebte Sie, bewies es Ihnen und verübelte mir dieses Glück, das sie aus meiner Hand empfangen hatte. Acht Monate vergingen, in denen ich Sie selten sah. Damals spielte ich die vertraute Freundin; eine Rolle, die mir nicht liegt. Sie machten mir nicht mehr den Hof, und unlogischerweise war ich, die Sie stets mit entschlossenen Weigerungen gequält hatte, Ihnen böse, daß Sie nicht mehr drängten. Doch als Ihre Idylle mit Myrza beendet war, entdeckte ich in mir wahre Schätze an Geduld, mit denen ich Ihren Schmerz linderte. Ja, es war dumm von Myrza, wegen dieses einen Wochenendes, das Sie der Gattin opfern mußten, mit Ihnen Schluß zu machen; ja, ihr neuer Liebhaber war höchstwahrscheinlich homosexuell; ja, er wollte nur ihr Geld. Eines Tages bot ich Ihnen sogar an, Sie zu trösten, aber das war nach drei harten Whiskys, und Sie taten gut daran, uns beiden diese leere Geste zu ersparen; ich begehrte Sie nicht, und wir wußten es beide nur allzu gut. Doch lang lebe unsere Freundschaft!

Daniel hatte nichts von der englischen Eleganz an sich, er war ein Mann der Tat. Die Dritte Republik ging dahin, die Vierte, es kam die Fünfte, und er schwamm noch immer oben, stets melancholisch und in wachsenden Geldnöten. Setzte die Fünfte Republik ihm so sehr zu oder das sechste Jahrzehnt? Wie dem auch sein mochte, die ohnmächtige Verbitterung der führenden Politiker ärgerte mich. Daß der einfache Wähler über die Unfähigkeit der Machthaber wettert – gut; aber wenn ein bedeutender Repräsentant des Volkswillens, der bereits mehrmals Minister war, sich über die staatlichen Institutionen beklagt – dann zum Teufel mit ihm! Er kann doch etwas dagegen tun!

Als wir uns im Nouveau Cercle kennenlernten, war ich noch eine versnobte Baronin. Er hatte sich von Loisy vorstellen lassen und meine Tischkarte vertauscht, so daß ich seine Nachbarin zur Linken wurde. Unverblümt füßelte er mit mir unterm Tisch wie der nächstbeste Bauernbursche, und das Dekolleté meines weißen Seidenkleides errötete beinahe unter seinem eindringlichen Blick. Der Herzog war wütend, daß ich, sein Schützling, seine ehemalige Geliebte, mir in seinem eigenen Cercle erlaubte, unter seinen Augen mit dem neuen Mitglied zu flirten. Er murmelte zornig vor sich hin. »Wissen Sie, was unser herzoglicher Vorstand da brabbelt, während er neidvoll zu uns herüberschielt?« fragte mich Daniel höchst vergnügt.

»Natürlich. Ich kenne seine Theorien, die übrigens von den meinen nicht sehr weit entfernt sind. Er war Trauzeuge bei meiner letzten Heirat. Er findet, daß die Politiker keine Manieren haben. Wie können Sie zum Beispiel, ein Minister im Amt – das sind Sie doch zur Zeit – die Tischkarte einer hochedlen Matrone gegen die eines kleinen Frauchens, wie ich es bin, vertauschen?«

»Glauben Sie, daß er das an meiner Stelle nicht getan hätte?«

»Er hat es getan! Aber er erinnert sich nicht mehr oder er erinnert sich zu spät daran. Nebenbei gesagt, ist das kein Grund, auf meinen weißen Seidenschuhen herumzustapfen. Ich habe schon zu Beginn des Abends genau begriffen, was Sie möchten.«

»Und ist die Antwort ja oder nein?«

»Ja oder nein«, spottete ich. »Das nenne ich Diplomatensprache. Bringen Sie so auch einen Gesetzesantrag bei der Nationalversammlung ein? Was sagt denn die Kammer, wenn . . .«

»Im Augenblick interessiert mich nur Ihre Kammer.«

»Nicht mit diesen Fuhrknechtmanieren. Ich weiß, daß die Damen von Welt auf Kommando kuschen, aber ich möchte gern wissen, mit wem ich die Ehre habe. Darum wäge ich ab, ehe ich erliege.«

Er warf sich in die Brust: »Wägen Sie, meine Liebe, ich war Meister über hundertzehn Meter Hürden.«

»Sie erinnern sich noch daran?« sagte ich. »Ist das nicht lange her?«

»Ziemlich lange. Fühlen Sie, man spürt noch die ›custodes virginitatis‹, und er preßte meine Hand auf seinen Schenkel.

»Sie werden mich hoffentlich nicht mit Hilfe Ihrer ›Jungfernwächter‹ beschwatzen wollen!« Aber plötzlich erregte mich dieses prahlerische Mannsbild und ich sagte: »Darüber bin ich hinaus, seit . . . Aber schauen Sie, nach meinem Ex-Geliebten beobachtet uns jetzt mein Mann. Sehen Sie sich vor, die ›custodes uxorum‹ haben Sie aufs Korn genommen.«

Seine linke Hand, die sich in die Falten meines Kleides verirrt hatte, war auf eine »heiße Spur« gestoßen, wie es in der Jägersprache heißt. Meine Rechte hielt diese Gewißheit aufrecht. Dann wendeten wir uns wie auf Kommando voneinander ab und knüpften mit unseren Nachbarn eine Unterhaltung an. Indessen stieg die Wollust in uns, und unsere Stimmen wurden lauter, um »das Gefühl zu übertönen«. »Es läßt sich nicht leugnen«, sagte ich zu ihm, »Ihre Argumente regen die Phantasie an.« Er warf einen Blick zu seiner Frau hinüber, die an einem anderen Tisch den Vorsitz führte, und brachte ein Notizbuch voller Hieroglyphen zum Vorschein. »Donnerstag, zum Mittagessen, paßt Ihnen das?«

»Keine Ahnung. Ich trage meinen Terminkalender nicht mit mir herum, im Gegensatz zu Ihnen. Ich bin keine Politikerin.«

»Gott sei bedankt dafür! So lebhaft und hübsch wie Sie sind, würden die Knöpfe nur so von den Hosen springen, Mata Hari!«

»Und dabei hätte die Politik mir Spaß gemacht. Habe ich wirklich keine Aussicht, Abgeordnete zu werden? Ich habe das juristische Staatsexamen abgelegt und kann besser reden als mancher Kretin im Parlament.«

»Bestimmt, aber Sie müßten gute zwanzig Jahre warten, bis Sie respektabel genug wären. Die Frauen würden niemals eine eventuelle Rivalin wählen, und wenn die Männer auch gern mit Ihnen schlafen würden, ihre Stimme würden sie Ihnen nicht geben.«

»Das ist eine klare Rede. Adieu, schöne Illusion!«

»Noch drei Tage, bis ich Sie umarmen darf«, seufzte er. »Noch nie habe ich mir so glühend gewünscht, älter zu sein. Inzwischen habe ich morgen Ministerrat und am Mittwoch ein Diplomatenessen mit der Presse.«

Ich hakte sofort ein: »Den Ministerrat lasse ich gelten; aber wenn Sie mit mir essen wollen, dann am Mittwoch oder nie, denn am Donnerstag bin ich nicht frei. Ich repräsentiere eine vielleicht nicht ganz so diplomatische Körperschaft, aber dafür einen Körper, der sicher mehr zu sagen hat als Ihre Presse.«

»Na, Sie sind eine Nummer! So was ist mir noch nicht untergekommen. Also, schönes Ungeheuer, ich werde am Mittwoch eine diplomatische Grippe haben.«

»Vergessen Sie nicht, daß ich nur für das Essen zugesagt habe. In jeder anderen Hinsicht bin ich äußerst wankelmütig. Aber Appetit habe ich wie ein Menschenfresser.«

»Wir werden tun, was in unseren Kräften steht, um ihn zu befriedigen.«

»Gebe Gott, daß Sie die Wahrheit sagen! Denn ich bin wählerisch und obendrein noch Monarchistin.«

»Was mag mir alles bevorstehen mit einer so gefährlichen Person!«

Daniel war zynisch. Ich auch. Und wir liebten uns nicht, wir amüsierten einander. Wir aßen zwei- bis dreimal im Monat zusammen. Oft genehmigten wir uns, was er romantisch als »pousse-café« bezeichnete. Er war keine Zwanzig mehr, aber seine Technik machte das wett, und da ich eine temperamentvolle Frau bin, verstanden wir uns ausgezeichnet.

Er hatte es gern, wenn ich ihm meine jüngsten Streiche erzählte; meine amourösen Abenteuer passionierten ihn noch mehr. Eifersucht kannten wir nicht, und wenn er von Zeit zu Zeit mit einer Schauspielerin oder einer Dame der Gesellschaft schlief, so amüsierten mich seine Berichte, ohne mir wehzutun.

Wir ergänzten einander vortrefflich. Er erleichterte mir alle leidigen Behördenangelegenheiten, zeigte sich jedoch unheilbar geizig. Ich war nicht reich, und ich kann die Geschenke, die er sich abrang, an den Fingern einer Hand abzählen – nein, ich übertreibe: Zu Neujahr bekam ich stets mein Parfum, die größte Flasche, die zu haben war; allerdings vermute ich, daß er sich, auf dem Umweg über seine treu ergebene Sekretärin, in ähnlicher Weise bei zahlreichen eleganten Damen bedankte ... Die Monate gingen dahin, die »pousse-café« ebenfalls, aber die Freundschaft blieb bestehen. Als jedoch an einem ersten Januar nur eine banale Postkarte eintraf, schickte ich ihm ein gutes Toilettenwasser für Herren und schrieb dazu: »Nichts für ungut, das Alter muß sich bescheiden.« Ganz zerknirscht riß er sich neben dem üblichen »Miß Dior« eine Schachtel marrons glacés vom Herzen, um sich für die ungewollte Verspätung zu entschuldigen. Und seitdem hat es mir nie mehr an Parfum gefehlt.

Nach der Stadt das Land. Vor oder nach, was tut's, wenn die Chronologie nicht ganz stimmt. Bleibt doch nur der Geist lebendig, die Würze, die Feinheit eines Geistes.

Als Charles-Edouard[1] mich zum erstenmal sah, schwamm ich mit aufgelöstem Haar zwischen den Seerosen des Teichs von Sampèze und trug als einzige Hülle einen roten Tahiti-Schurz. Seine vergißmeinnichtblaue Badehose paßte zur Farbe seiner Augen. Wir gehörten beide zu den erlesenen Gästen des Doktors de Mégie, eines reiferen und kultivierten Playboys, aber es gab keine Vorstellung; er pflückte nur eine rosa Seerose und reichte sie mir: »Zu Ehren Gauguins und der unbekannten tahitischen Schönen.« Ich dankte ihm für seine Gabe, und wir schwammen, lachten, tauchten zwischen den Blumen, flochten

1 ISPCQ

Kränze wie auf den glücklichen Inseln. Wir küßten uns triefendnaß und sehr verliebt, knapp eine Stunde nach unserer ersten Begegnung.

Wir verstanden uns auf Anhieb; die anderen betrachteten uns neidvoll aus der Ferne; wir paßten nicht in den Rahmen. Ich vierundzwanzig, groß, braun, sonnverbrannt; er fünfunddreißig, blond, sportlich und umflossen von seinem jungen Glorienschein als Widerstandskämpfer und Luftwaffenoffizier, der noch dazu einen der stolzesten Namen der französischen Aristokratie trug. Er pflückte Brombeeren im Gestrüpp, und wir beschmierten uns mit den wilden Früchten, leckten einander die zähe violette Farbe von den Zungen. Dies ist meine naivste, bezauberndste und schlichteste Erinnerung.

Wir waren nicht ineinander verliebt; Charles-Edouard war jung verheiratet, ich war so gut wie verlobt, aber unsere Begegnung stand unter einem besonderen Stern. Die Götter hatten sie gewollt, und wir waren weit davon entfernt, nicht nach diesem Stern zu greifen . . .

Der Abend setzte die gesellschaftlichen Spielregeln wieder in Kraft. Unser Gastgeber hatte uns freundlicherweise nebeneinander placiert. Und wir plauderten, nun wieder zivilisierte Menschen, über unsere gemeinsame Vorliebe für Spanien. Ich wunderte mich dennoch, daß die Herzogin von Malo-Valtin, seine Mutter, uns mit solcher Nachsicht betrachtete. Ich erfuhr, daß sie ihre zweite Schwiegertochter verabscheute. Charles-Edouard war bereits einmal geschieden, und so belustigte sie sich ohne Bedenken über die Flirts ihres Sohnes. Wir haben unsere Rollen als wohlerzogene Gäste bis 11 Uhr durchgehalten, dann flüsterte er mir zu: »Mein Engel, ich gehe jetzt hinauf in mein Zimmer, Sie auch; aber um Mitternacht werde ich zu Ihnen kommen. Gute Nacht, meine Seerose.«

Auf dem Land legt man sich früh schlafen, und wir gingen alle hinauf. Ich bürstete lange meine Haare, schon jetzt war ich in das Vergnügen verliebt, das sie uns bereiten sollten. Ich probierte mehrere Negligés, um mich für das dezenteste, aber auch gerüschteste zu entschließen: Da wir einander fast nackt kennengelernt hatten, wollte ich besonders keusch und zurückhaltend wirken; auch habe ich es immer geliebt, wenn die Hände eines Mannes mich entkleideten.

Die zwölf Schläge erklangen vom Dorfkirchturm. Enttäuscht zündete ich mir eine Zigarette an, mein Märchenprinz war unpünktlich. Sollte er mich schlicht und einfach sitzenlassen? Pfui, was für schlechte Gedanken! Drei Minuten nach Mitternacht kletterte Romeo im blaßblauen Seidenpyjama über den Balkon zu einer Julia, die ihm in rosa Musselin entgegenschwebte. O köstliche schlaflose Liebesnächte, ich danke euch, daß ihr diese Stunden der eilenden Zeit entrissen habt . . .

Zwei Nächte und zwei Tage, in denen unsere Hände und unsere Lippen nicht voneinander ließen, genügten uns nicht. Wir beschlossen, das kommende Wochenende gemeinsam in der Normandie zu verbringen, da seine Frau erst in vierzehn Tagen aus der Bretagne zurückkommen würde. Gegen zehn Uhr morgens fuhren wir nach Deauville ab. Ich schnurrte auf meinem Sitz und legte meine Hand auf seine dunkelbraune Leinenhose. Er hielt sie mit der Linken fest – wie gefährlich sind Verliebte am Steuer! – und unsere Augen trafen sich eine Sekunde lang. »Jetzt dann?«

»Jetzt dann, nein, auf der Stelle.«

Er lachte und bog in einen Seitenweg ein. Wir liebten uns in der hellen Sonne unter den Apfelbäumen. Als Evastochter vom Apfel kosten, das erschien mir nicht mehr als hohle rhetorische Figur: Meine bislang nicht sehr hohe Meinung von dieser saftlosen Frucht änderte sich dank dieses schönen jungen Mannes. Wir schlugen die Zähne in die gleiche Reinette, und unsere Lippen wechselten zwischen Apfel und Kuß. Wir balgten uns in diesem Obstgarten, dessen Früchte unter unserem Rücken platzten und einen betörenden süßsauren Duft verströmten.

Bei Mahu in Villerville labten wir uns an heißen Krabben und Cocktails von einer unbestimmbar orange-rosa Färbung, die zu Kopf stieg wie der Geschmack. Unsere Lebensgeister wurden aufs neue geweckt. Aber ach! Wir trafen die unvermeidlichen Bekannten, diesmal ein Diplomatenehepaar reiferen Alters, und Charles-Edouard mußte mich wohl oder übel vorstellen und ihre Einladung zum Abendessen annehmen. Der Abend war verpfuscht, ich schmollte, ich weinte. Er liebkoste mich wie ein Baby, und wir schliefen gegen Morgen ein, enttäuscht über einen Zwischenfall, der unsere Eskapade verdarb. Am nächsten Tag haben wir Tennis gespielt. Er hat mich knapp geschlagen. Dann sind wir geschwommen und gesprungen. Mühelos triumphierte ich auf dem Fünf-Meter-Brett in Trouville. Mein schöner Freund wollte es mir nachtun und verstauchte sich dabei die Hüfte. Ich mußte im Hotel die Masseuse spielen, und das Weekend artete aus in eheliche Betulichkeit. Wir träumten eine Weile am alten Hafen von Honfleur, aßen Muscheln am Quai. Charles-Edouard tat zwar sein Bestes, sich seine Schmerzen nicht anmerken zu lassen, aber er war nicht mehr der draufgängerische Faun, der mich verführt hatte, und Leidenschaft hat mit Mitleid wenig gemein.

Wir haben einander wiedergesehen. Zwei- oder dreimal. Und dann habe ich beschlossen, Joel zu heiraten. Charles-Edouard hat mir Blumen und Glückwünsche geschickt. Das Schlimme ist, daß sie aufrichtig gemeint waren.

Wie viele soll ich noch Revue passieren lassen, wie viele von jenen Männern, die einen Augenblick unsere Lebensbahn kreuzen? In der Erinnerung sind sie zumeist nicht viel mehr als Vorwürfe für burleske oder auch rührende Lustspielchen. Nicht das Salz des Lebens, aber doch manchmal sein Pfeffer.

Das galt für Orphée[1], den Homosexuellen. »Mein alter Freund«, sagte ich zu ihm, »wenn man so hübsch ist, darf man nicht Orphée heißen, das geht zu weit!«

»Aber Sie wissen doch, Maud, in Italien gibt man den Kindern die Namen von Göttern oder Kaisern . . .«

»Es liegt nicht am Vornamen, sondern an Ihnen. So gut, so lieb, so erfahren, so aufmerksam: Es ist ein Vergnügen, sich für Sie anzuziehen.«

»Ja, dieses Lamékostüm gestern im Théâtre des Champs-Elysées war königlich – ich war stolz, Sie begleiten zu dürfen.«

»Ich nicht! Alle Blicke waren nur auf Sie gerichtet, auf Ihr pfirsichfarbenes Hemd und ihre dunkle Schönheit.«

»Machen Sie sich nicht über mich lustig, Sie wissen genau, daß ich dumm bin. Sagen Sie mir lieber, was Sie vorhaben: Mein Thierry ist nicht frei, und Ihr Jean-Loup hat berufliche Verpflichtungen; vereinigen wir unsere Einsamkeit. Und außerdem habe ich heute abend Lust, Ihnen den Hof zu machen.«

»Also, das ist doch unerhört! Vielleicht, weil ich einen schwarzen Samtanzug trage? Sehe ich aus wie ein Junge? Sollten Sie sich davon täuschen lassen?«

Die Sonne ging unter, und wir machten uns auf den Weg nach Saint-Germain-des-Prés. Er hatte einen Existenzialistenhaarschnitt, meine Frisur war glatt zurückgekämmt. Wir trugen die gleichen onyxfarbenen Anzüge, er mit rotem Hemd, ich mit grünem; Hand in Hand sahen wir aus wie zwei Brüder, zwei Freunde, und ich dachte, daß Jean-Loup, der mich stets bereitwillig in seiner Gegenwart an seine Freunde auslieh, vielleicht doch zusammengezuckt wäre beim Anblick dieses Diamanten in neapolitanischem Schliff.

Wir aßen zu Abend. Schlecht. Orphée ließ zuweilen seinen kurz-

1 A'U'S B W'

sichtigen Blick zu seinen Bewunderern schweifen, danach aber lächelte er mir zu. »Orphée«, fragte ich plötzlich, »haben Sie schon einmal mit einer Frau geschlafen?« Er senkte die ägyptischen Wimpern. »Nein, aufrichtig gesagt, niemals. Als ich dreizehn war, hat mich ein achtundfünfzigjähriger englischer Tourist vergewaltigt. Er hat mich mit nach Capri genommen, und ich habe ihn wegen eines großen zwanzigjährigen Schweden verlassen. Danach haben viele andere mich gelehrt, zu lieben und zu singen, und dann hat Lars mich als Innenarchitekt ausgebildet, und jetzt bin ich verliebt in Thierry und die Innenarchitektur. Warum, Liebste?«

»Nur ein Einfall.«

»Was für einer. Würden Sie die erste sein wollen?«

»Langsam! Ich habe nichts versprochen. Laden Sie mich bei sich zu Hause zu einem Whisky ein, dann werden wir weitersehen . . .«

Er bewohnte am Quai Conti, unweit des Institut Français, drei mit gefältelter Seide ausgeschlagene Zimmer, das erste smaragdgrün, das zweite korallenrot und das dritte schwarz. »Das ist ja die reinste Bonbonnière!« rief ich. »In dieser Pralinéschachtel möchte man am liebsten ein marron glacé sein.«

»Ja, diese drei Dachzimmer habe ich selber ausgestaltet. Wenn Sie sie früher gesehen hätten! Schmutzig, verschimmelt, voller Spinnen und Kakerlaken . . .«

»Orphée, Sie sind ein Poet in der Mansarde, und ich bewundere Sie. Singen Sie mir *una canzonetta napolitana, per piacere*.«

Er zog das Jackett aus, und ich legte mich auf einen Haufen Kissen, ebenfalls gefältelt und in ausgeklügelten Schattierungen von Orange bis zu blassem Mandarin. Er hatte seinen Hirtenkopf auf meine Knie gelegt, und während ich mit seinen Locken spielte, präludierte er auf der Gitarre *O sole mio*. Ein schönes Postkartenklischee: Corydon und Sappho! Plötzlich beugte ich mich zu ihm und biß ihn in den dunklen Nacken. Er schnurrte, dann drehte er sich mit einem Ruck um und küßte mich gierig auf den Mund. *In petto* dachte ich, daß die Frauen wirklich blöde waren, ihn nie für ihre Zwecke verwendet zu haben.

Wir balgten uns engumschlungen in den Kissen, rollten darauf herum. Ich öffnete das rote Hemd. Aus dem Flanell stieg der gesunde Schweißgeruch eines jungen Tieres. Während er schüchtern einen Knopf, dann zwei, dann drei Knöpfe meiner Hemdbluse öffnete, war ich immer erregter geworden, ich keuchte. Endlich waren unsere Oberkörper nackt. Meine hoch angesetzten Brüste waren so zart, daß sie nicht aggressiv weiblich wirkten; er küßte sie, zwar unbeholfen, aber seine Grazie rührte mich, und ich beschloß, ihm zu helfen. Allerdings brauchte er keine fremde Hilfe, um meine Hose aufzuhaken; diese Operation gefiel ihm sogar sichtlich. Nun entkleidete ich ihn und stellte mit Entzücken fest, daß mein Körper den Mann in ihm geweckt hatte.

Aber ach! Seine üblen Gewohnheiten waren stärker. Instinktiv rollte er mich auf den Bauch, behandelte mich wie einen Jungen und drang in mich ein. Ich war darauf so wenig gefaßt und hatte so wenig Geschmack daran, daß ich schrie. Doch mein Troubadour scherte sich den Teufel darum und stieß seinen Dolch bis ans Heft hinein. Ich konnte schreien, soviel ich wollte. Ah! Ich hatte mir einen Päderasten leisten wollen, bitte, jetzt war ich bedient! Ich hatte Schmerzen in meinen malträtierten Lenden, aber ich weinte nicht. Bis plötzlich mein masochistisches Temperament, das gezügelt, aber nicht besiegt worden war, erwachte; und meine Tränen quollen, während mein Körper sich ihm schließlich öffnete.

War ich zum Orgasmus gelangt? Orphée hatte, als er erschöpft auf mir niedersank, wie ein Raubtier gebrüllt. Ich begriff die Nützlichkeit der wattierten Bonbonnière à la Proust. Als ich aus dem Badezimmer zurückkam, schrie ich diese naive Bestie an: »Ich bin nicht hierhergekommen, um dir als Knabe zu dienen, du Idiot! Gib mir einen Whisky, dann wollen wir es noch einmal versuchen, aber diesmal befehle ich!«

Ganz kleinlaut fügte er sich. Er hatte nicht ein Gramm Hirn im Kopf, und seine Unterhaltung, die von Klischees seiner Liebhaber strotzte, war deprimierend. Er gab mir Kosenamen – männliche. Ich war passiv gewesen, jetzt wurde ich aggressiv, ich streichelte ihn und versuchte, ihn zu einem normalen Verhalten zu bewegen. Mehr als eine Viertelstunde lang war alle Liebesmüh verloren. Ich kochte, ich bezeichnete ihn als Eunuchen, als Tante und noch als manches andere, dann nahm ich meinen Gürtel und schlug ihn. Der Dummkopf lachte nur. Mit seinen Sauna-Skandinaviern hatte er anderes erlebt. Aber meine Wut erregte ihn, und endlich gelang es ihm, mich zu nehmen wie ein Mann.

Sein forcierter Rhythmus bereitete mir wenig Vergnügen, aber ich hatte immerhin die Genugtuung, ihn bekehrt zu haben. Doch dieser Pyrrhussieg war von kurzer Dauer. Am nächsten Tag fiel er wieder in Thierrys Arme – sehr zum Schaden meiner Mitschwestern! Aber der stattlichste Esel ist nicht immer der tüchtigste.

Eine andere Szene, die sich zeitlich weit vor der eben geschilderten abspielte: ich hatte mein Kind bekommen, ich war achtzehn und verzweifelt, daß ich immer noch diesen Wöchnerinnenbauch hatte. Ort der Handlung: der Massagetisch, wo mich nach meiner täglichen Gymnastik Monsieur Monde[1], Philippe für die Damen, massakrierte. Da mein Mann auf schwarze Dessous versessen war, besaß ich eine reiche Auswahl davon, und ich hatte boshafterweise ein sehr kurzes durchsichtiges Spitzenhemdchen anbehalten. Philippe riß es mir mit einem einzigen Ruck weg, und, ohne mich auch nur zu küssen, besprang er mich wie ein Stier, der aus dem Toril stürmt, einmal, zweimal. Wir hatten kein Wort gesprochen. Aber ich habe die Corrida nicht wiederholt.

Und noch ein Abenteuer, diesmal mit dem besonderen Typ des berufsmäßigen Liebhabers. Alles war gedämpft, melodramatisch, schwindelerregend. Die Caravelle hob sich in die Wolken, die »merveilleux nuages«. Mein Nachbar, Graf d'Urgé[2], beugte sich höflich zu mir: »Was für ein herrliches Gefühl, teuerste Maud, die Erde zu verlassen, ihre Probleme, ihren Zwang, nicht wahr? Mir erscheint diese Reise an Ihrer Seite, trotz aller lästigen Pflichten, die uns bevorstehen, schon jetzt paradiesisch . . .«

»Der Aufstieg in die Wolken regt Sie zu diesem sentimentalen Höhenflug an? In welcher Gefühlshöhe befinden Sie sich zur Zeit?«

Er antwortete nicht. Er nahm meine Hand, um sie zu küssen, drehte sie jedoch unvermittelt um, und ich spürte die Form seines Mundes in meiner Handfläche. Küssen konnte er, dieser Schuft, ein wahrer Meister! Ich zog sogleich meine Hand zurück. »Hören Sie auf mit dieser Komödie, Emmanuel. Wir sind hier im Dienst, und wenn dieser Dienst auch ein Witz ist, so muß er gerade deshalb besonders ernst genommen werden.«

»Darin erkenne ich wieder einmal Ihren Hang zum Paradoxen. Halten Sie es für so wichtig, dem Ausschuß zur Förderung des französischen Geistes anzugehören?«

»Sie haben doch eingewilligt, diesem ehrenwerten Komitee Ihren ruhmreichen Namen und Ihre weniger ruhmbedeckte Person zur Verfügung zu stellen. Spielen Sie jetzt mit, wie ich es tue. Außerdem schätze und liebe ich unseren Präsidenten über die Maßen, und wenn meine Anwesenheit in London ihm nützlich sein kann, nun, dann fliege ich!«

1 R X Z'
2 V' Z U' O' F

Auf dem Flugplatz großer Bahnhof. Fünf Rolls-Royces mit livrierten Chauffeuren erwarteten unsere Delegation. Auch der Direktor des größten Londoner Kaufhauses war gekommen, um seine Gäste zu begrüßen. Im *Savoy*, wo man uns einquartiert hatte, erschien Graf d'Urgé sogleich in meiner Suite, um sie mit seinem Zimmer zu vergleichen. Ich hatte einen Salon mit Bar, überall standen riesige Blumensträuße, ich jubelte wie ein Kind. Doch ohne mir Zeit zu lassen, einen Satz zu beenden, warf er sich auf mich, knöpfte meine Bluse auf, entblößte meine Schultern, dann meine Brüste, denn er hatte sofort den Reißverschluß meines Büstenhalters entdeckt, der im allgemeinen für die Nichteingeweihten ein unlösbares Problem darstellt.

War ich gefügig? Die historische Wahrheitsliebe zwingt mich zu gestehen: Schon bevor ich von meinem Apartment Besitz ergriffen hatte, war ich überzeugt, die Inbesitznahme meiner Person werde auf dem Fuße folgen. Und er war rassig, mit grünen Schlangenaugen und einer riesigen Stirn, die durch vorzeitigen Haarausfall noch betont wurde – er war knapp dreißig. Nur das runde Kinn zeigte Neigung zur Fülle, ein Zeichen für eine gewisse Nonchalance, aber auch für Mangel an Willenskraft.

Als er nach manch blumenreicher Wendung schließlich zur Sache kam, wußte ich, daß mir ein wohlausgerüsteter begnadeter Techniker beschert worden war, und ich vergaß das rundliche Kinn ... Vier Tage und vier Nächte hindurch haben wir uns geliebt. Dazwischen wohnten wir wie Automaten der Preisverleihung bei, boten den Fotografen unsere beste Seite und den Journalisten unser mittelmäßiges Englisch. Wir lächelten selig, trunken von Schlaflosigkeit, Maßlosigkeit und Alkohol – denn unsere britischen Freunde hatten weder Mühen noch Kosten gescheut, und der Champagner verlieh uns für kurze Augenblicke wieder die Kraft, mit der Welt und unserem verdammten französischen Geist fertig zu werden. An den lauen Herbstnachmittagen sind wir durch den Hydepark spaziert, und dieser leidenschaftliche Rugbyanhänger hat sogar, um keine Sekunde unserer Idylle zu verlieren, klaglos auf die Möglichkeit verzichtet, seinen Landsleuten in Twickenham zu applaudieren. Ich wußte es zu schätzen.

Doch nach unserer Rückkehr nach Paris sollten materielle Schwierigkeiten unsere epidermischen Kontakte problematisch gestalten. Graf d'Urgé wohnte nämlich bei einer beträchtlich älteren und reicheren Dame, die seine Seitensprünge duldete, in philosophischer Gelassenheit die Rückkehr des idealen Liebhabers erwartete und ihren

»Chéri« tröstete und hätschelte, wenn er mit seinen Mätressen Unannehmlichkeiten hatte ... Auf diese Gigolo-Existenz war ich bei meinem unermüdlichen Verführer nicht gefaßt. Nachsicht und Kompromißbereitschaft sind nicht meine stärksten Seiten, ich stellte ihn vor die Wahl. Er zögerte. Entschlossen, diesem Hin und Her ein Ende zu machen, reiste ich zu einer Vortragstournee nach Belgien. Zwei Tage später kam er mir nach, verliebter denn je, und auch finanziell ganz auf der Höhe.

Wir nahmen unsere Lieblingsbeschäftigung wieder auf, aber ich war mißtrauisch geworden. Woher kam dieses Geld? An einem besonders innigen Abend gestand er mir schließlich, seine alte Gönnerin habe es ihm mütterlich geschenkt, angesichts der Niedergeschlagenheit, die ihn nach meiner Abreise befallen habe. Ich beugte mich in allem Respekt vor einem so unbestreitbaren Liebesbeweis. Sie schickte ihm sogar ein Telegramm und wünschte ihm, er möge mit mir glücklich sein. Diese Botschaft setzte der Sache ein Ende. Ich servierte den allzu verführerischen Grafen auf der Stelle ab: seine Reize waren zu einträglich, ich durfte ihn unmöglich um diese Geldquelle bringen. Doch offengestanden konnte ich mich, trotz meiner Verachtung für solche Existenzen, einer gewissen Bewunderung für die skrupellose Käuflichkeit dieses illustren Sprößlings nicht erwehren, dessen Ahnen mit königlichem Aufwand käufliche Weiber ausgehalten hatten und der nun zu seinem Nutz und Vorteil die Familientradition umkehrte.

Ein letztes Beispiel: Auf der Levante-Insel. In der »Verbrannten Galeere« träume ich zwischen den Felsen, nackter als nackt, Arme und Beine von mir gestreckt, von der Sonne gekreuzigt. »Er«[2] hat graublondes Haar und ist übersät von rührenden Sommersprossen; er streift um meine Halbinsel, die von den jungen Wellen bestürmt wird, ein starker, flinker Fisch. Ich lege mich flach auf den Bauch. Aus seinen Bewegungen werden Arabesken. So müssen die Schwarzen Afrikas ihre geliebten Schönen umwerben. Allerdings könnte meine Bronzehaut mir den Eintritt in die Bars der Fifth Avenue erschweren, wenn nicht gar verwehren. Ich lächle bei diesem Einfall. Er lächelt dem Lächeln zu, das nicht an ihn gerichtet ist. Er ist Fallschirmjäger auf Genesungsurlaub. Dreiundzwanzig Jahre und ein Raubtiergebiß.

1 Als er von dem Erscheinen meiner – wahren oder unwahren – Erinnerungen erfuhr, rief dieser Verführer mich an und drohte mir Rache an, falls ich schlecht über ihn sprechen sollte. Auch besitze er noch Briefe von mir. Ich wußte nicht, daß er nebenbei auch Erpresser war. Ich habe den Hörer aufgelegt.

2 B' J C V'

Acht Tage lang hat er an mir geknabbert, eine Zwischenlandung vor weiteren Sprüngen, anderen Himmeln.

Später ist er in die Salle Pleyel gekommen, um mich zu hören. Ich trug ein blau-silbernes Brokatkleid von Dior, Bühnenschminke und einen gelassenen Körper zur Schau. Er trug seinen Sonntagsanzug, steif, wie gestärkt. Wir haben auf dem Montmartre gegessen; aber ich schämte mich, die schlüpfrigen Chansons widerten mich an, und ich hatte kein Verlangen mehr nach Sommersprossen. Er hat mir das Abzeichen seiner Fallschirmstaffel geschenkt.

XV Ein Linksintellektueller, ein Priester und ein Wüstling

Wieder drehe ich die Zeit zurück. Das gute an Erinnerungen ist, daß man sie beliebig aus dem Gedächtnis holen kann, ohne Rücksicht auf den chronologischen Ablauf der Ereignisse.

Ich war kaum aus Südamerika zurück, als ich in eine Runde von sozialistisch angehauchten Intellektuellen geriet. Auf Empfehlung eines Kollegen aus Buenos Aires hatte ich mich mit dem Essayisten Achille Noirot[1] verabredet, dessen Arbeiten über die hispano-amerikanische Lyrik als richtungweisend galten. Er widmete einen Teil seiner Zeit der UNESCO, und so begab ich mich ins Hotel *Majestic*, den vorläufigen Sitz dieser Organisation.

War ich eingeschüchtert von dem bevorstehenden Treffen mit dieser einflußreichen Persönlichkeit, dem großen Schriftsteller, Mitglied einer literarischen Jury – ich, die bestenfalls hoffen durfte, sich einmal einen Namen zu machen? Wohl nicht allzu sehr; aber ein bißchen befangen war dich doch, obwohl ich in geradezu kriegerischer Aufmachung anrückte, über die Achille und ich noch heute lachen: perlgraues Mantelkleid, dazu passende Schuhe, Strümpfe und Handschuhe und vor allem einen riesigen Hut wie ein Dumas'scher Musketier, der aufgeschlagen über meinem glatten Haar thronte; dazu eine zwanzig Zentimeter lange Zigarettenspitze aus Platin, die ich nicht aus der behandschuhten Linken ließ. Die Sekretärinnen, artig in Rock und Twin-Set gekleidet, drehten sich nach mir um; ich hätte besser ins *Ritz* gepaßt als zur UNESCO.

Mein Gesprächspartner war ein junger Mann mit kampflustiger schwarzer Haartolle und klingenscharfen Augen hinter den dicken Brillengläsern. Er lächelte und stand auf. »Ich bin Maud«, sagte ich in

1 Q F A'S O

einem Atemzug, »ich habe in Argentinien Gedichte geschrieben, von denen unsere Freundin Sylvia meint, daß sie Sie interessieren könnten, matre . . .«

»Nennen Sie mich bitte nicht matre, sonst bin ich hoffnungslos eingeschüchtert, was ich bei einer so hübschen Frau nicht sein möchte.«

»Oh! Ich sehe schon, daß Sie meine Aufmachung lächerlich finden – und Sie haben recht. Aber ich dachte, eine Dichterin sei sich gewisse Extravaganzen schuldig. Ich versichere Ihnen jedoch, daß meine Gedichte einfacher sind als mein Hut und meine Zigarettenspitze.«

»Lassen Sie sie mir hier. Ich hoffe nur, sie sind so einmalig wie Sie. Wollen Sie mit mir zu Abend essen, sagen wir« – er konsultierte seinen Terminkalender – »am kommenden Donnerstag? Ich werde versuchen, bis dahin einen ersten Eindruck zu gewinnen; und wir werden von Argentinien sprechen, wo ich sehr oft gewesen bin. Sagen Sie, mögen Sie die russischen Restaurants? Ich kenne eines, ganz in meiner Nähe, einfach, aber ausgezeichnet, wir werden uns dort, wie ich egoistischerweise hoffe, sehr wohl fühlen.«

»Wenn Sie mich gänzlich untalentiert finden, werde ich kein Körnchen Kaviar essen können!«

Als ich im kaukasischen Restaurant eintraf, hing die Haartolle meines Richters tief in mein Manuskript. Monsieur Noirot machte sich sogar Notizen über meine Fleißaufgaben. Wie versteinert blickte ich ihn an und wartete, bis er die Nase von meinen Texten hob, die mir dauernd zwischen Albernheit und hoher Kunst hin und her zu schwanken schienen. Endlich sah er mich und billigte mit einem Blick mein schlichtes Tuchkostüm. »Keine Angst, schöne Salzsäule, in Ihren Ergüssen steckt viel Begabung. Aber der Wodka wartet auf uns, wir wollen auf Ihre Talente trinken.«

Ich war entzückt, ich trank nach russischer Manier, jedesmal ex. »Sie mögen also meine Gedichte? Seit drei Tagen habe ich vor Angst nicht geschlafen . . .«

»Sie dürfen auch nicht mehr schlafen! Louise Labbé und Renée Vivien werden in ihren Gräbern weinen vor Freude, weil sie eine Nachfahrin gefunden haben. Bleiben Sie bei den erotischen Gedichten, aber – denn es gibt ein Aber – werfen Sie alle Imitationen in den Papierkorb«, er wedelte mit den Blättern, auf die er ein Kreuz gemalt hatte, »alles, was Sie von Baudelaire, Verlaine, Valéry, Eluard, Aragon übernommen haben . . .«

»Und soll ich das Gedicht: *Eine Frau geht durch die Nacht* auch zerreißen? Es ist autobiographisch.«

»Gut nachempfunden, ja, aber zu stark von Préverts *Barbara* beeinflußt. Bestimmt unbewußt, aber gerade deshalb um so gefährlicher. Spezialisieren Sie sich auf erotische Lyrik, ich sage es Ihnen. *Er steht dir gut*, zum Beispiel – das verrät ein echtes Talent; nutzen Sie diese spezielle Begabung, die bei Frauen ebenso selten vorkommt wie der Sinn für Komik. Natürlich steht es Ihnen völlig frei, das Gegenteil zu tun. Ich bin kein Prophet.«

»Doch, Sie sind Prophet, und sogar in Ihrem Vaterland: der Dichtkunst. Und regen Sie sich nicht auf, Sie sehen aus wie ein wilder *carbonare*, mit den schwarzen, buschigen Brauen und all Ihrem Haar. Brauche ich einen Feuerwehrschlauch, um dieses erbitterte Feuer zu löschen, das in Ihnen wütet?«

Er nahm meine Finger und küßte sie zart, einen nach dem anderen. »Das Wichtigste für einen Schriftsteller sind die Bilder; Sie finden sie instinktiv. Aber Feuer ist eher in Ihnen als in mir.« Er schwieg eine Weile, dann fuhr er fort: »Ich habe meine Träume gesponnen um eine unwirkliche und unheimliche Erscheinung, die in mein Blickfeld getreten ist. Und ich könnte mir vorstellen, schöne Dame, daß Sie mir Ihre Gedichte heute abend rezitieren, nackt und golden, mit dieser Altstimme, die sogar unseren Doktor Vinarès in die Hölle bringen könnte, den Allergestrengsten der UNESCO. Ich werde Sie übrigens mit ihm bekannt machen und wir werden sehen, ob meine Weissagung eintrifft . . .«

Sein Körper wirkte neben dem meinen sonderbar weiß, von lunarischer Blässe. Er kniete über mir, hielt mich an den Schultern fest, und ich flüsterte das Gedicht, das ihm am besten gefallen hatte. Dann bewies er mir, daß seine Phantasie im Gleichklang mit der meinen davongaloppierte. Der Abend verlief wie eine Litanei geteilter Lust, die das Hin und Her der Worte rhythmisch skandierte. Ich war nicht verliebt, aber bezaubert. Ich war die rare Klapphornschlange, die er durch Zufall gefunden hatte, und seine Entdeckernatur freute sich darüber. Aber er wollte frei bleiben, ich auch.

Wir haben nahezu alle sexuellen Freuden durchexerziert. Er stellte mir eine Freundin vor, Eliane, genauso jung wie ich, blond, aber fad, die verrückt nach ihm war. Erklärte sie mich für unwiderstehlich, um ihm einen Gefallen zu tun? Auf jeden Fall nahm sie an unseren Spielen teil. Ich blieb passiv zwischen den beiden und ließ mich von ihnen anbeten. Ich fühlte mich als Götterbild. In schwarze Spitze oder roten Musselin gehüllt, bot ich ihnen den raffinierten Genuß, mit einer Puppe aus Fleisch und Blut zu spielen.

Achille machte mich auch mit Hans Bellmer bekannt, und wir wurden Freunde, aber nie ein Liebespaar. Deshalb erlaube ich mir, seinen Namen zu nennen. Meine Gedichte gefielen ihm, und er illustrierte sie prachtvoll. Ich weiß nicht, was aus den Stichen geworden ist, ich habe diesen phantastischen Zeichner aus den Augen verloren und mich damit begnügt, alle seine Ausstellungen zu besuchen.

Wir aßen oft zusammen, Eliane, Achille und ich, aber ihre Reden brachten mich meist zur Verzweiflung. »Ein Hoch auf die unterentwickelten Völker!« sagte Eliane zum Beispiel.

»Wir müssen die kleinen Hindus füttern«, erwiderte darauf Achille.

»In der Religionsstunde«, spottete ich, »wurden wir dazu angehalten, das Silberpapier von unserer Pausenschokolade für die Chinesenkinder zu sammeln, und jetzt wird die gelbe Welt uns überrennen und mit Haut und Haaren fressen.«

Dann richtete Achille den Sammetblick mahnend auf mich. Vergeblich. Alles Soziale langweilte mich, mich interessierten nur die Egozentriker wie ich einer bin! Doch wenn es Achille auch nicht gelang, mich für seine idealistische Liga zum Wohle der Menschheit anzuheuern, so hat er mir doch Herz und Verstand für Saint John Perse geöffnet und mir für meine Arbeit wertvolle Ratschläge erteilt. Leider habe ich nicht oft davon Gebrauch gemacht, aber das bißchen Disziplin im Ausdruck, das ich besitze, verdanke ich ihm.

Im übrigen weiß ich nicht einmal, ob er eine wirkliche Schwäche für das unruhig stampfende junge Tier hatte, das ich damals war. Eines muß ich aber noch erwähnen: er schenkte mir, noch ehe das Buch erschienen war, die *Geschichte der O.* Er war indessen weder Sadist noch Masochist. Er bewunderte den kompromißlos literarischen Stil des Autors, während mich die Martern dieser O. bewegten, dieses Symbols der geknechteten Freiheit und Weiblichkeit. Mich hatte schon mehrmals ein gewisser männlicher Hang zur Grausamkeit veranlaßt, Frauen und Männer zu mißhandeln, die alle schön und jung gewesen waren, und ganze Nächte hindurch war ich in der feuchten Höhle meiner selbstgewählten Einsamkeit bald René, bald Sir Stephen.

Zwischenspiel. Nach O. jetzt Melmoth!

Ich fahre allein im Auto. Es ist neun Uhr. Die Ausfahrt von Aix ist verstopft. Während ich auftanken lasse, bittet ein Geistlicher[1] mich höflich, ihn mitzunehmen. Ich willige ein, das Abenteuer erscheint mir

1 O' U' V' B' J'

sehr komisch; seit meiner Klosterzeit kann ich nichts vertragen, was nach Religion aussieht, und nun mache ich den Chauffeur für einen Priester in Soutane! Und was für einen Chauffeur! Ich bin auf dem Rückweg von der Levante-Insel, noch ganz erhitzt von den munteren Sprüngen mit meinem entfesselten Fallschirmjäger. Ich trage auf der bloßen Haut eine Pilotenkombination und einen eisblauen Helm. Wie alt ist der Herr Pfarrer? Ich frage ihn. Dreißig, wie ich. Wir unterhalten uns. Aus dem Kloster sind mir einige Schlüsselwörter in Erinnerung geblieben. Ich spreche von der Apologetikstunde, in der ich Blut schwitzte, von den Frühmessen, in denen ich, nur halb ausgeschlafen, fröstelnd vor mich hindämmerte. Wir debattieren über diese Sitten, die ich als barbarisch bezeichne. Aber er ist gewitzt, und ich behalte nicht das letzte Wort. Dann sprechen wir über die Berufung; ich respektiere die seine, staune aber doch über die Enthaltsamkeit eines gesunden Mannes von dreißig Jahren. »Das ist unhygienisch«, erkläre ich, um ihn zu schockieren.

»Ich befinde mich sehr wohl dabei und meine Brüder ebenfalls«, antwortet er, einigermaßen überrascht von der Ungeniertheit einer jungen Frau, die von den Maristen erzogen wurde.

In Avignon erfahre ich, daß er als Kind hatte Bildhauer werden wollen; in Lyon, daß er Jude ist und daß seine Eltern in Dachau umgekommen sind. In Saulieu schlage ich vor: »Hochwürden, ich sterbe vor Hunger. Machen wir hier Mittagsrast. Ich weiß, daß ein Priester sich keine Luxusrestaurants leisten kann; erlauben Sie mir daher ganz einfach, daß ich Sie einlade, wie ich eine Freundin einladen würde.« Zuerst weigert er sich, wendet ein, daß er mit einem belegten Brot vorliebnehmen werde, schließlich gibt er nach, lächelt, als ich versichere, nicht das geringste von Resignation und Abstinenz zu halten, und daß gegen meinen Bärenhunger ein Sandwich nur ein Tropfen auf einen heißen Stein sein würde.

Unser Einmarsch in das *Cloche d'Or* verblüfft das Touristenpublikum und noch mehr den Oberkellner, als ich zwei Whiskys und das große Menü bestelle. Ich lade also einen Angehörigen der Zunft, die ich am meisten verachte, zum Festschmaus ein . . . Na schön. Als wir uns wieder auf den Weg machen, nachdem ich mit genüßlichem Nachdruck die Rechnung beglichen habe, ist es Nacht und kalt. Mein Pfarrer hilft mir, das Verdeck hochschlagen. Ich suche im Radio eine Bachkantate, die mir unserem seltsamen Gespräch angemessen erscheint. Plötzlich spüre ich, wie ein Ärmel meine Schulter streift. Wir sind auf einer geraden Strecke mitten im Wald von Fontainebleau, ich habe achthundert Kilometer Fahrt hinter mir, und meine Nerven sind gespannt. Blitzartig durchzuckt mich der Gedanke. daß dieser Unglückspfarrer sowenig Pfarrer ist wie ich, und daß er mich ermorden wird. Er wühlt in seinem Campingsack – was wird er herausziehen? Meine Zähne beginnen zu klappern, und ich gebe Gas. Aber bei 140 kann man sich diese Art Aufregung nicht leisten. Instinktiv nehme ich den Fuß vom Gaspedal. Bei 90 atme ich tief auf, dann kurble ich das Fenster herunter. Ich entschließe mich zu sprechen: »Hochwürden, was machen Sie denn da hinter meinem Rücken? Sie wissen, daß das gefährlich ist. Wir hätten beide an einem Baum landen können, und da ich nicht an ein Leben im Jenseits glaube . . .«

»Bitte, entschuldigen Sie; ich wollte nur meinen Schlüssel suchen.«

»Da haben wir's!« denke ich, von neuem erschreckt.

»Um Sie nicht mehr länger aufzuhalten, wenn ich an meinem Kloster in der Rue Notre-Dame-des-Champs ankomme.«

»Das hätten Sie nicht tun sollen«, sagte ich streng. »Ich habe Angst gehabt.«

Und ich beichte ihm meine Furcht und meine Erschöpfung. Ich schlage außerdem vor, daß wir ein paar Minuten anhalten, damit ich mich beruhigen kann. Ich zünde eine Zigarette an, reiche sie ihm schweigend – und er küßt mich als erster, meine Lippen öffnen sich unter einem der gründlichsten Küsse, die ich jemals erhielt. Gibt es eine Hölle?

Danach liebt er mich zärtlich und wild im septemberfeuchten Wald, naiver als jeder andere Mann, aber mit einer Heftigkeit, einem wahrhaft antikischen Elan, den ich später nur noch einmal, bei Armand, erleben sollte. Doch als ich ihn nach einem Finale, in dem wir gemeinsam die ganze Theologie zum Teufel schicken, mit seiner schönen Predigerstimme flüstern höre: »Verzeih mir, mein Gott, denn ich habe gesündigt«, da hole ich aus und versetze ihm eine schallende Ohrfeige.

Ich kehre in vertrautere Gefilde zurück. Im Gedränge einer Vernissage in der Galerie Charpentier stellt mir Baron Karpat, Kornblume im Knopfloch, einen großen Mann mit eckigen Schultern und eckigem Mund vor, den Marquis von Marnipur[1]. »Darf man erfahren, warum Sie sich über dieses Bild von Magritte so aufregen? Sie mögen die Surrealisten nicht? Da sind Sie selber schuld: Diese Mißachtung paßt

1 B M P V' W'

nicht zu Ihnen. Sie wirken, wie soll ich sagen, übertrieben.«

»Ich! Übertrieben! Aber teuerste Freundin, Sie sprechen wie eine Kartenlegerin. Erklären Sie mir lieber: was ist ein Surrealist? Ich habe keine künstlerische Ader, und außer Ahnengalerien sehe ich niemals Kunstausstellungen. Karpat, dieser Salonlöwe, hat mich mit Gewalt hierher geschleppt; aber ich bedauere es nicht. Ich habe Sie schon früher gesehen, beim Ball der Jeune Noblesse Française. Sie zeigten die schönsten Schultern von Paris.«

»Sie schmeicheln mir. Ich habe die Schultern einer Sportlerin, einer Schwimmerin. Weit entfernt von Ihren Ahnfrauen, lieber Freund.«

»Ach was! Ich bin ein alter Krautjunker und Haudegen. War in Indochina dabei, in Algerien. Wie alle Marnipurs folgte ich der Devise: Krieg, Weiber und Pferde.«

»Was für ein lockendes Programm, edler Herr«, und ich verneigte mich vor ihm, zum bassen Erstaunen der Snobs, die an unserer Seite trotteten.

»Erlauben Sie, daß ich Sie zum Essen einlade! Ich habe genug von allen diesen Dummköpfen, die sich überschlagen vor Begeisterung, ohne von der Sache viel mehr zu verstehen als ich. Gehen wir an die frische Luft . . .«

». . . der Rue du Faubourg Saint-Honoré?« fragte ich unschuldig.

»Nein, wir wollen aufs Land fahren. Im Oktober ist die Erde voll Saft.«

Wir haben beschlossen, an die Côte d'Azur zu fahren. Die Saison war beendet und die Riviera würde uns gehören. Um sieben Uhr morgens hat er mich an der Place des Vosges abgeholt, in grauer Hose und Blazer, mit der Krawatte des Jockey-Clubs. War er der letzte Müßiggänger?

»Wo wohnen Sie, Florent?«

»In Sologne, ich lebe auf meinem Gut. Ich reite Parforcehatz, ich jage, ich fische, ich bin an einer Papierfabrik beteiligt, von der ich keinen Deut verstehe; aber Sie kennen meinen Compagnon, Donald, er soll einer Ihrer Flirts sein.«

»Das Gerücht spricht die Wahrheit, aber Sie gehen nach, mein Lieber, das war im vergangenen Jahr . . .«

»In Paris habe ich ein Zimmer im Cercle, praktisch für einen Junggesellen, und wenn ich allein bin, kann ich dort recht gut essen.«

Sein Porsche hängte alle anderen Wagen ab; ich hatte das herrliche Gefühl, in Rekordgeschwindigkeit entführt zu werden. In der Papststadt verbrachten wir unsere erste Nacht. Als ich in der Badewanne saß, kam er als römischer Kaiser verkleidet herein, ein makellos weißes Frottiertuch um die Lenden, und bürstete mir den Rücken. Dieser Hagestolz von vierzig Jahren hatte wahrhaftig eine gute Hand. Das Bad war ein Genuß, und wir liebten uns noch vor dem Abendessen. Es bereitet mir immer ganz besonderes Vergnügen, in den Speisesaal eines teuren Provinzhotels Einzug zu halten unter den neidvollen und mißbilligenden Blicken der Honoratioren.

Florent erzählte mir die amourösen und ritterlichen Heldentaten seiner Ahnen, während wir *canard au sang* aßen. Ich fand es herrlich, einen Nachfahr der Drei Musketiere zum Spielgefährten zu haben, und versicherte ihm mit einem dankbaren Blick, daß er auch auf dem Schlachtfeld der Liebe dank seiner Gaben und meiner natürlichen Güte die Familienehre würde hochhalten können. Es war eine wahrhaft heiße Nacht, und wir schliefen am Morgen bis elf Uhr. Dann fuhren wir hinunter nach Saint-Tropez, das in diesen milden Oktobertagen fast menschenleer war.

Wir sind von Senequier bis Ponche spaziert, haben in Pampelonne gebadet, allein und nackt. Der Wirt war homosexuell, und wir wurden von ihm verhätschelt, ebenso von seinem kleinen Freund mit den Mädchenhüften und dem Engelsblick. »Wissen Sie«, sagte Florent eines Tages zu mir, »daß ich vielleicht auch einmal Päderast werde?« Ich lachte laut und skeptisch. »Sie! Aber Sie lieben doch die Frauen; ständig liefern Sie mir dafür greifbare und unbestreitbare Beweise.«

»Das meint man. Mein Vater, der alte Herzog, hat es bis zu seinem sechzigsten Jahr mit allen Freundinnen meiner Mutter getrieben – nicht gerechnet die Zofen, denen er in allen Winkeln des Schlosses die Röcke hochhob. Und nun, seit er Witwer ist und in Toulon lebt, leistet er sich zum Zeitvertreib hübsche Matrosen. Wenn er so weitermacht, wird er sich ruinieren, denn er hält sie aus, er kann sich nicht von ihnen trennen. Sie sind Non-Konformistin, Sie sind eine Dame und hübsch, er wird entzückt sein und von äußerster Ritterlichkeit. Aber schauen Sie ihn sich gut an; in ihm ist mein ganzes Leben vorgezeichnet, glauben Sie nicht?«

»Mir ist es ganz egal, was Sie einmal werden. Sie sind ein Prachtstück von einem Mann, und unsere Reise ist angenehm, aber sie ist nur ein Zwischenspiel in unserem Leben. Sie werden eine Milliardärin heiraten, den Herzogtitel erben, eine andere Lösung gibt es nicht, wenn man das väterliche Gut bewahren will . . .«

». . . das bereits beträchtlich geschmälert ist.«

»Und ich werde berühmt werden und noch viele Eskapaden machen wie die unsrige.«

»Hören Sie auf mit diesen Bosheiten, Sie dummes junges Ding, oder Sie kriegen eine Tracht Prügel.«

»Herrlich, geben Sie mir die Peitsche. Sie sind genau der Krautjunker, von dem man sich gern mißhandeln läßt.« Ich faltete ergeben die Hände: »Los, Florent, gehen wir gleich hinauf!«

Er packte brutal mein Handgelenk und trieb mich mit Stößen vor sich her die schmale Treppe hinauf. Er verschloß die Tür, setzte sich aufs Bett, legte mich über seine Knie, und seine große Hand mit den spatelförmigen Fingern verabreichte mir die schallendste Tracht Prügel meines Lebens. Ich mochte strampeln und schreien, soviel ich wollte, es half nichts. »Du hast es gewollt«, zischte er. »Das nennt man das Recht über die Hintersassen, ich mache gern davon Gebrauch, noch dazu bei einem so blühenden Hinterteil.«

Der Schatten eines Rittmeisters mit Abstehohren erfüllte das Zimmer mit einem guten Geruch nach Jugend: Christian, Florent, der Name tat nichts zur Sache! In der Folgezeit haben wir stets Küsse und Schläge gemischt. Wenn ich glaubte, daß der Rhythmus unserer Liebe ihn ein wenig müde gemacht hatte, so stichelte ich, nannte ihn Päderast, bis er mich schlug und mich dann aufs neue liebte.

Einmal, als wir die herrliche Stadt Eze besuchten und ich von dieser so ursprünglichen Idylle ins Schwärmen geraten war, versuchte ich, mit ihm einen anderen als den rein körperlichen Kontakt herzustellen. Aber ach! Er wußte nichts, rein gar nichts, außer seiner Familiengeschichte. Nichts von dem, was mich fesselte, interessierte ihn, er war eben nur ein wackerer Haudegen, der ruhmvoll in der Legion gekämpft hatte. In diesem friedlichen Adlerhorst, wo uns klarwurde, daß mein brutaler Herr und Meister mit meinem höhern Streben nichts anfangen konnte, überkam mich Erleichterung. Das Gefühl, Sklavin meiner Sinne zu sein, war mir bereits lästig geworden. »Florent, mein Herz«, sagte ich ohne Umschweife, »wir müssen nach Paris zurück. Unsere Reise endet hier. Ich werde sie in lebhafter, um nicht zu sagen brennender Erinnerung behalten. Eze und seine Steine, die sich in der Sonne rosig färben, das wirst immer du sein. Es tut mir leid, daß ich deinen Vater nicht mehr treffen kann; ich hätte zu gern an dem Herzog gesehen, wie mein Liebster in fünfundzwanzig Jahren aussehen wird.«

Er blickte mich ziemlich verständnislos an, er wußte nicht, ob ich im Ernst sprach oder nur, wie gewöhnlich, eine durchschlagende Wirkung erzielen wollte. Ich versicherte ihm, daß ich wirklich den Schlußpunkt setzen wolle, daß es jedoch ein denkwürdiger Ausklang sein müsse.

Wir fuhren nach Cannes und besuchten den Film *Die grünen Früchte.* Darin bekommt eine Fünfzehnjährige eine so ausgiebige Tracht Prügel, daß wir uns eng aneinanderdrückten. Seine Hand glitt unter meinen Plisseerock und verschaffte mir jene Erregung, die er so gut zu wecken verstand. Dann suchten wir ein Mädchen, denn an diesem einen Abend wollte ich mich austoben, wie ich es bei Titou getan hatte.

Wir durchstreiften die Gäßchen um den Hafen. Nach mehreren erfolglosen Fischzügen – die Prostituierten waren häßlich oder alt – stieß ich auf ein siebzehnjähriges Mädchen, so blond, wie nur eine Skandinavierin es sein kann. Sie war Norwegerin, au-pair-Mädchen bei einer reichen Familie in Cannes, keineswegs eine Nutte, aber sie langweilte sich zu Tode und nahm unsere Einladung an. Ich setzte sie zwischen uns, in einem düsteren und schmierigen Tanzlokal, wo wir große Mengen Whisky vertilgten. Ich tanzte mit ihr und streichelte ihre großen weißen Brüste unter dem grünen Pullover. Florent hatte ihr bereits das Gesäß gestreichelt, und sie hatte nur gelacht.

Wir nahmen ein Zimmer über der Spelunke, das ziemlich dunkel war, nur aus der Richtung von Monte Carlo von den zahllosen Lichtern der Küste erhellt. Ich bestellte Champagner; er war lauwarm. Wir mischten ihn mit Eis. Ungekühlter Champagner! Florents Ahnen mußten sich im Grabe umdrehen! Das Mädchen sagte uns, daß sie Ingrid[1] heiße. Sie zog sich aus, ohne sich zu zieren, und bemerkte nebenbei, daß in Norwegen völlige sexuelle Freiheit herrsche. Florent befahl ihr sodann, seine Hose zu öffnen, und als sie nicht flink genug zu Werke ging, landete er einen schallenden Schlag auf ihrem hohen Stutenhintern. Ich öffnete selber den ersten Knopf, und ein weiterer Schlag, diesmal von meiner Hand, ließ Ingrid nicht mehr im Zweifel, was sie zu tun hatte. Nun konnte ich sie in Muße betrachten, während ich die ungeschickte Person mit heftigen Schlägen anfeuerte. Unter meinen erregten Händen zeigte der Alabasterpopo des blonden Kindes bald eine interessante Röte. Florent ergoß sich in ihren Mund, und eine Sekunde lang habe ich unerträgliche physische Eifersucht empfunden. Dann ging er ins Badezimmer, nicht ohne mich lange geküßt und geflüstert zu haben: »Jetzt bist du an der Reihe, ich überlasse sie dir.«

Die ausladenden Brüste über dem zarten Körper reizten mich. Ich drehte ein wenig an der linken Spitze und preßte gleichzeitig die rechte Brust mit der ganzen Hand. Dieses Gör gefiel mir. Sie jammerte leise unter meinen grausamen Händen, und ich legte mich mit hängenden

1 M' H H' V' F

Beinen aufs Bett. »Küß mich, Ingrid. Langsam, dann schneller. Aber gib acht. Florent wird dich beobachten, und er versteht sich darauf, Widerspenstige zu züchtigen.«

Der aschfarbene Kopf verschwand zwischen meinen Schenkeln und nach kurzer Zeit überschwemmte mich die Lust. Dann legte ich Ingrid aufs Bett und küßte sie meinerseits leidenschaftlich, ich war glücklich, als ich spürte, wie schnell sie sich meinen Lippen öffnete, war neidisch auf dieses junge, schäumende, flaumige Fleisch. Danach mußten wir uns nebeneinander legen, und Florent liebkoste unsere Brüste und nahm uns abwechselnd. Ich selber führte ihn in Ingrid ein, sie gluckste, und ich hätte sie am liebsten getötet. Ich nahm den Ledergürtel und schlug auf das Paar ein, das seine Lust jetzt laut herausschrie.

Ich hatte Florent noch nie geschlagen, auch nicht im Lauf unserer »Sitzungen«. Andere Männer vor ihm hatte ich mit ungeheucheltem Vergnügen gegeißelt. Er aber war zu männlich, ich wagte es nicht. Nur der Anblick des Paares hatte mir diesen Mut verliehen. Florent verließ das Mädchen noch vor dem Höhepunkt und befahl uns, Arm in Arm niederzuknien. Er peitschte uns abwechselnd, zwang uns, einander vor seinen Augen zu liebkosen. Unsere Brüste rieben sich aneinander, unsere Lenden brannten vor Schmerz und Gier und der Strom unserer Lust war endlos. Dieses seltsame Mädchen mit den hellen Augen war von allen Frauen, die ich in den Armen gehalten habe, die spontanste, die sinnlichste. Mich selber ausgenommen, natürlich, wenn ich schon zugeben muß, daß der Narzißmus meine ausgeprägteste Eigenschaft ist.

Florent liebte uns bis zum Morgen. Er schob diskret ein paar Scheine ins Handtäschchen der »Gouvernante«, die um sieben Uhr ihren Dienst antrat, und Arm in Arm wanderten wir zurück, sie in ihre Villa, wir in unser *Carlton*.

In Paris nahm ich meine Arbeit wieder auf, Florent seine undurchsichtigen Geschäfte in Papiermaché. Und wir setzten unser Abenteuer noch ein paar Wochen lang unter komischen Begleitumständen fort: ich mußte allein an dem Zerberus an der Tür des Jockey-Clubs vorbeischlüpfen, nachdem ich mit Florent gegessen hatte, der schon in sein Zimmer im Oberstock vorangegangen war und die Tür offengelassen hatte. Beim erstenmal fürchtete ich zudem, in den Korridoren Freunden meines Mannes zu begegnen, von dem ich getrennt lebte. Frauen haben zu den Wohnräumen des Clubs keinen Zutritt; Mitglieder aus der Provinz, die sich auf der Durchreise in Paris aufhalten, sind dort provisorisch und übrigens sehr billig untergebracht. Außerdem durften wir kein Geräusch machen, während meine Liebesstunden mit Florent sonst immer widerhallten von Schlägen und Schreien. Allmählich wurden unsere Begegnungen seltener. Die Verbote des Jockey-Clubs kühlten unsere Glut ab, und Florent gab schließlich auf.

XVI Die Frau, der Tänzer und der Journalist

Sie war die Schönste der Schönen[1], so schön, daß ich manchmal wirklich nicht sicher bin, ob ich meine Idylle mit ihr erlebt oder geträumt habe. Alterslos wie die Schönheit, unwirklich wie die Zeit, gewissenlos aus Langeweile. Sie, die Frau mit dem Madonnengesicht, von der ich nur den Vornamen kenne, Angelika, hat mir geboten, was sie noch nie gegeben hatte, und dazu auch ein wenig von ihrem Herzen, das nach so vielen anderen auch das meine gebrochen hat.

Sie liebte niemanden; mich hatte sie gern. Ein Leben in einer Welt der Banalitäten erschien ihr unerträglich.

Man nennt sie hart und grausam. Ihre Schneider zittern vor ihr, die Maniküren stammeln, die Köchinnen weinen. Sie erträgt keinen Lärm, ein Gemeinplatz schmerzt sie mehr als ein Schlag, eine Geschmacksverirrung mehr als ein Todesurteil. Sie ist der Riese unter den Zwergen.

Ich muß sie in Mégève kennengelernt haben, bei einer Abendgesellschaft für alleinstehende Frauen, wie man sie häufig in einem Kurort findet, wo die Ehemänner und die Liebhaber nur flüchtige Erscheinungen sind. Wahrscheinlich trug ich eine mandarinenfarbene Hose, einen Indianerzopf über der linken Schulter, ein Whiskyglas in der Hand und ruhte nach sechs Stunden Schilauf auf einem grünen Kanapé aus. Als sie eintrat, wollte ich aufstehen – sie verwehrte es mir mit einer Handbewegung: »Nein, schöne Mayadame! Alle Düfte Mexikos strömen von Ihnen aus, und man bekommt Appetit auf die Gifte der Azteken.«

Ich war sprachlos, fasziniert. »Angelika! Ihr Name schmeckt nach Sonne und Melonen. Sie erscheinen, und man glaubt Beatrice d'Este zu sehen, man wartet auf den großen Leonardo. Bestimmt hat man Ihnen schon oft gesagt, daß Sie da Vincis Ideal sind.«

»Selten in dieser Form. Was trinken Sie? Whisky? Pur, hoffentlich.« (Zum Glück stimmte es.) »Zu Ihnen passen nur trockene Getränke und

1 IPDVW

feuchte Küsse, schöne Kriegerin.«

Wir waren acht Frauen, das Fondue war herzhaft, und der Wein aus Apremont brannte in der Kehle. Das Trinken und die Müdigkeit bewirkten, daß die Stimmen lauter, fast schrill wurden. Angelika, die mich nicht aus den Augen gelassen hatte, ärgerte sich über diese schreienden Weiber. »Kann ich nach einem Taxi telefonieren?« fragte sie unsere Gastgeberin. »Ich bin sehr müde, und ich habe meinen Chauffeur ins Chalet zurückgeschickt.«

Anne-Marie drängte sogleich: »Aber nein, Angelika, ich hole meinen Wagen aus der Garage und bringe Sie nach Hause. Sie sehen selber, daß meine Freundinnen mich nicht mehr brauchen.«

Ich fiel ihr schroff ins Wort: »Bleiben Sie, Anne-Marie, sonst bringen sie noch den ganzen Ort in Aufruhr mit ihren Saufliedern. Und geben Sie ihnen nichts mehr. Ich bringe Angelika heim, mein Wagen steht vor der Tür, und ich brauche frische Luft.«

Anne-Marie gab nach; vielleicht hatte sie in ihrem hübschen Köpfchen begriffen . . . Mein Kabriolett war offen; ich schlug vor, das Verdeck zu schließen. Angelika war dagegen: »Ich brauche auch frische Luft – und Sie«, fügte sie hinzu und legte mir den Arm um die Schultern.

Ihr Chalet lag am anderen Ende von Mégève, an der Straße nach dem Mont d'Arbois. Die Nachtluft überzog uns mit Rauhreif. Ihr fester Druck auf meinem Arm verwirrte mich. Am liebsten hätte ich die Lider geschlossen, um den eisigen Charme meiner Zauberin besser genießen zu können.

Überall weiße Blumen, vergoldete venezianische Engel, ein Bischofsbett mit Säulen, lila bespannte Wände und ein großes Panoramafenster, das sich auf alle die winzigen Lichter von Mégève öffnete. Die Szenerie wird mir immer im Gedächtnis bleiben. Mein Kopf ruhte auf ihren Knien: dort gehörte er hin. Wir bewegten uns nicht. Ich weiß nicht, ob es lange dauerte oder nur einen Augenblick, ich weiß auch nicht mehr, wer zuerst küßte. Heiße Geständnisse, kühle, gezielte Gesten.

Als ich wieder in mein Zimmer kam, tagte es über dem Gebirge. Ich schrieb ein kurzes Gedicht an meine Unbekannte und schickte ihr alle makellos weißen Blumen, die ich bei dem einzigen Blumenhändler auftreiben konnte. Ich bin Schi gefahren, und zwar schlecht. Ich glitt über pausbäckige Wolken; Engel bedrohten mich spöttisch mit goldenem Zeigefinger. Bei jedem neuen Sturz – Angelika! Ich schleuderte den gepriesenen Namen allen Echos zu; allein fuhr ich den Übungshang hinab und hütete mich sorgfältig, den alten Hasen des Mont d'Arbois zu begegnen. Da ich meine Schöne erst am Abend wiedersehen würde, mußte ich sie im Herzen tragen wie ein neues Leben.

In Paris verlangte sie, daß wir gemeinsam zu Lanvin gehen sollten. Sie im Sportmantel aus Panther, ich im Dreiviertellangen aus grobem Wollstoff; die eine sehr blond, die andere sehr dunkel, beide gleich gebräunt, hinter uns ein zehnjähriger Hinduknabe in rosa Seide, der unsere Handtaschen trug – wir machten das, was man Furore nennt. Die Kollektion gefiel mir, nicht aber Angelikas gebieterische Art, zu mir zu sagen: »Nimm, was du willst, wenn dir etwas davon gefällt. Ich werde mir die Kollektion zu Hause vorführen lassen.«

Ich war wütend über diese Behandlung und antwortete: »Ich bin nicht Zamore, ich trage keine Pakete, und verkleiden lasse ich mich auch nicht!«

Sie zuckte die Achseln, meine Ablehnung verärgerte sie vielleicht. Sie war gewohnt, von Parasiten aller Art umkreist zu werden, von Anwälten ohne Klienten, Ärzten ohne Patienten, Kritikern ohne Kunst, die von ihren Milliarden und von ihrer Schönheit angezogen wurden.

Gewiß, ich liebte den Luxus, der von einer genialen Person zusammengetragen worden war: ihre Picassos und ihre Pascins standen ihr ebenso gut wie ihr stahlfarbener Bentley, und ihre feucht-purpurnen Augen funkelten um die Wette mit ihren Brillanten, wenn sie sie gerade einmal trug; aber wenn ich mich auch fast nur zu reichen Frauen hingezogen fühlte, so bin ich doch nie profitgierig gewesen. Die Juwelen und Extravaganzen Angelikas, Vincas, einer gewissen Sophie, einer männlich auftretenden Filmproduzentin, scheinen mir bei nüchterner Analyse ein Geldstreben zu verraten, das bei mir unvorstellbar wäre.

Natürlich habe ich auch mit Frauen geschlafen, die jünger und ärmer waren als ich. Aber ich habe es ohne Leidenschaft getan, ohne mich zu engagieren; wie Don Juan sich nach einer Nonne ein Kammerkätzchen zulegte. Es war mir nicht ernst. Angelika dagegen war eine unbezahlbare Beute, und wenn die Leidenschaft sich heute zu bloßer Zuneigung abgekühlt hat, dann bin nicht ich daran schuld, sondern Arnaud. Er hat alles ausgelöscht.

Wir unternahmen tausenderlei; Wochenenden in der Mühle, wiederum Mégève. Vor allem der Vortrag in der Salle Pleyel, wo sie trotz ihres Abscheus vor Menschenansammlungen hinging, um mir zu applaudieren. Ich liebte sie damals so sehr, daß ich stotterte: mit einemmal war ich meiner Beredsamkeit, meines erfolgreichen Auftretens nicht mehr sicher. In meinem ganzen Leben war ich nicht so schlecht wie an jenem Abend; sie aber sagte abschließend: »Nein, bestimmt, du hast nicht schlecht gesprochen. Und du warst so schön in diesem perlmuttfarbenen Kleid, ein richtiger Velasquez, daß kein Mensch achtgab, was du gesagt hast.«

Sie hatte recht, Dior-Bohan hatte das Publikum erobert. Es war der unverdienteste Erfolg meiner Laufbahn; noch heute schäme ich mich wenn ich daran denke. Und jetzt, Angelika, Engel oder Dämon, was weiß ich wirklich von dir, außer, daß du zaubern kannst?

Cyrille[1] hatte einen durchtrainierten Körper, einen makellosen Wuchs, er war Russe und Tänzer bei Cuevas. Wenn er auch auf der Bühne kein Star war, in Ruhestellung imponierte er durch seine klassischen Formen. Er gefiel mir. Bei dem kleinen Souper, das der Aufführung folgte, fand ich mich – der Zufall ist ein König, und ich bin seine Dienerin – auf dem Platz an seiner Seite. Er war noch geschminkt, das schmachtende Auge mit Gold belegt, so daß die ohnehin schon schrägen Lider noch mehr in die Länge gezogen wurden. Ich war achtundzwanzig, er einundzwanzig. Und zu meiner großen Überraschung war er kein Frauenverächter. Er bewunderte meine Schultern und war gerührt, als ich ihm sagte, ich hätte ihn im Ballett bewundert, obwohl er seine Pirouette verpatzt hatte, was ihm, wie er hinzufügte, sonst nie passierte. (Später erfuhr ich, daß sie ihm ganz im Gegenteil nur höchst ausnahmsweise gelang!)

Wir verabredeten uns zum Mittagessen für Freitag, ein Tag, an dem er keine Proben hatte. Er war nicht reich, mein schöner Tänzer, und so – auch seiner Figur zuliebe – mußten wir uns mit Salat und gegrilltem Fleisch in der Rue Saint-Benoît begnügen.

Er war das Kind einer Tänzerin, war als Ballettratte in der Oper aufgetreten, dann Tänzer beim Marquis de Cuevas geworden und war völlig ungebildet. Über seine erste schriftliche Liebeserklärung habe ich Tränen gelacht. Sie war so lakonisch abgefaßt wie die Passierscheine in der Besatzungszeit, und die Orthographie war ebenso schauderhaft wie die der Kaiserin Eugenie in dem berühmten Diktat Mérimées. O Verführer mit der wackeligen Syntax, enthaltet euch aller schriftlichen Mitteilungen an die Dame eures Herzens, zumal wenn diese Dame die schöne Sprache liebt, ihr könntet sonst euer stolzes

1 S' F' J C'

Ansehen verlieren!

Ein Studentenhotel öffnete uns ein Kämmerchen mit rauhen Laken. Cyrille zog sich aus und ließ dabei die Muskeln unter der Haut spielen. »Gefallen dir meine Rückenmuskeln, Liebste?« Und ohne meine Antwort abzuwarten, vollführte er eine Arabeske, um sie besser zur Wirkung zu bringen. Ich trällerte also, als ich nackt war, im gleichen Ton wie er: »Trifft ein junger Narziß / einen andern Narziß / erzählen sie gewiß / Geschichten von Narziß! – Hab' ich einen hübschen Hintern, Geliebter?«

Und ich erstickte fast vor Lachen, was, wie man weiß keine besonders günstige Voraussetzung für Liebesspiele schafft. Unsere Höhle hatte als einzigen Luxus einen großen Wandspiegel. Während Cyrille mich liebte, nahm er sämtliche Posen des Diskuswerfers ein, und ich stand ihm als griechische Tänzerin zur Seite. Doch dabei kam ich nie zum Schuß, so sehr mußte ich mich bemühen, die allzu ausladende Kurve einer Hüfte zu kaschieren; ganz unpassenderweise mußte ich an die Fettpolster des Mädchens aus Juliette Grécos Chanson denken. Soviel steht fest: wenn Cyrille mich auch ein wenig bewunderte, sich selber betete er an, leidenschaftlich, bis zum Wahnsinn. So kam es, daß ich mit ihm fertig war, sobald wir das Gänseblümchen der gemeinsamen Freuden entblättert hatten.

Die Sommertourneen setzten unseren Sitzungen zunächst ein Ende und die lächerlichen Eilbriefe, die er mir schickte, gaben diesem Möchtegern-Schöngeist vollends den Rest.

Der Folgende ist keine komische Figur; er ist im Gegenteil schlau und gerissen wie ein Teufel und noch lange nicht auf der letzten Sprosse der Erfolgsleiter angelangt.

Bei einem großen Pompadour-Diner im Pavillon d'Armenonville soll ich vor der Crème de la crème oder dem, was sich dafür hält, einen Vortrag über die treffliche Marquise halten. Es ist noch nicht neun Uhr, aber schon findet jeder, daß er im Verhältnis zu der Wichtigkeit, die er sich zumißt, schlecht plaziert ist. In Paris ist bei derartigen Veranstaltungen jeder irgend jemand oder irgend etwas; wenn man alle Männer über Vierzig mit »Herr Präsident« tituliert, so kann man wenigstens sicher sein, niemanden zu kränken. Die Frauen teilen sich in zwei Kategorien ein: *klein a:* die Egerien, die politischen, literarischen oder gesellschaftlichen Größen, gewöhnlich älteren Jahrgangs und mit Brillanten übersät; *klein b:* die namenlosen Schönen, die man wegen ihrer Schönheit und ihrer strahlenden Jugend einlädt und wegen des Vergnügens, das sie zu bieten haben; bei diesen letzteren sind Juwelen überflüssig – oder von »Burma«. Doch die eine wie die andere Kategorie ist rastlos damit beschäftigt, sich auf die Ehrenplätze vorzuarbeiten.

Ich war knapp dreißig und gehörte eher der zweiten Gruppe an, obwohl ich die Stellung und die Privilegien der ersten genoß; so kam es, daß die Bemerkungen und die Forderungen der Tafelrunde mir die ersten weißen Haare wachsen ließen.

Die Berichterstatter umringten uns, Alban de Maltavert, den Präsidenten der »Parisiennes de Paris« und mich, die Vizepräsidentin. Pierre Alain[1], ein großer junger Mann aus dem Süden, triefend von Nonchalance und Charme, repräsentierte ein Morgenblatt; er war neu auf die Klatschspalte angesetzt und suchte Knüller, die ihn lancieren könnten. Er wollte ein Exklusivinterview, und die angriffige Schüchternheit, die er zunächst zur Schau trug, kam ihm dabei zustatten. »Teuerste Baronin, ich weiß nichts über die ›Parisiennes de Paris‹, außer daß Sie viel zu jung und schön sind für dieses Regiment von Großmüttern. Wie kommt es, daß Sie zur Vizepräsidentin gewählt wurden?«

»Ganz einfach. Die Präsidentin trägt einen großen Namen, aber sie haßt es, in der Öffentlichkeit zu sprechen. Es ist indessen unerläßlich, daß eine Frau die ausländischen Gesandten willkommen heißt; ich wurde in meiner Eigenschaft als Vortragsrednerin, als berufsmäßige Schwätzerin gekidnappt, und ich habe den dienstlichen Auftrag, die Laudatio auf Belgien oder Spanien, je nach dem Gast des Monats, auszubringen.«

»Und was steht heute auf dem Programm? Geben Sie mir doch lieber eine Geschichte für meine Kolumne. Eine, die noch nicht veröffentlicht ist.«

Ich nahm einiges aus meinem Exposé vorweg. »Die Marquise lag im Sterben; sie empfing die Letzte Ölung. Als der Priester sich anschickte, sie zu verlassen, damit sie ruhen könne, flüsterte sie: ›Noch einen Augenblick, Herr Pfarrer, wir fahren dann zur gleichen Zeit ab.‹«

»Großartig! Ich gehe gleich damit in Druck. Sie geben die Geschichte keinem anderen, Ehrenwort?«

»Natürlich nicht. Ich werde sie erst um Mitternacht erzählen. Aber wissen Sie, diese Anekdote spukt in sämtlichen Biographien der Mätresse des Vielgeliebten. Nun, die gute Gesellschaft ist ziemlich unbe-

1 I N Z' V' D

lesen und offenbar auch viele Journalisten, wie?«

»Das werden Sie mir büßen! Können wir nächste Woche zusammen essen?«

»Ja, am Mittwoch, wenn Sie mich mit der Pompadour vergleichen. Übrigens ist mein Kleid pompadourrosa. Ich sage Ihnen Ihren Artikel ein . . .«

»In einem Monat, in einem Jahr werde ich es geschafft haben, teuerste Präsidentin. Also was tut's? Mittwoch um acht im *Elysée-Matignon.«* Er beugte sich zu meinem Ohr: »Wissen Sie, daß ich größte Lust hätte, die Vizepräsidentin zu küssen? Ich will Ihnen ein Geständnis machen, etwas, das mir noch nie passiert ist. Ihre goldbraunen Schultern und Ihren Teint gibt es kein zweitesmal.«

»Psst! Wenn Sie die Kollegen auf mich loslassen, dann sage ich das Rennen ab.«

Er küßte mir schnell die Hände und machte sich mit den Worten davon: »Ich werde zur Eröffnung des Klub hundertsechs zu spät kommen, aber vergessen Sie nicht, meinen Artikel zu lesen. Auf Wiedersehen. Pompadour meines Herzens!«

Er ging also doch nicht in die Setzerei?

Am nächsten Tag las ich im Bett die Morgenzeitungen. Ich kam mehr oder weniger gut weg, je nach den Sympathien, die man für die Marquise und mich hegte. Der Artikel Pierre-Alains, der als einziger Journalist nicht beim Diner anwesend war, strotzte von Schnurren und witzigen Anspielungen; ich erschien darin als moderne Pompadour, die wie die frühere ihre Reize spielen ließ und den reizenden Minister der Schönen Künste bei Ihrer Majestät Marianne IV. darstellte. Der Chronist wußte sein Thema abzuhandeln, und mich behandelte er mit einer Ungeniertheit, die mich hinschmelzen ließ.

Ich bedanke mich gern. Ich rief Pierre-Alain an, und ich wartete geduldig auf den Mittwoch, um ihm noch einmal zu danken nach Art der Frauen, der echten.

Er war ein wenig eitel, er hatte bei allen denkbaren Vorzügen tatsächlich nur einen schweren Fehler, nämlich, daß er sich seiner Eroberungen rühmte. Er schilderte seine Heldentaten und nannte dabei den vollen Namen der Betreffenden, ob sie nun berühmt war oder unbekannt, verheiratet oder Junggesellin. Er nahm sie auseinander, zu Ehren der nächstfolgenden, und setzte die Stücke in einer unbedingten Gleichung wieder zusammen. Er war erst seit zwei Jahren in Paris, mit einer unscheinbaren Gattin verehelicht, die im Schatten seines Erfolgs lebte. Seit seinem fünfundzwanzigsten Lebensjahr war er unbestreitbar

»der« Verführer. Seine unerbittliche Eroberer-Freundlichkeit würde ihn im Fluge vom Journalisten zum Chefredakteur tragen, von der DS zum Jaguar. Er war der Rastignac in einem Paris schmollmündiger Starlets und gefräßiger Egerien, er würde nicht versäumen, dem Glück nachzuhelfen – unter Berücksichtigung aller Imponderabilien, versteht sich. Er würde immer faires Spiel treiben mit der müden Elite, die für ihre jährlichen Transfusionen des lebensvollen mediterranen Blutes bedarf. Und eine Gemeinheit würde er nie überlegt begehen.

An jenem Abend feierte und fütterte er mich im *Elysée-Matignon,* wo ich alle Anwesenden kannte (großartiger Schachzug!) und im *Fiacre,* wo er seinerseits dem ganzen Saal die Hand drückte. Für mich war das ein zusätzliches Amüsement. »Hören Sie, Pierre-Alain, speisen Sie denn allabendlich im *Fiacre,* Sie haben doch keine Vorliebe für Knaben?«

»Der Wirt kennt die gesamte *chronique scandaleuse.* Vergessen Sie nicht, daß meine Kolumne täglich ihre Spritze haben muß; ich beziehe eine Menge Stoff von den Päderasten, diesen willigen Zuträgern, sie haben die boshaftesten Zungen von Paris.«

»Eines Tages werden sie Sie erbeuten, so wie Sie gebaut sind, wobei ich nur von dem rede, was ich sehen kann.«

»Der Rest kommt sofort! Genug gearbeitet für heute abend! Auf ins Vergnügen! Auf in die Liebe, vielgeliebte Baronin!«

Und ich mußte auf das Dessert verzichten, um die verborgenen Reize des Playboys Nr. 1 unter den Journalisten kennenzulernen. Seine Schönheit beeindruckte mich stärker als sein Talent. Schuld daran war seine Klatschsucht; gleich am nächsten Tag würde er seinen Kollegen erzählen, wie er die Baronin vernascht hatte, und diese Überzeugung veranlaßte mich, der Sache einen sportlichen Anstrich zu geben. Es war lustig wie eine Landpartei, ohne Bedeutung für den einen wie für den anderen.

Wir wurden verschworene Komplicen: dieser Mann, dem sich die Frauen und die Zeitungsspalten öffneten, hat mir mit seiner Freundlichkeit zahllose Dienste erwiesen, und ich habe ihm über ein paar mondäne Hürden geholfen. Und wie viele Feinde haben wir uns gemacht! Wir waren beide zu auffallend, zu exhibitionistisch, zu sonnengebräunt. Noch heute gehen wir gern zusammen essen, wenn der Zufall uns zusammenführt.

Viele Nächte habe ich vergessen, doch erinnere ich mich noch an eine große Premiere, die auf ungereimte Weise endete. Ich trug das berühmte Pompadourkleid mit den Hüftpolstern wie bei unserer ersten Begegnung, und nachdem wir wie üblich im *Fiacre* soupiert hatten, fuhren wir ins Bois, um uns zu küssen. Es war eine Frühlingsnacht, in der Akazienallee flanierten die Pärchen. Wer von uns beiden überredete den anderen zu einem Fischzug? Wir vertauschten seinen geschlossenen Wagen mit meinem rotgepolsterten Thunderbird, der mich übrigens in sechs Monaten ruiniert hat! Binnen kurzem hatten wir sämtliche Orgienanwärter im Schlepptau. »Schau und wähle! Das Mädchen in der Floride mit dem rothaarigen Knaben, gefällt dir das?« Halb betrunken säuselte ich: »Ja, das gefällt mir. Ein Rothaariger nach dir, das wird sein wie eine Weinbrandkirsche, gemischte Schokolade, Mokka-Schokolade. Und die Blonde, die so schüchtern aussieht, ich finde sie aufregend, du nicht?«

»Sie soll dich vor mir umarmen, sie sieht so schulmädchenhaft aus in ihrem Schottenkleid, die Pompadour und der Hirschpark . . .«

Als unverwüstlicher Blaustrumpf unterbrach ich ihn: »Lieber und geliebter Kretin, ich habe dir schon einmal gesagt, daß die Marquise alles hinnahm, was sie unmöglich ablehnen konnte – so auch den Hirschpark –, aber daß sie Ihren Herrscher nicht mit kleinen Mädchen belieferte. Es soll mir recht sein, wenn du diese Lolita vernaschst, aber ich will auch mein Teil davon haben.«

»Aber deine Pompadour hatte überhaupt kein Temperament; du natürlich . . .«

»Ich brauche weder Sellerie noch spanische Fliegen, auch keine Würzschokolade, nicht wahr, mein Herz?«

Er küßte mich unter einer Laterne. »Wenn ich dir nicht mehr genüge, mein Engel, so heißt das, daß es mit mir ernstlich bergab geht. Also, der Große mit der Brille im Ferrari?«

»Okay, Messire, was den Ferrari betrifft, aber ich fürchte, der Junge ist nur der Chauffeur. Übrigens um so besser, er wird mehr Muskeln haben und weniger Falten als sein Herr.«

Wir haben viel gelacht an jenem Abend auf der Ile de la Jatte mit den Komparsen, die wir uns ausgesucht hatten. Der Schottenrock und ich haben sechs- oder siebenfachen Ansturm standhalten müssen. Nebeneinandersitzend maßen wir die Waffen, die man uns präsentierte. Mehr als ein Dutzend wurden als unzulänglich abgelehnt, und gegen unser Urteil gab es keine Berufung. Die Betreffenden mußten sich dann mit der passiven Rolle von Voyeurs begnügen. Die Auserwählten erregten sich im taufeuchten Gras, die Blonde küßte mich mit dem Enthusiasmus leicht angesäuselter Neophyten. Pierre-Alain erwies sich als Regisseur ersten Ranges, und ich gestehe, daß ich zu ihm zurückkehrte mit der leidenschaftlichen Genugtuung einer Lieblingsfrau, die ihren Sultan wiederfindet, nachdem sie eine Zeitlang mit den Frauen und den Eunuchen herumgetändelt hat.

Und so bringe ich denn ein Hoch aus auf die verliebte Freundschaft ohne Verpflichtungen, ohne Verordnungen, ohne Strafen, die Naschwerk verteilt als Preis für schlechte Führung!

XVII Der Maler und der Marquis

Mozart ließ seine kleine Nachtmusik erklingen, als ich das Portal des Stadtpalais durchschritt. Echte Louis-XIV-Möbel und Kopien, die aus Sacha-Guitry-Filmen stammten, bildeten die Perlen in der Krone Mathias', des Modemalers und renommierten Tachisten.

Gigantische Fresken bedeckten die Wände des Korridors, und das Feuerwerk dieser Palette faszinierte mich. Weniger allerdings als der Anblick des Künstlers[1], eines mageren Mannes meines Alters und meiner Größe, mit spitz gewachstem Schnurrbart, kurzem Kraushaar und dem scharfen Blick des Leoparden, der auf Beute ausgeht. Ich weiß nicht, ob er von einem indischen Fakir die Geheimnisse der Hypnose gelernt hat, jedenfalls war ich wie festgebannt vor dieser Gestalt auf dem lilasamtenen Ruhebett und dieser seltsamen Behausung, die vom Geheimnis des gelben Zimmers durchweht schien.

Die schleppende Stimme, eindringlich wie ein arabischer Gesang, gab in schillernden Wendungen unkontrollierbare Weisheiten von sich. Ich war ein recht armseliger Gegner für jemand, der sich dauernd auf die Kybernetik und auf Lupasco berief! Letzterer war mir zwar bekannt, doch war ich weder einverstanden noch vertraut mit Gedankengängen, an denen ich allzu vieles unverständlich fand. Ich war aufrichtig genug, dies seinem Schüler zu gestehen. »Wissen Sie, lieber Meister, ich finde die Kybernetik eine bewundernswerte Wissenschaft, solange niemand von mir verlangt, daß ich einen Vortrag darüber halte; doch was mich wirklich interessiert, sind Sie und Ihre Lebensweise. Sind Sie ein Dandy, wie ich vermute, oder ein Weiser, wie ich fürchte – denn dann wären Sie für mich kein Studienobjekt mehr.«

»Ich bin«, begann er und nahm die Pose von Rodins »Denker« ein, »ein malender Philosoph. Wissen Sie, daß Malraux von mir gesagt hat, ich sei der erste Kalligraph des Abendlandes? Mit dreiunddreißig Jahren beende ich eine Retrospektive meiner Werke für das Musée de

1 O E G'A'

l'Art Moderne; das letzte Gemälde werde ich in zehn Minuten vor dem Publikum malen. Ich werde mir selbst eine Schlacht liefern, und sie wird einen der größten Siege über unsere Vergangenheit darstellen. Wie denken Sie darüber?«

»Damit ich überhaupt etwas denken kann, müssen Sie erst aufhören, mich mit Ihren Raubtieraugen anzustarren und mich zu Atem kommen lassen. Sie haben mich in einen solchen Wirbel von Eindrücken versetzt, daß ich mich erst wieder erholen muß. Doch sagen Sie, dieses Fresko in Rot und Gold, in Ihrem Vorzimmer, stellt das nicht B. dar?«

Ein rätselhaftes Lächeln zog die hängenden Mundwinkel unter dem Gendarmenschnurrbart auseinander. »Ja, natürlich, es ist B.« Und unvermittelt streichelte er mit seiner zartfingrigen Hand meinen Nacken. »Ihr Hals könnte einen Schwan beschämen. Ich möchte dafür das Geschmeide entwerfen. Ich würde die Juwelen ausarbeiten, und Sie würden geschmückt sein wie ein Heiligenschrein.«

»Und ich würde zusammenbrechen unter der Last der unheilbringenden Steine, wie die arme Heilige Jungfrau von la Macarena, die in der Karwoche auf den Schultern der Kapuzenmänner durch Sevilla getragen wird.«

»Die Schmuckstücke der Juweliere mag ich nicht. Kein Fortschritt, keine Entwicklung seit Kleopatra. Ich dagegen schaffe sie frei nach meinem ego und nach der Person, die sie tragen soll. Sie zum Beispiel . . .«

»Ich gebe gern zu, daß Ihr ego schöpferisch ist, aber sind Sie nicht viel zu egozentrisch, um den anderen überhaupt in Betracht zu ziehen?«

»Das hängt von der Eingebung des Augenblicks ab. Meine Malerei ist ein Aufschrei, ein Ausspucken, ein spontaner Ausdruck, den man unmöglich bei sich behalten kann.«

»Diaghilew sagte immer: ›Erstaunen Sie mich!‹ Wenn ich nun Ihnen, Mathias, die Bedingung stellen würde: ›Überraschen Sie mich!‹ – was würden Sie tun?«

Seine Augen flammten, dann nahm er von einem Tablett einen marokkanischen Dolch, zog ihn aus der Scheide, und ich war darauf gefaßt, daß er Harakiri begehen würde, um mir zu imponieren. Das schönste Bild seines Lebens, dachte ich mitleidlos im stillen. Aber dann fiel mir ein, daß dieser unberechenbare Mensch ebensogut mich töten könnte, ein Gedanke, der mich weniger erheiterte. Ich war sprungbereit, er schwang noch immer seine Waffe. Plötzlich zerfetzte er seinen erstklassigen Maßanzug, wenigstens die Taschen, ich atmete auf. »Das reicht!« sagte ich. »Sie haben mich erstaunt.«

Sein leichenblasses Gesicht – das meine war bestimmt auch nicht rosig – nahm wieder ein wenig Farbe an, und die Unterhaltung ging weiter, entspannt nach diesem kleinen Zwischenfall. Mathias unterstrich seine Gesten mit leisem Rascheln der Spitzenmanschetten, das Mozart *con sordino* begleitete. Ich fühlte mich wohl bei diesem Clown, der, wie Oscar Wilde von sich sagte, sein Genie auf sein Leben verwendete und auf seine Werke nur sein Talent. Er servierte einen Champagner, der lau war, eine Eigenschaft, die ich schon bei den Menschen nicht besonders schätze und überhaupt nicht, wenn es sich um »Taittinger brut« handelt. Ich sagte es ihm; er erwiderte, daß er weder trinke noch rauche, und daß die Liebe in ihrer physischen Form ihn kaum interessiere. Das wunderte mich nicht, doch einige Monate danach – ich trug bei dieser Gelegenheit ein höchst indezentes Abendkleid – versicherte er mir, das Wiegen meiner Hüften verwirre ihn zutiefst, er habe während des ganzen Diners – er war mein Tischnachbar gewesen – davon geträumt, mit mir im Perückenkabinett in Versailles zu techteln. Keine Kleinigkeit, aus einem großen Tachisten schlau zu werden . . .!

Er wollte nicht angerufen werden; sein Telefon war einseitig blockiert. Doch oft traf seine lässige Stimme zu irgendeiner Tages- oder Nachtzeiten an mein Ohr. Seine scharfe und ungewöhnliche Intelligenz bezauberte mich, und wenn ich in Stimmung war, hielten wir lange Palaver ab, von denen ein vernünftiger Mensch kein Wort verstanden hätte. Manchmal traf er es auch schlecht, ich arbeitete, ich sagte es ihm, und er legte höflich wieder auf, um mich zwei Tage später erneut anzurufen. Eines Abends telefonierte er gänzlich zur Unzeit. Ich lag in den Armen Arnauds, ich schwamm in Wollust. »Wie geht es Ihnen? Störe ich?« Arnaud, den die Neugier auf diesen »Hanswurst«, wie er ihn nannte, schon lang verzehrte, schüttelte verneinend den Kopf und nahm den zweiten Hörer. »Aber im Gegenteil, lieber Mathias, ich habe gelesen und in diesem Augenblick an Sie gedacht.«

»Und was haben Sie gelesen?«

»Ihren *Dali*, dieses wundervolle Exemplar, das der große Salvador Ihnen gewidmet hat und das Sie mir freundlicherweise geschenkt haben . . .«

»Durch welche Ideenverbindung sind Sie von Dali auf mich gekommen?« fragte er nervös.

»Durch seine Mystifikationen und seine Mythomanie.«

»Ich bin kein Mythomane und ich mystifiziere niemanden, ich sublimiere, das ist etwas ganz anderes.«

Ich schmiegte mich zwischen die braunen Beine Arnauds, den unsere Reden verblüfften und der meine Hüften streichelte. »Mystifizieren ist ein so erlesener Genuß, ich wundere mich, daß ein Schöngeist wie Sie es nicht um des Vergnügens willen tun sollte. Und außerdem, posieren Sie nicht gelegentlich unter einer Louis-XIV-Perücke oder als Samurai, je nach Stimmung? Sagen Sie mir also nicht, daß alles, was Mystifikation, was Maske ist – ich sage nicht Masche –, Sie nicht reizt.«

»Wie kann eine so intelligente Frau wie Sie Mystifikation und Mysterium verwechseln? Ich gebe wenigen Menschen Einblick in mein Inneres, nur einigen erlesenen Vertrauten. Der erste war Cocteau, der bleibendste Künstler unserer Zeit; dann Dali, dieses flüchtige Phänomen; Lupasco, der Magier der modernen Roboter, als die man die Menschen dieses Jahrhunderts nur bezeichnen kann – und Sie, Maud, schöne Priesterin des Dandytums.«

»Ich bin geschmeichelt, mich in so guter Gesellschaft zu befinden. Doch mir scheint«, fügte ich scheinheilig hinzu, »daß Sie sich doch gelegentlich herbeilassen, Kritiker zu empfangen, Journalisten, Käufer . . .«

Er fiel mir gekränkt und streng ins Wort: »Ein Künstler kann nicht ohne jeden Kontakt mit seinem Publikum und seinen Richtern leben.«

»Ja, ich will es so ausdrücken: Ein Dandy braucht Belastungszeugen, die ihn anklagen, ein Publikum, das ihm Beifall klatscht, und ein Tribunal, das ihm das Urteil spricht.«

»Sie sind groß im Formulieren! Möchten Sie am Dienstag mit mir auf dem Land zu Mittag essen? Wir könnten unsere Diskussion fortsetzen; Sie sind die einzige Frau, mit der ich mich nie langweile.«

»Ich bin untröstlich, guter Meister, aber Dienstag kann ich nicht; an einem anderen Tag, wenn Sie wollen.«

Wütend über unser Geschwätz zwickte Arnaud mich, damit ich Schluß machen sollte. »Rufen Sie mich morgen früh an, ja? Ich muß jetzt weggehen.«

Wäre Mathias entzückt oder enttäuscht gewesen, wenn er gesehen hätte, welchen körperlichen und geistigen Spielen Arnaud und ich uns hingaben? Wer weiß? Der Dandy ist ein Voyeur, ein Betrogener seines Ich und verliebt in sein eigenes Spiegelbild.

»Sie haben zur Zeit weder Ehemann noch Liebhaber noch Kinder, Maud«, sagte der Marquis zu mir, »ich sehe also keinen Hinderungsgrund. Es bleibt doch dabei? Ich entführe Sie für die Osterfeiertage. Nach der Hetzjagd am Samstag werde ich Ihnen die Familienbesitzungen zeigen, Sie als glänzende Historikerin müßten sich eigentlich dafür interessieren.«

»Stimmt, zur Zeit habe ich weder Mann noch Freund noch Kind, Sie haben nur eins vergessen ...«

»Und das wäre?«

»Die Freundin.«

Schweigen. Dann sagte er: »Eine Freundin, na – und?«

»Unsere Freundschaft ist nämlich, sagen wir, besonderer Art.«

»Zum Teufel! Daran habe ich nicht gedacht. Und Sie müssen das Wochenende mit ihr verbringen?«

»Wir haben im *Normandy* in Deauville Zimmer bestellt, und wir fahren morgen ab, mit dem frühesten, nach den Begriffen meiner Freundin, will heißen um Mittag.«

»Schade! Sagen Sie ihr doch ab, Sie müssen ja ohnehin für Ihre Zeitschrift die Reportage über Maltavert schreiben; klar, Sie haben eine berufliche Verpflichtung; ich werde mich indessen bemühen, sie so angenehm wie möglich zu gestalten.«

»Gut. Ich will versuchen, ihr unsere beruflichen Verpflichtungen zu erklären, auf die ich übrigens nicht hereinfalle, sowenig, wie meine Freundin darauf hereinfallen wird; sie hat ein gutes Gespür, wissen Sie! Und ihr zuliebe habe ich vor nunmehr neun Monaten meinen letzten Ehemann verlassen, das sagt alles. Also, ich esse bei ihr zu Mittag, ich will das Terrain sondieren, aber ich weigere mich, ihr allzu weh zu tun, nur wegen ... einer Reportage.«

»Sie können mich bis drei Uhr bei *Maxim's* anrufen. Ich vertraue auf Ihre Diplomatie und hoffe, daß Sie mir gute Nachricht geben.«

Diplomatisch war ich kaum zu nennen, und wenn ich manchmal boshaft zu Männern bin, zu Vinca war ich es niemals; brutal ja, aber liebevoll. So ging ich also nervös zum Telefon. »Hallo, Yvette, Herzchen! Wie geht es dir?«

»Großartig, ich fahre nach London, mit ...«

»Mit deinem Mann natürlich!«

»Aber nein, du Dummes. Der General empfängt seine argentinische Polomannschaft. Ich reise mit Tony. Er ist wundervoll, du kannst es dir nicht vorstellen, er betet mich an. Und Vinca und du, was treibt ihr?«

»Das eben macht mir Kummer«, sagte ich düster. »Ich glaube, ich werde Vinca an Ostern allein lassen. Weißt du, wer mich mit Halali und Hörnerschall zur Jagd einlädt und noch in so manches Schloß dazu?«

»Ridelle oder Maltavert[1] . . .«

»Maltavert höchstselbst!«

»Das habe ich mir gedacht. Montag im Jockey ist er dir nicht von der Seite gewichen. Wie weit seid ihr? Er ist Don Juan in Person, dieser Alban, meine Liebe.«

»Apropos Liebe, du kennst ihn besser als ich, was hältst du von der seinen? Hast du mit ihm geschlafen?«

»Nein, und eigentlich bin ich froh. Er hat mir eines Abends den Hof gemacht, wir hatten getrunken, aber er hat dauernd eine ganze Sammlung von Mätressen, denen er fast immer Kinder macht. Dieses Risiko hat mich abgeschreckt, und ehrlich gesagt, er hat auch nicht weiter insistiert.«

»Bei mir aber insistiert er, und mich reizt die Sache. Ich nehme gern Risiken auf mich, und er hat einen so schlechten Ruf, daß es eine gute Tat wäre, ihn einmal zu stellen. Was meinst du?«

»Daß du nicht die erste bist, die ihre Reize überschätzt, so groß sie auch sind, aber . . . Nimm dich in acht, du wirst dich an seinem Feuer verbrennen.«

»Keine Angst, mein Kopf und mein Herz halten einiges aus. Aber die flatterhaften und sportlichen Herzöge von Morny haben es mir angetan. Und außerdem ist er von allen Männern, die ich kenne, der einzige, bei dessen Reden ich nicht einnicke.«

»Na, dein Fall ist klar, dich hat's erwischt. Arme Vinca!«

»Vinca ist doch deine Cousine, du hast uns miteinander bekanntgemacht. Was soll ich in diesen drei Tagen mit ihr anfangen? Hilf mir, liebste Yvonne.«

»Wir lassen sie zu Gisèle nach Le Toquet einladen; sie wird dort sehr hübsche Frauen vorfinden.«

»Nein, nicht zu Gisèle.« Ich war wütend. »Ich habe keine Lust, mich von dieser feisten Kuh lächerlich machen zu lassen, die behauptet, andere Frauen schlank zu machen, während ihr Wunderanzug bei ihrer eigenen gräßlichen Person versagt.«

»Du bist ja eifersüchtig! Wie? Du schwirrst mit einem Casanova ab, bist entschlossen, dich ihm zu unterwerfen, und deiner geliebten Freundin willst du nicht einmal die Chance geben, sich anhimmeln zu lassen?«

»Ja, ja, ich bin schwierig. Aber du weißt, Vinca ist sehr stark und sehr verwundbar zugleich.«

1 MIQPUGVFB

»Ach, sie fasziniert dich noch immer, Cousinchen?«

Schließlich raffte ich all meinen Mut zusammen und gestand Vinca, daß Alban eben doch nur ein Mann sei . . .

Als der Genannte im prächtigen roten Reitrock meine Junggesellenwohnung betrat, galt sein erster Blick meinem Schottenrock und dem Kaschmir-Twinset; beides fand er höchst elegant. Dann verdüsterten sich seine Züge: »Aber Sie haben keine Schuhe!«

»Wie, keine Schuhe? Ich habe meine flachen Ballerinenschuhe, sie sind sehr praktisch zum Marschieren.«

»Unglückliches Kind! Für Waldgänge braucht man festes Schuhwerk, Ihre Golfschuhe zum Beispiel.«

»Aber ich besitze keine! Ich habe nie Golf gespielt; es ist ein Sport für alte Leute, ein gemessenes Vergnügen, gottlob bin ich noch nicht soweit. Außer den Ballerinen habe ich noch meine Tennisschuhe und Regenstiefel; aber Sie werden sehen, ich komme schon zurecht.«

»Kommt nicht in Frage. Wir kaufen ein paar ordentliche Treter.«

»Treter! Pfui! Wie gräßlich!«

Das war ganz Alban, klar, deutlich, positiv. Wie er es gewollt hatte, war sein erstes Geschenk ein Gebrauchsgegenstand, ein paar Schuhe mit dicken Kreppsohlen, die noch nach zehn Jahren kaum abgetreten sind. Danach folgte der weniger prosaische Teil: er lehrte mich die Wälder und Tout-Paris kennen. An seiner Seite habe ich auch mich selber besser kennengelernt, habe gelernt, mich zu beherrschen, Geist und Muskeln unter Kontrolle zu halten.

Die Jagd machte ich zu Fuß mit, während eine junge Frau, Carla, Albans Ex-Freundin (sie war mit seinem Nachfolger, dem Vicomte de Ruiz gekommen), an der Seite des Marquis auf einer stolzen Fuchsstute thronte; ich plauderte mit dem Nachfolger, der genausowenig Reiter war wie ich, der mir jedoch die Jägersprache erklärte. Heute könnte ich ihn dafür mit meinem neuerworbenen Wissen einer schneidigen, wenn auch nicht sehr eleganten Reiterin verblüffen. Außerdem machte er mir in abgedroschenen Klischees den Hof. Er langweilte mich zu Tode. Ich sagte ihm unumwunden, daß seine Liebesmüh' vergeblich sei, was ihn ziemlich abkühlte. Er hätte nur noch gern gewußt, ob Alban und ich . . . Ich nahm davon Abstand, seine Neugier zu befriedigen, und wurde sehr zugeknöpft. Dieses Wochenende fing entschieden schlecht an, mit diesem Papierdrachen, der sich als mein Ritter aufspielte, und einem Alban, der in weiter Ferne mit einer anderen seine Sprünge machte.

Die Verteilung der »Läufe« geschah zu Ehren der Botschafterin von

England durch Maltavert und seinen Master, La Ramée; eine Art Künstlername, der sich zusammen mit dem Amt in der Jägerei vom Vater auf den Sohn vererbt und vor dessen Ansehen der eigentliche Familienname in Vergessenheit gerät. Das blutige Schauspiel des Bruchs, das im allgemeinen das Zartgefühl der Frauen beleidigt, bedeutete für mich geradezu eine Erleichterung. Es paßte zu meinen blutrünstigen Plänen in bezug auf Albans geschickte blonde Partnerin, die mir in die seltsamsten Gebräuche eingeweiht zu sein schien. In meinem Kopf mischten sich Wolfsjagden zur Zeit Ludwigs XI., die Kurtisanenduelle der Renaissance in den Gassen Venedigs, die unvermeidliche Pompadour, die in Choisy neben dem Vielgeliebten einherritt ... schon damals war Alban für mich, was er immer bleiben sollte: das fabelhafteste aller Geschichtsbücher.

Glücklicherweise fand am Abend kein Jagdessen statt. Maltavert stürzte sich allein für mich in einen romantischen Abendanzug aus blauem Samt, und ich hüllte mich in ein schwingendes Seerosengewand aus changierendem Faille. »Sie haben Glück, meine Liebe zur Malerei endet bei den Impressionisten; Sie gleichen wahrhaftig einem Teich von Claude Monet, erlauben Sie mir dieses Kompliment.«

»Still! Sprechen Sie nicht von meinem Kleid; diesen Stoff hat ›sie‹ für mich ausgesucht, mit mir zusammen, und nun weihe ich es ohne sie ein.«

»Trinken wir auf Ihre Wankelmütigkeit, meine Liebe, und genießen wir gemeinsam Ihre Fahnenflucht. Aber das Feuer wird erlöschen, und in einem Louis-XIII-Schloß ohne flammende Kamine muß alles sterben, die kleinen Gewissensbisse so gut wie die großen Gefühle.«

Er läutete Emile, einem vertrockneten Alten, der, ohne die weißen Zwirnhandschuhe auszuziehen oder zu beschmutzen, im Kamin nachlegte. Ich fühlte mich wohl; der Whisky »black label« tat mir gut. »Sie wollte nicht allein nach Deauville fahren«, sagte ich, »und auch nicht zu Freunden gehen. Ich habe versprochen, sie um Mitternacht anzurufen, und ich werde es auch tun. Gewissensbisse sind etwas Negatives, ich habe keine, aber ich schäme mich wegen meiner Feigheit, ja: ich habe ihr nicht gesagt, daß wir hier allein sein werden. Und Sie scheinen Ihrer so sicher zu sein, Sie eitler Geck!«

»Weder ganz so sicher, noch ganz so eitel. Wußten Sie, daß ich einundfünfzig Jahre alt bin?«

Er küßte mich leicht, wie zerstreut auf die Schulter. »Heute nachmittag war ich wütend«, fuhr ich fort, »weil ich mit diesem Esel von Vicomte traben mußte, den Sie mir zugeteilt haben. Und Sie paradieren mit dieser zwar ganz hübschen, aber dummen Kuh. Lehren Sie mich doch das Reiten, ich bin sportlich, trainiert; in sechs Monaten werde ich eine gute Reiterin sein.«

»Es dauert zehn Jahre, bis man ein Reiter wird, mein Kind. Davon abgesehen wünsche ich mir nichts Besseres, als Ihr privater Stallmeister zu sein . . .«

»Erstens: nennen Sie mich nicht Ihr Kind. Zweitens: ich nehme Ihr Angebot an. Wann beginnen wir? Morgen? Ich habe ein Paar Blue Jeans in meinem Koffer. Nicht zu vergleichen natürlich mit dem supereleganten Reitdreß Ihrer Schönen à la Constantin Guys.«

»Für die erste Stunde wird es genügen. Aber Sie brauchen eine Mütze.«

»Eine Mütze zu Jeans?«

»Warum nicht? Ein Reiter darf niemals ohne Kopfbedeckung aufs Pferd steigen . . . ein Schädelbruch ist schnell passiert. Ich bin vorsichtig, wie Sie bereits wissen.«

»Und ich denke niemals an morgen, nicht einmal an den nächsten Augenblick. Ich genieße die Gegenwart, neugierig und gierig. Welches Spiel wollen wir nun spielen, großer Verführer?«

»Wir spielen, daß wir drei Tage intensiv leben wollen. Aber sprechen wir von Ihnen.«

»Ich bin ungebärdig, untreu. Die Vorsilbe un- kennzeichnet mein ganzes Leben . . . unverschämt, unerträglich, ungenießbar, kurzum; unzumutbar.«

»Un-fähig zur Mittelmäßigkeit, das vor allem, man sieht es auf den ersten Blick. Aber warum so viele Ehemänner vor dem dreißigsten Jahr? Diese Art Rekord ist in Frankreich nicht Mode.«

»Weil es mir Spaß machte! Mein erster kam, als ich noch ein Kind war und der Krieg alle Gefühle ins Maßlose übersteigerte; mein zweiter war der behelmte Abenteurer, der sich zwischen Erfolg und Niederlagen herumschlug; mein dritter war der Reine Tor, und er brachte mir den Adelstitel ein, den Traum aller kleinen Bürgermädchen in unserem demokratischen Jahrhundert, in dem die Standesvorurteile stets die Oberhand behalten über eine Gleichmacherei, die ich entsetzlich finde. Ja, ich liebe den Erfolg, die Schönheit, die Macht, den Elan; deshalb bin ich hier. Trinken wir auf den Marquis meiner Wünsche, die Verkörperung meines Strebens!«

»Trinken wir auf die schöne Barbarin namens Leidenschaft!«

Das Säulenbett drehte sich in meinem Kopf und vor meinen in der Erregung geweiteten Augen; der Champagner und die Schlösser, die

Hetzjagd nach der Wollust ließen einen Nachgeschmack ritterlicher Grausamkeit zurück. Die zwölf Schläge der Mitternacht rissen mich wieder in die gnadenlose Wirklichkeit, und ich bat die ruhende Statue neben mir, mich mein Versprechen erfüllen zu lassen. »Keine Angst, ich lausche nicht an den Türen, und ich werde meiner Göttin kühlen Champagner kredenzen, damit sie wieder zu Kräften kommt. Den Champagner meiner Großmutter mütterlicherseits, der Princesse d' Oven. Dieser Tropfen bürgerlichen Bluts hat mich vielleicht vor der vorzeitigen Verkalktheit meiner Standesgenossen im Jockey-Club bewahrt. Zwei meiner Ahnen haben meinen Horizont erweitert und den Familienbesitz mit bürgerlichem Gold aufgewertet, der eine machte in Zucker, der andere in Champagner; zwei vorzügliche Produkte, man muß sie nur getrennt genießen!«

»Ich werde dieses Wort nicht vergessen, ich bin immer für Gewaltenteilung. Und ich habe nie Zuckerstücke essen können. Ihrem Kandiszucker-Ahnen wäre es nicht gelungen, aus mir eine Alice im Wunderland zu machen, die Champagner-Omi dagegen hätte alle Aussichten gehabt. So, jetzt verschwinden Sie!«

Als ich den Hörer in der Hand hielt und das Summen aus dem Apparat meinen Kopf füllte, war ich ziemlich kleinlaut. »Hallo! Bist du's? Es ist längst Mitternacht, und ich bin schon nervös geworden. Du hast mit ihm geschlafen, das spüre ich.«

»Aber ich hatte keineswegs die Absicht dich zu belügen, meine Vinca. Ja, ich habe, und es war ein hinreißender Abend. Aber Liebste, mein Porzellanpüppchen, du weißt doch, das ist nicht das gleiche. Von Zeit zu Zeit brauche ich einen Mann, damit ich dann um so mehr Sehnsucht nach dir habe, meine Stärke, meine Schwäche.«

»Du zärtliches kleines Biest! Bringst du ihn zu mir mit, deinen Marquis, wenn die Runde durch die Schlösser beendet ist? Wenn er so wunderbar ist, wie du sagst, dann wird es mir nicht unangenehm sein, euch bei euren Spielen zuzuschauen.«

»Wir werden sehen, liebste Vinca. Aber jetzt bin ich müde; schlaf gut, mein Engel. Bis morgen, ich liebe dich.«

In Sologne führte Alban mir eine Jagdgesellschaft im Stil Ludwigs XIII. vor, in Anjou das Schloß – pardon – das Stammschloß seiner Familie; in jedem Stockwerk wurde mir die Gnade einer detaillierten Schilderung der großen Ahnen zuteil, die ihr Blut vergossen und Adels- oder Militärrenten bezogen hatten. »Aber Alban«, sagte ich schließlich, »wollen Sie wirklich jeden Satz mit ›mein seliger Urahne, der neunte Marquis von Maltavert . . .‹ beginnen? Sicher, ich interessiere mich für Geschichte, aber vor allem interessiere ich mich für Sie und nicht für die Heldentaten Ihrer Vorfahren, die nicht das Glück hatten, mein Lager zu teilen . . .«

»Das Glück und die Glückseligkeit; ein Glück, das ich hüten werde, sogar vor Ihnen und vor Ihren Launen.«

»Glauben Sie? Ja, ich finde Sie reizend, aber mich reizt jede Versuchung. Soll ich Ihnen zu Gefallen auf alle weiblichen Spiele von Liebe und Zufall verzichten?«

»Ein für allemal; und ich bitte Sie darum mehr um Ihret- als um meinetweillen.«

»Spaß beiseite! Ich kann Ihnen eine Zeitlang aus eigenem Entschluß treu bleiben, aber wenn wir um das Morgen spielen, dann verlieren Sie todsicher, Don Juan meiner schloßherrlichen Osterferien.«

»Abgesehen von meinen familiären Verpflichtungen, meiner Liebe zu meinen fünf Kindern, meinem Gentlemen's agreement mit meiner Gemahlin und meinen generaldirektorialen Obliegenheiten steht es mir frei, Ihnen . . .«

». . . den Rest meiner Zeit zu widmen; aber Sie erwähnen mit keinem Wort Ihre gesellschaftlichen und religiösen Bindungen. Das Exklusivrecht, mein Lieber, muß immer einseitig sein, nämlich auf meiner Seite. Und jeder andere als Sie würde es auf der Stelle zu spüren kriegen!«

»Seien Sie nicht boshaft, junge Frau, das steht Ihnen nicht.«

Ich war so wütend, daß ich schwieg.

Doch gab es in unserer selbstlosen Romanze wirklich nur das Säulenbett, die Reiter- und anderen Kunststücke? Auf jeden Fall habe ich den größten Genuß stets während und nach der Hetzjagd empfunden. Alban hatte mich in zehn Runden um den Schloßhof die Grundzüge der Reitkunst gelehrt, und trotz meines recht zweifelhaften Sitzes hatte er noch am gleichen Tag erklärt, daß ich die Jagd mitreiten könne.

Ich hörte also den Bericht La Ramées in meinem schönen Anzug von Talon an. Natürlich verstand ich nicht viel von den archaischen Wendungen: »Ich habe einen großen Zwölfender ausgemacht. Ich habe seine Spur markiert in der Lichtung Le Planet auf den Holland-Teich zu . . .«

Als wir im englischen Trab dahinritten, ich recht unelegant, aber im Takt, sahen wir das Jagdwild – man sage hier niemals »den Hirsch«, das verrät äußerste Sachunkenntnis –, unseren Pfad kreuzen. Begeistert rief ich: »Halali, halali!« ungefähr das einzige, was ich von der Waidmannsprache wußte. Alban stieß ins Horn, ohne Rücksicht auf die Wirkung, die das auf unsere Pferde haben würde, und rief mir zu, indem er davonpreschte: »Auf ihn! Auf ihn!« und dabei schwenkte er sein Jagdhorn in Richtung auf unseren Zwölfender. Ich gab Joachim die Sporen, der nicht auf meine Erlaubnis wartete, um loszugaloppieren, und plötzlich wußte ich nichts mehr. Ich kauerte mich in den Sattel, aber ich wurde nach vorn geschleudert, und es blieb mir nichts anderes übrig, als mich in die Steigbügel zu stellen wie ein Jockey. »Zügel anziehen, Schenkeldruck!« schrie Alban mir über die Schulter zu, und schon war er wieder fortgerissen von der uralten Leidenschaft und seinem stolzen Renner. Ich klammerte mich mit aller Kraft fest, und es gelang mir, am Pferdehals Halt zu finden, doch dieser Idiot von Joachim ging mit mir durch, und mit Schrecken stellte ich fest, daß ich ganz regelwidrig an Alban und der übrigen Jagdgesellschaft vorbeibrauste, auch an einem Abbé neuen Stils, einem furchtlosen Reiter, der sich, wie der heilige Hubertus, Vorwürfe machte, weil er das Waidwerk allzu sehr liebte. Ich murmelte: »Pardon, Madame, pardon, Monsieur, pardon Monsieur l'Abbé.« Schließlich holte Alban mich auf meinem wilden Ritt ein: ich hatte meine Kappe verloren, ein Ast hatte sie mir vom Kopf gerissen, und meine Haare flatterten aus dem geplatzten Netz, das sie hätte festhalten sollen. Ich brüllte verzweifelt: »Ich weiß nicht mehr, was man machen muß, damit er stehenbleibt!«

»Zügel tief, anziehen.«

Ich war einer Panik nahe, als Joachim, bestimmt eher müde als gehorsam, ruckartig stehenblieb. Das Wunder war geschehen. Ich sank erleichtert im Sattel zusammen, um ein Haar wäre ich ohnmächtig geworden. Alban ritt herbei und bot mir aus seiner Silberflasche ein Getränk an, das mir seltsam vorkam, das aber nur Kognak war. Ich trinke sonst niemals Kognak, doch damals schmeckte er mir wie himmlischer Nektar. Ich lebte noch nach diesem Todesritt, ich war nicht gestorben, nur zu Tode erschreckt. Alban entschuldigte sich. »Wie entsetzlich! Ich bin so stolz auf meine Vorsicht, und ausgerechnet mir muß das passieren. Du hättest dir alle Knochen brechen können (jetzt vergaß er das ›Sie‹), dieser vermaledeite Zwölfender hätte dein Ende sein können. Steig ab, ich begleite dich zu Fuß zurück, das ist vernünftiger.«

»Vernünftig ist ein Wort, das ich nicht kenne. Es geht mir sehr gut nach diesem Henkersschnaps, und ich werde Joachim nicht nochmals durchgehen lassen, das verspreche ich. Ich will die Jagd auf meinem Pferd zu Ende reiten.« Maltavert zögerte einen Augenblick, aber mein Wille siegte. »Also gut, schöne Stute. Das ist Mut, das gefällt mir.

Hasenfüße kann ich nicht ausstehen; ich liebe dich wirklich.«

Es war sein erstes Liebeswort, und ich hatte es teuer genug bezahlt, ich war mit heißem und zugleich eiskaltem Schweiß bedeckt und ich bebte vor Stolz. Mein Besieger war besiegt. Er ordnete zärtlich mein Haar, strich mit den Nägeln über meinen Nacken; ich preßte meine Schenkel enger zusammen und bemerkte mit ungläubigem Staunen, wie mein Schoß sich in Ankündigung einer vertrauten Erregung verkrampfte. Ein Seufzer drang aus meinen alkoholfeuchten Lippen, und ich spürte, wie die Lust mit mir durchging.

Alban betrachtete mich bestürzt und starren Blicks, und ich werde niemals wissen, wer mir an jenem Tag diese Wollust verschafft hatte, das Pferd oder der Mann.

XVIII Arnaud Dorval[1]

Ich hatte ihn bei einem literarischen Cocktail kennengelernt. Er hatte mich unverschämt fixiert, mich im Sturm erobert und sich unverzüglich mit mir im *Crillon* verabredet – der diskreteste Ort für einen verheirateten Mann. Trotz der Kälte trug ich ein ausgeschnittenes Kleid mit dazu passender entenblauer Jacke, viel zu leicht für die Jahreszeit. Es war meine Ausverkaufsbeute bei Dior, das neueste Luxusstück meiner Garderobe. Ich zitterte nervös, als ich die schmale Treppe zur Bar hinunterstieg. Wenn er nun nicht kommen würde, wenn ich mich getäuscht hätte! Ich fror noch mehr.

Er war da. Er trug einen Glencheck-Anzug in einem Grau, das zu seinen grauen Schläfen paßte, ein schwarz-weiß gestreiftes Hemd und eine schwarze Strickkrawatte. Seine britisch angehauchte Eleganz, der eng gerollte Regenschirm, war mir immer souverän vorgekommen, und als ich ein paar Jahre später meinen Essay über das Dandytum schrieb, kam ich in jeder Zeile auf ihn zu sprechen.

»Wie kann man zugleich so braungebrannt und so eisig sein? Maud, ich habe oft an Ihr Sonnenkleid gedacht.«

Ich schmiegte mich an diese einladende Schulter. »Arnaud, ich habe Sie bereits gestern abend betrogen.« Sein Gesicht verschloß sich jäh. »Mit wem?«

»Mit einem Clochard.«

»Und wo?« Sein Ton war süßsauer.

»Unter dem *Pont des Arts*.«

1 IMSFCQOU

»Ah! Das ist schon besser. Im Namen der Kunst, des Sohnes und des Heiligen Geistes, ich spreche Sie los.«

Er glaubte, daß ich scherzte. Da erzählte ich ihm von meinem Wunsch, nach dem Cocktail ein wenig allein zu sein, von meinem Bummel über die Quais, dem Regen auf meinen armen Leoparden, meiner Begegnung mit einem mitleidigen Clochard, der beim Anblick meiner triefenden Gestalt glaubte, ich sei am Rande der Verzweiflung, von meinem letzten Zehn-Francs-Schein, der ihm Glück bringen sollte und von dem Kuß der Samariterin. Arnaud fuhr hoch: »Wollen Sie sagen, daß Sie diesen Glückspilz geküßt haben? Muß man denn Clochard sein, um dieser Gunst teilhaftig zu werden? Wenn es nicht anders geht, so bin ich bereit, meinen ganzen Krempel den Kleinen Brüdern der Armen zu schenken, nur für einen Kuß ›meiner‹ Dame.«

Als einzige Antwort hob ich den Kopf, und unser erster Kuß war so, wie ich ihn seit vierundzwanzig Stunden erträumt hatte, raffiniert, erfahren, vollendet. Seither wundere ich mich dauernd über den vollkommenen Einklang zwischen uns, der diesen von Konventionen geprägten Sohn einer Beamtenfamilie seine Umgebung völlig vergessen ließ. Wir glitten in jenen schlafwandlerischen Zustand der Gnade, den der Alkohol oder das plötzliche Erwachen einer Liebe hervorruft.

Wir trafen uns täglich im *Crillon,* wo wir uns küßten und Zärtlichkeiten tauschten, und wir hatten beschlossen, seine nächste Vortragstournee mit meiner nächsten Schloßreportage zu einer Art Hochzeitsreise zu kombinieren. Ungeschickt wie alle Verliebten hatte ich die Rede auf seine Ehe gebracht (ich war damals bei meiner dritten Scheidung angelangt). Er himmelte sein Töchterchen an, wurde, ohne daß er es sich eingestehen wollte, von seiner Frau tyrannisiert, einem lesbischen Mannweib, das sich nur für seine Einkünfte als Erfolgsautor und Modejournalist interessierte. Aus aller Kraft haßte ich diese Frau, die das Glück gehabt hatte, Arnaud vor mir zu begegnen; ich haßte sie um so mehr, als sie ihn nur betrogen, lächerlich gemacht, ihn zu einem lebenslänglichen literarischen Zwangsarbeiter degradiert hatte.

Während der vier Jahre meiner Herrschaft hat sie ihn unaufhörlich mit Geldforderungen und Vorwürfen verfolgt. Ich weiß nicht, wie sie von unserer Liaison erfahren hat, jedenfalls belästigte sie mich Tag und Nacht mit Telefonanrufen, schwor, daß sie sich niemals scheiden lassen würde, daß er ein häuslicher Typ und ein Gewohnheitsmensch sei, was sogar stimmte, daß sie uns beide töten werde, falls sie uns zusammen überraschte, was entschieden übertrieben war. Sie brachte mich auf diese Weise einem Nervenzusammenbruch nahe, und schließlich fand ich, daß Arnaud ein Feigling sei, der sich nicht zwischen Liebe und Alltag entscheiden konnte, und daß ich mit Eklat eine Leidenschaft beenden müsse, die zur Farce entartet war und leicht in einem Drama enden konnte.

Mein vielgeliebter Lokaljournalist war fasziniert von meinem langen schwarzen Haar und meinen blühenden Rundungen. Ich nahm ein Thyroid-Präparat ein und verlor innerhalb eines Monats zehn Kilo, trotz unserer pantagruelischen Mahlzeiten, bei denen er mich beschwor, ich müsse essen, um den Hüftumfang seiner Träume wiederzugewinnen. Als ich, wie geplant, bei 58 Kilo angekommen war und noch immer keine Veränderung im Verhalten dieses Mannes feststellte, der sich als behäbiger Familienvater und als stürmischer Liebhaber gleich wohl fühlte, lief ich zu Alexandre, der mir genüßlich das Haar abschnitt, kurz, kürzer, am kürzesten.

Dann kam ich im Hosenanzug von Courrèges und mit übertriebenem Augen-Make-up ins Restaurant *Cris de Paris*, wo wir uns zum Essen verabredet hatten. Er, der sonst so höflich war, blieb auf seinem Stuhl kleben, als hätte ihm, in Umkehrung der Legende, die Erscheinung dieses skandalösen weiblichen Samson alle Kraft genommen. »Aber Maud, Liebste, wie hast du das tun können, nein, das ist doch nicht möglich . . .« Und er konnte zwei dicke Tränen nicht zurückhalten. Triumphierte ich in diesem ersehnten und gefürchteten Augenblick? Ja, denn zu lange hatte ich mir von ihm alles gefallen lassen, mich ihm unterworfen, nicht dagegen protestiert, daß ich auf die linke Seite des Terminkalenders verbannt blieb, während er die Blätter des meinigen in großen Lettern ausfüllte; wie viele Arbeitsessen hatte ich leichtfertig geopfert! Wie viele Diplomatendiners meinem Herrn und Meister sozusagen in den Rachen geworfen! Wie viele wahre Freunde brüskiert, wenn ein SOS-Ruf der Liebe eintraf! . . . Das Maß war voll. Ich bestellte einen Whisky und reichte ihm mein Taschentuch. Aber schon hatte er sich wieder gefaßt; er würde Humor behalten bis zum Schluß.

»Möchtest du mich in meinem Alter zum Päderasten bekehren, kleiner Page? Zu spät. Schade! Aber ich hätte es nie gekonnt, nicht einmal mit dir. Und jetzt ist alles zu Ende, du gehst, du bist schon fort.«

»Tja, Arnaud, endlich bin ich wieder eine freie Frau. Ich erinnere mich, daß ich dir eines Tages aus Holland einen Satz schrieb, den O zu Sir Stephen gesagt hat: ›Meine Freiheit besteht darin, daß ich dir gehöre‹; man braucht nur ein Wort zu ändern und du weißt, welches:

›Meine Freiheit besteht darin, daß ich *mir* gehöre.‹ Denn, keine Angst, ich verlasse dich nicht einem anderen Mann zuliebe, sondern nur mir selber zuliebe. Ich bin nicht für Nebenrollen geschaffen; mein Stolz hat mir hart zugesetzt, es war eine Qual für mich, auf einen Telefonanruf zu warten, auf den Lift, auf das Rendezvous – das hastig abgetan wurde wegen eines Diners mit Bobonne und Konsorten. Ein Pascha, wie Christine de Rivoyre sagt, ja, das warst du vier Jahre lang für mich. Und jetzt habe ich mich frei gemacht, ich will lebend aus dieser ›amour fou‹ hervorgehen. Es hat für mich nur dich gegeben, Arnaud, dich allein, und von nun an wird es nur Maud geben, Maud allein, und dann eines Tages Maud und die anderen oder Maud und einen anderen, Maud und eine andere, so ist das Leben, nicht wahr?«

»Ich habe dich immer geliebt, Maud. Zugegeben, ich bin egoistisch, ich ersticke in Arbeit und Geldsorgen, aber vor allem habe ich dir gegenüber einen gewaltigen Schuldkomplex. Und doch habe ich dir in vier Jahren mehr Zeit, Liebe und andere Dinge gegeben als irgendeinem anderen Menschen; ich habe gelitten, wenn du nicht da warst, ich habe dich vom anderen Ende der Welt angerufen, ich habe dir sogar geschrieben, was ich sonst ausschließlich beruflich tue. Und ich habe dich weder betrogen noch belogen. Ich habe dich geliebt, Maud, wenn auch mit der Unbeholfenheit des Mannes, dem es schrecklich ist, mehr zu empfangen als zu geben. Es tut weh, sehr weh, aber du hast vielleicht recht, wenn du eine Leidenschaft wie die unsere vor langsamem Verfall bewahren willst.«

»Ich bereue nichts, Arnaud, aber ich möchte gern Bilanz ziehen; du nicht?«

»Vielleicht. Das Schlimmste zuerst; davon ist mir bis heute ein schaler und lächerlicher Geschmack geblieben . . . Es war die erste Nacht, die wir gemeinsam in Dampierre verbrachten; ich hatte Angst, seit Wochen hatte ich dich nur im *Crillon* geküßt, vor allen Stammgästen, die zwar schockiert, aber nicht aus ihrer britannischen Ruhe zu bringen waren. Also, du hast ein hinreißendes rosa Negligé getragen, und ich war verrückt nach dir. Aber du hast mir zu sehr imponiert; ich wollte aus unserer ersten Umarmung ein unvergeßliches Ereignis machen, aber ich war so verkrampft, daß sich überhaupt nichts ereignete. Du warst anfangs zärtlich, nachsichtig, aber als dieses . . . Fiasko anhielt, wurdest du sarkastisch.«

»Ich habe dich alles mögliche genannt, einen impotenten Eierkopf, einen abgetakelten Don Juan, eine taube Nuß, und ich weiß nicht mehr, was sonst noch.«

»Je gemeiner du wurdest, um so leidenschaftsloser redete ich, machte mich über meine Schwäche lustig, ich, der sich bei so vielen dummen Gänschen brillant geschlagen hatte.«

»Ah! Ich habe sogar darüber gelacht und von dir verlangt, du solltest mich mitten in der Nacht nach Hause zurückfahren. Als ich heimkam, war mir übel von diesem erbärmlichen Liebhaber, den ich für einen Supermann gehalten hatte.«

»Und ich habe dir ein Telegramm geschickt: Verzeih - Zuneigung – Liebe – vielleicht? Aber du hast nicht geantwortet. Während der acht Tage einer gräßlichen Vortragsreise in der Bretagne habe ich an jeder Etappe auf meine Neubestellung gewartet.«

»Die Wunde war noch zu frisch, ich konnte keinen Mann mehr sehen. Ich bin Vinca begegnet. Maltavert. Ich habe mich scheiden lassen und wieder zu leben begonnen. Die Erinnerung an dich war vergiftet. Dann kam jener Septembernachmittag im Palais Royal, wo der Zufall uns aufs neue zusammenführte. Ich hätte dich um ein Haar überfahren!«

»Ich armer zerstreuter Blindgänger unter den Rädern deines schwarz-weißen Sportwagens! Du warst sonnengebräunt und trugst einen orangefarbenen Schal. Am nächsten Tag haben wir zusammen gegessen – hier. An diesem Tag wolltest du nicht mit mir schlafen, aber du hast versprochen, in der nächsten Woche wieder herzukommen. Du hast einen weißen Mantel von Dessès getragen und du warst überhaupt nicht verändert.«

»Das hast du mir gesagt. Weißt du, daß du mir bei jeder Begegnung wiederholt hast, ich sei schön? Und daß ich dieses Wort noch aus keinem anderen Mund habe hören können, ohne wütend zu werden? Aber damals, bei jenem, sagen wir, da capo, bist du in ziemlich schlechter Laune angekommen; du warst vorher beim Zahnarzt gewesen, hattest Schmerztabletten genommen und beim Kellner nochmals zwei Aspirin bestellt. Ich hätte rasen mögen, ich dachte bei mir, daß dieses Zahnweh sehr nach Alibi aussehe – für den Fall eines Mißerfolges! Doch bereits die Premiere wurde ein stolzer Erfolg. Die Vorhut deiner Hände bereitete das Feld für den Sieger. Der ganze Nachmittag war unseren Spielen geweiht. Du hast mich wieder angekleidet, damals trug man Taillenkorsetts, meines war blau und weiß gestreift, und als das letzte Häkchen eingehakt war, hast du meinen Schoß geküßt; wir haben die Ekstase ausgekostet, so lange wie möglich . . .«

». . . und als du mich in dieses Studentenhotel hinter der Sorbonne geführt hast, wo die Intimität so eng war wie das Zimmer, weißt du noch? – habe ich den Wandschirm umgeworfen, um dich zu überraschen, wie du dich gewaschen, dich zurechtgemacht und vor Vergnügen gelacht hast. Ah! Wie gut du lachen konntest, meine Liebste, meine schöne Heidin, mein kleines Mädchen, nackt und souverän!«

»An jenem Abend bist du für drei Tage weggefahren, deine Frau hat dich begleitet. Ehrlich, wie du bist, hast du nicht versäumt, es mir zu sagen, und wir haben uns ziemlich kühl getrennt; schon litt ich an dir, an allem, was mich um Dinge brachte, die mir, wie ich meinte, zustanden. Ich war kaum zu Hause, als ein Strauß blutroter Rosen meinen Groll besänftigte. Ich bewahre noch immer diese erste Karte, die bei deinen ersten Blumen lag: ›Glanzloser als die zwölf Sonnen unserer Freude‹.«

»Und dein rotes Schlafzimmer, meine Bacchantin! Du wolltest mir deine Junggesellenwohnung nicht zeigen, unter dem wunderlichen Vorwand, daß du keine Stilmöbel hättest.«

»Ich lebe von Stilmöbeln; ich will keine um mich haben, ich bin zu kompliziert! Und im Gegensatz zu dir hänge ich nicht an Dingen. Meine Bücher, meine Akten, meine Möbel aus rohem Holz genügen mir vollauf. Ich bin unordentlich, und das Bohème-Leben enthebt mich aller Hausfrauensorgen. Aber du gabst dich zufrieden mit meinem Durcheinander und unseren Mahlzeiten bei Kerzenlicht, du hast mich sogar gehindert, mich um die Küche zu kümmern! Nach jedem Gang liebten wir uns, ich ließ die Gerichte aus Liebe zu dir verbrennen ... Verkohlter Braten, flache Soufflés, angebrannte Kartoffeln ... ich schalt dich aus, und du hast versprochen, dich nicht mehr an mir zu vergreifen, aber ich wäre fuchsteufelswild geworden, wenn du dich wirklich wie ein kreuzbraver Ehemann benommen hättest! Nicht einmal, wenn wir frei gewesen wären, hätte ich dich je geheiratet, Arnaud, und wäre es auch nur aus Pietät gegen die kohlehaltigen Ausschweifungen unserer verliebten Mahlzeiten. Ich war geblendet, ja, du hast mich geblendet mit deiner Glut, deiner Intelligenz und auch mit deiner Härte – erinnerst du dich noch an das erstemal?«

»Es war in Feucherolles, im Juli, wir hatten für ein paar Tage entwischen können. Du hattest früher einmal die Reitpeitsche meiner Tochter auf den Polstern der DS gefunden und mich angefleht, sie mitzunehmen. Ich fühlte mich ziemlich unbehaglich, als ich sie unter meinem Jackett verbarg. Ich erriet deine schwarzen Pläne, und ich wurde rot, weil der Gedanke an eine neue Erfahrung mit einer Frau, die ich liebte, mich so sehr erregte.«

»Wir hatten das Turmzimmer. Dieses alte Kloster hatte meine Glut erweckt. Mir schien, als müsse ich, durch die Gnade von Schwester M., das Siegel deiner Herrschaft tragen. Ich setzte deine Achtung oder deine Liebe dabei aufs Spiel, aber es war eine Wette, und ich habe gewonnen. Zudem hast du genau die wohlbemessene Brutalität gefunden, die mich toll macht ... Und erinnerst du dich an die gute Gastgeberin? Diese alternde Dichterin, die eine Ode an die Liebe, an die Schöne, an die Schwarze flüsterte und mich dabei mit ihren gelben Augen verschlang? Sie betastete den flaumigen Stoff meines Kostüms mit geschickter und erfahrener Hand.«

»Und als ich dich nehmen wollte ...«

»... waren wir noch angekleidet. Ich wehrte sanft ab, ich fühlte mich wie Löschpapier. Ich mußte mich zuerst tränken mit diesem verzauberten Zimmer, diesen Seidenkordeln, diesen Spiegeln, deren silbernes Rankenwerk das Bild der schamlosen Liebenden rahmte, diesen Säulen, die zum süßen Martyrium aufriefen. Erinnerst du dich an unser Wechselt-das-Bäumchen-Spiel?«

»Ganz genau. Bei jedem Pfand zogen wir ein Kleidungsstück aus. Ich sehe dich noch vor mir, wie du mich, nackt bis auf den schwarzen Slip, mit Aug' und Brüsten herausgefordert hast zum letzten Raubzug.«

»Ich genoß diese Stunden, in denen dein Jägerarm mich aufs Korn nahm. Ich liebte diese hohe Gestalt des donnernden Jupiter, der unerbittlich war in seiner wilden Lust, und noch mehr vielleicht liebte ich deine einzige Unvollkommenheit, die leichte Mulde zwischen dem haarlosen Doppelhügel deiner Brust, dieses Tal der Schwäche, diesen Schacht der Einsamkeit ...«

»Genug, Maud! Schweig, ich kann nicht mehr. Du bist noch jung, voll Leben, ich aber werde nie wieder der Mann sein, dem seine eigene Männlichkeit zu Kopf steigt. Wie gut tat mir, mein Herz, das wütende und dumpfe Fauchen deiner Lust.«

»Ich schwöre dir, daß du der einzige bist, bei dem mir, mit hochgestemmten Lenden, die Lust aus allen Poren brach. Als du mich in Feucherolles bis auf die Guêpière ausgezogen und mit meinem schwarzsamtenen Stirnband und meinem grünen Gürtel an die Säule gebunden und ausgepeitscht hast, da habe ich die Qualen der Mystiker verstanden, die Geißler des Mittelalters und wie süß es sein kann, aus Liebe zu seinem Gott zu leiden. Für die Heidin, die ich war, bist du der unerbittliche Herrscher gewesen, dessen Zeichen mein Fleisch striemte, zur Strafe dafür, daß es sich auch anderen hingegeben und dabei Lust gefunden hatte. Ja, ich züchtigte mich selber mit dieser Reitpeitsche, und ich empfand Lust an dem, was man nicht Schmerz nennen kann.«

»Noch nie zuvor hatte ich eine Frau gepeitscht, der bloße Gedanken daran widerte mich an. Warum mußte deine Perversität meine Grausamkeit wecken, warum mußte es mir Freude machen? Maud, Freude, dieses Wort gibt unsere Leidenschaft wider. Unsere Jagdsonntage in Sologne, unsere Reise in die Tschechoslowakei, das Schloß d'Artigny, dessen Luxus uns mit einer Aureole aristokratischen Müßiggangs umgab, das Haus Rabelais' und das alte Chinon, die Liebesgärten von Villandry, die Heldentaten Francois' I. in Chambord und die unseren in Bracieux – das alles war eine einzige Freude.«

»Und Sully, wo wir uns um Mittag ein Zimmer genommen haben – nach zwei Nächten voll sengender Raserei.«

»Und Moret, bei Aimée, dem rothaarigen Wirt, der kein Auge von uns ließ. Der ›Tisch der Verliebten‹ am Ufer des Loing, der das ganze Jahr für uns reserviert war. Du bist bei jedem Wetter in dieses Refugium gekommen, wo wir vier Jahre lang gestöhnt haben vor Liebe.«

»An einem Dezemberabend war meine Autoheizung ausgefallen, und das Thermometer zeigte fünfzehn Grad minus; da du Frauen in Hosen nicht leiden kannst, außer auf der Jagd, trug ich zwar meinen Pelz, aber Nylonstrümpfe und Lackschühchen. Meine Füße waren eisig, ich konnte kaum fahren. Und als ich halb erfroren ankam, fand ich dich phlegmatisch und behaglich am lodernden Kaminfeuer sitzen. Ohne dich im geringsten um eine Tafelrunde von Geschäftsleuten zu kümmern, hast du mit deinen Händen und deinen Lippen meine erstarrten Füße gewärmt. Du hast ihnen wieder Leben eingehaucht, Arnaud, ohne Rücksicht auf das Was-werden-die-Leute-sagen, das nun doch alles zwischen uns verdorben hat.«

»Was willst du, ich bin kein freier Mann.«

»Natürlich nicht! Du bist der konformistischste aller Stadtratssöhne. Ach, mein armer Arnaud! Für einen Redakteur von Frauenzeitschriften ist dein Einfühlungsvermögen wirklich nicht sehr stark entwickelt. Du leistest dir einen erstklassigen Seitensprung, doch du verschließt Augen und Herz vor der Frau, die dich dazu herausgefordert hat. Flüstert dir dein gemäßigt-intellektueller Bürgerverstand nicht zu, daß ich, die vor nichts Angst hat, dich nicht brauche? Du hast mir Kleider geschenkt, weil du wolltest, daß ich schön sei – für dich; Blumen, wenn wir noch glücklicher als sonst gewesen waren; einen goldenen Füller, der mich inspirieren sollte – mich inspirieren! Aber nie hast du mir – und ich habe es natürlich nicht verlangt – einen Platz in deinem Leben angeboten. Du wolltest die Fessel der Liebe anlegen, die Fessel der familiären Bindungen aber nicht abstreifen. Und wenn du mich nach einem Tag der *Freude* verließest, um mit deiner Frau ins Theater zu gehen, und noch dazu geseufzt hast, um wieviel lieber du mit mir gingest, dann packte mich ein rasender Zorn. Verstehst du, Arnaud, ich wollte niemals gesetzliche Bande zwischen uns, in diesem Punkt war ich ein gebranntes Kind, ich wollte nur klare Verhältnisse. Zehnmal haben wir von der reichlichen Apanage gesprochen – ich brauche dein Geld nicht, ich gehöre zu den Frauen, die sich ihren Lebensunterhalt verdienen wie die Männer. Ich bin an die Freiheit gewöhnt, daß ein gemeinsamer Haushalt, selbst ein gemeinsamer Haushalt mit dir, mir Angst macht. Ich bin nur häuslich, wenn ich allein bin, aus Vorsicht und aus Neigung. Wir sahen den siebenten Himmel offen, mein Arnaud von gestern, was sollen wir mit der Gasrechnung und dem Rheuma unseres nahen Winters? Wir haben uns geliebt; wir haben es einander bewiesen; und nun ist es zu Ende. Nie mehr werde ich fürchten müssen, dich zu verachten, genug zu haben von einem Egoisten, der mich nicht vor aller Welt zu wählen gewagt hat. Du liebtest mich als Siegerin, Arnaud; so habe ich dich als erste verlassen und meine Einsamkeit wiedererobert.«

Wir hatten nichts gegessen, und der erstaunte Oberkellner trug die köstliche irdische Nahrung wieder ab. Dafür hatten wir die ganze Zeit den roten Saint-Amour getrunken, der in der Kehle brennt. Ich stand auf. Arnaud half mir in meine weiße Jacke, umfaßte ein letztes Mal meinen Ellbogen. Ich weiß nicht mehr, ob wir gezittert haben. Draußen stand eine rote Sonne.

Sieben Stunden später bin ich erschöpft, nutzlos, ich kauere auf meinem Bett, das einer trostlosen Wüste gleicht. Allein, ohne ihn. Oh ihn, der mich gequält, geliebt hat. Mit den schlaffen Gliedern der Trauer. Ich stehe auf, ich kann nicht mehr, ich schlucke ein Immenoctal, dann sehe ich den Zopf, den Alexandre aus meinen armen Haaren geflochten hat. Das ist der Gnadenstoß. Ich breche zusammen, ich weine, und dann hämmern in meinem Gedächtnis Baudelaires Verse, die Arnaud mir so oft mit leiser Stimme rezitiert hat:

Ein Hafen öffnet hallend sich; dort kann in weiten
Gedehnten Zügen Duft ich, Ton und Farbe trinken;
Dort seh' ich Schiffe weich durch Gold und Seide
gleiten

Und weitgespannte Arme um die Glorie breiten
Von Himmeln, daran schaudernd ewige Gluten
blinken . . .

Danach war sein Mund hinabgeglitten . . . Nie wieder! Ohne Überzeugung gleitet meine Hand zu meinem Schoß, und ich schreie, ich schreie auf unter meinem virtuosen Fingersatz. Wie banal und häßlich ist jeder Genuß ohne dich. Wirst du von nun an immer als Dritter im Bunde gegenwärtig, wirst immer nur du, Arnaud, meine Lust sein?

XIX Eupalinos[1], Raoul, Arnaud da capo

Arnaud liebte mich schon seit zwei Uhr nachmittags, und ich reckte mich erschöpft, glücklich über den Einklang unserer müden Leiber. Plötzlich rief ich aus: »Wie spät ist es? Du weißt, ich esse in Marlotte bei Eupalinos. Ich muß aussehen wie ein Gespenst nach unserem heutigen Pensum!« Er küßte meine Lenden, deren Grübchen seine Kampfeslust stets noch vervielfachten, und warf einen Blick auf seine Uhr. »19 Uhr 32, teuere Baronin. Sie haben reichlich Zeit, Ihren Todeskandidaten aufzusuchen. Merkwürdig, welche Anziehungskraft du auf Geächtete ausübst!« Ich fuhr hoch: »Wie kannst du, der Voltaire-Fanatiker, eine solche Frage stellen? Ich bin Voltairianerin auf meine Art, und nachdem ich schon einen in contumacio verurteilten Ehemann nicht im Stich gelassen habe, sehe ich erst recht nicht ein, warum ich heute nicht einen großen Architekten besuchen sollte, den betrügerische Financiers hereingelegt haben und der einer Meute gewissenloser Geschäftemacher als Sündenbock dienen mußte. Er hat Talent und Lebensart, unverzeihliche Fehler in den Augen der Herren Kollegen.«

»Aber mußt du deshalb unbedingt mit ihm dinieren? Du kennst ihn doch kaum.«

»Erstens diniere ich nicht mit ihm, sondern bei ihm, zusammen mit Freunden. Wanda Larte ist die Witwe eines Kollegen, und Gilles Guilard hat beim Prozeß zu seinen Gunsten ausgesagt.«

»Na schön. Aber trotzdem traue ich diesem Mann nicht über den Weg. Er wirkt unausgeglichen und arrogant. Soll ich dich nicht begleiten? Ich würde ruhiger sein.«

»Wenn du meinst.«

Um 19 Uhr 50 war ich noch immer nicht aufgestanden! Drei Minu-

1 PSODE

ten unter der eiskalten Dusche rückten mir den Kopf wieder zurecht. Ein Strich mit dem Eye-liner, kohleschwarz, um die ruhmvollen dunklen Ringe um meine Lider zu betonen, mein weißes Wollkleid – ich war präsentabel, oder fast.

Arnaud begleitete mich bis zu meinem Wagen und küßte mich ein letztes Mal. »Soll ich nicht lieber doch mitkommen?«

»Aber nein, du mußt arbeiten. Und ich weiß nicht, wie Eupalinos auf dein Kommen reagieren würde. Er ist argwöhnisch, das ist ganz normal, seine Adresse muß geheim bleiben.«

Arnaud ließ mich allein losziehen, aber er war beunruhigt. Nicht zu unrecht. Im Wald von Marlotte verfuhr ich mich. Dann stellte ich fest, daß es keine Straßenbeschilderung gab und daß ich meinen Plan in Paris gelassen hatte. Und keine Menschenseele in diesem verlassenen Dorf mitten im Wald. Schließlich klingelte ich an einer Tür und erhielt die gewünschte Auskunft. Ich wagte nicht, den Namen der Freunde zu nennen, die dem Verbannten Gastfreundschaft gewährten, aber ich bekam die beruhigende Antwort: »Ja, natürlich, das Haus, wohin Eupalinos sich geflüchtet hat, ein großer unglücklicher Mensch, die zweite Straße rechts, hinter einem grünen Zaun.«

Der Hausherr sah fabelhaft aus in flaschengrünen, samtenen Jagdhosen, einer rotbraunen Wildlederweste, strohfarbenem Hemd. Ich kam gute zwanzig Minuten zu spät und bat ihn um Entschuldigung. »Das macht nichts«, antwortete er, »ich habe schon geglaubt, Sie würden überhaupt nicht mehr kommen.«

»Warum denn? Ich habe zugesagt. Aber ich bin noch nicht die letzte, wie? Sind Gilles und Wanda noch nicht da?«

»Sie sind nicht da«, sagte er mit erzwungener Munterkeit, »weil ich sie nicht eingeladen habe.«

Jetzt sah ich einen winzigen Tisch mit schwarzen Kerzen und zwei Gedecken, der keinen Zweifel über die erhoffte Intimität ließ. Ich war wütend. »Das ist also eine Falle? Das hätte ich Ihnen nicht zugetraut.«

»Vielleicht; aber verstehen Sie mich, ehe Sie mich verurteilen. Wenn ich Ihnen gestanden hätte, daß wir allein sein würden, wären Sie dann gekommen?«

»Bestimmt nicht! Aber ich verabscheue die Lüge, ich gehe wieder. Guten Abend.«

»Sie werden nicht gehen«, sagte er und starrte mich durchdringend an. »Ich brauche Sie, heute abend dringender denn je.«

Er verstellte mir den Weg mit seiner hohen knochigen Gestalt, die elegant wirkte trotz der übermäßigen Magerkeit. »Bedauere. Mein

Entschluß ist unwiderruflich. Ich hätte darauf gefaßt sein müssen. Sie sind ein skrupelloser Mensch.«

Er packte meine Schultern. »Und Sie sind nicht die Frau, für die ich Sie hielt. Nehmen Sie dieses Wort sofort zurück.«

»Ich bitte um Verzeihung, wenn ich Sie verletzt habe, aber Sie müssen zugeben, daß Ihr Vorgehen unkorrekt ist. Hören Sie doch auf, mich zu schütteln!« Er beugte ein Knie zur Erde. »Ich bitte Sie. Ich habe unter dem Zwang einer Not gehandelt, die größer ist als meine Vernunft; ich mußte mit Ihnen sprechen, um jeden Preis. Und ich kann mir die Mittel nicht aussuchen.«

»Stehen Sie auf! Ich esse mit Ihnen, und Sie werden meine Fragen über Ihr persönliches Dandytum beantworten. Aber geben Sie mir zunächst etwas zu trinken, damit wir uns von dieser lächerlichen Szene erholen können.«

Er küßte meinen nackten Arm, den ich ihm brüsk entzog. Der doppelte Whisky tat mir gut. Ich ahnte, daß der Kampf mit diesem seltsamen Verführer hitzig sein würde. »Bin ich überhaupt ein Dandy, Maud?« begann er. »Ich weiß es nicht. Aber ich bin ein guter Koch. Wie mögen Sie das Fleisch, blutig oder durch?«

»Weder blutig noch durch: à point.«

»Ach! Die rechte Mitte steht Ihnen gar nicht.«

»Seien Sie unbesorgt, ich bin im übrigen nicht lauwarm. Im Moment koche ich sogar vor Zorn.«

Er nahm ein riesiges Stück Rindfleisch, ich war sprachlos. »Aber das reicht ja für zehn Personen!«

»Bestimmt nicht. Nur das Filet ist saftig; das essen wir. Der Rest gehört den Hunden.«

»Sie sind bestimmt Jäger«, meinte ich nachdenklich. »Ich übrigens auch.«

Er zeigte mir seine unglaublich langen Röhrenstiefel. »Ich habe die schlanksten Beine in ganz Frankreich!« Nun, dieses wandelnde Skelett konnte sich mühelos der Enge seiner Stiefel rühmen. Wir sprachen über das Dandytum, während wir das Rindsfilet verzehrten. Seine Theorie über das »savoir manger« deckte sich mit der meinen: Ich schwor ausschließlich auf die gastronomischen Dandys. Der Wein floß; Eupalinos erzählte mir von sich, las mir Briefe vor, die er an seinen besten Freund geschrieben hatte, an seine älteste Tochter, die ihn verleugnete, an seine Ex-Gattin, die sich, nachdem sie ihn eine Weile unterstützt hatte, nun mit einem idiotischen jungen Schweizer über ihn lustig machte. Er las mir auch aus seinen Gefängnistagebüchern vor, und ich bewunderte diesen schmerzlichen Zeitvertreib des Verbannten. Er servierte mir einen köstlichen Mirabellengeist, und wir besichtigten die Behausung seines Freundes. Auf dem Dachboden sprangen die Balken weit in den Raum vor. »Wenn ich eines Tages lebensüberdrüssig bin«, sagte er und wies mit dem Finger darauf, »habe ich gleich einen Galgen zur Hand.«

»Na, na! Jetzt wollen wir uns lieber in aller Freundschaft verabschieden.«

Er fiel aus allen Wolken. »Maud! Gehen Sie nicht, Sie dürfen nicht gehen. Ich kann nicht mehr allein schlafen. Gewöhnlich übernachtet die Putzfrau drüben im Pavillon. Aber heute abend habe ich, offengestanden, so große Hoffnungen in Ihren Besuch gesetzt, daß ich sie weggeschickt habe. Lassen Sie mich nicht im Stich. Seit der Gefängniszeit leide ich unter unerträglichen Alpträumen.« Er weinte echte Tränen, Altmännertränen. »Wenn Sie gehen, Maud, hänge ich mich auf!«

»Keine Erpressung, bitte! Sie werden sich nicht aufhängen, sondern eine Schlaftablette nehmen, nur eine. Dann gehen Sie zu Bett und ich werde erst wegfahren, wenn Sie eingeschlafen sind.«

»Nein! Sie müssen die ganze Nacht hierbleiben, denn wenn ich aufwache, gerate ich in Panik; das ist noch schlimmer.«

»Hören Sie: alles schön und gut, Ihre Gesundheitsprobleme, Ihre Schlaflosigkeit, Ihre Neurose, aber mich geht das doch nichts an. Ich habe diesen Tag in den Armen meines Geliebten verbracht, morgen muß ich in Paris einen Vortrag halten, ich brauche meinen Schlaf, ob Sie's glauben oder nicht, ich muß in Form sein. Ich bin völlig erschöpft. Gehen Sie also ins Bett, und ich mache mich wieder auf den Weg.«

Er küßte meinen Arm vom Handgelenk bis zur Schulter. Ich leistete Widerstand, aber viel zu matt, und schließlich überließ ich ihm diesen kleinen Sieg, um das Massaker zu vermeiden . . .

»Maud, ich brauche heute Ihre Gegenwart, Ihre strahlende Schönheit. Bleiben Sie und geben Sie sich, als liebten Sie mich; als liebte ich Sie. Sonst würde ich nie wieder an mich glauben können, denn das ist meine wahre Tragödie.«

Ich schwieg. Ich war unentschlossen, aber auch wütend. Bilder zogen durch meinen Kopf . . . Dieser Mann war zweifellos ein Simulant; er würde sich nicht töten, wenn ich ihn allein ließ. Wenn er es aber doch ernst gemeint hätte? Er hatte mir ausführlich seinen Selbstmordversuch im Gefängnis geschildert. Bei einem Meter neunzig Länge wog er nur 45 Kilo! Ausgetrocknet, unterernährt, traumatisiert wie er war, konnte ein Nichts ihn in die Verzweiflung stürzen. Und ein Nichts konnte ihn davor bewahren – ich, mein Körper, mein wenn auch nicht christliches, so doch menschliches Mitleid. Ich konnte ihm das Heil bringen, indem ich mich ihm hingab; nie hatte ich für Geld mit einem Mann geschlafen, nun würde ich aus Nächstenliebe mit diesem unglücklichen Wrack ins Bett gehen, während meine Lippen, mein Herz und mein Schoß noch vor Dankbarkeit brannten für meinen so männlich schönen Geliebten.

Soll ich es gestehen? Noch eine andere Vision gab schließlich den Ausschlag: dieser Zeuge für meinen Besuch bei dem Paria, der kahlköpfige und höfliche alte Mann, der mir den Weg gewiesen hatte. Wenn Eupalinos sich wirklich tötete, dann würde man festzustellen suchen, mit wem er seine letzten Stunden verbracht hatte; eine große junge Frau, sonnenverbrannt, in einem weißen Kleid, die einen stahlgrauen Thunderbird fuhr . . . Ich würde kompromittiert sein, verhört werden, mein Sohn würde es erfahren und ich würde mich tausendmal schuldiger fühlen, als wenn ich meiner mitleidigen Regung nachgeben würde; in aller Stille. »Geben Sie mir eine Pyjamajacke«, sagte ich, »die Hose würden meine Hüften bestimmt sprengen.«

»Ich habe mich also nicht getäuscht, Sie sind wundervoll. Ich spüre, wie das Leben wieder in meine Adern strömt. Danke, kleine Eisjungfrau.«

Er küßte meinen Hals, meine Schulter; gefühllos, resigniert ließ ich ihn gewähren. Dann ging ich ins Badezimmer, wo ich eine Flasche tan-o-tan vorfand, dieses Präparat, das ohne Sonne bräunt und das der arme Verführer benutzte, um seine krankhafte Blässe zu verbergen. Ich lächelte gerührt und bürstete mein Haar, das mich wieder einhüllte . . . Wenn man schon aus seinem Körper ein Werkzeug der Barmherzigkeit macht, so soll man ihn auch mit seinen natürlichen Attributen schmücken. Er wartete auf mich, um mir das Gästezimmer zu zeigen. Er trug jetzt eine weiße, mit Gold und Silber bestickte Djelba. Und angesichts dieses grandiosen und makabren Gespenstes wurde ich hin und her gerissen zwischen einem Lachanfall und wachsendem Unbehagen. Er balancierte am Abgrund der Lächerlichkeit, doch seine Kühnheit und sein Pathos bewahrten ihn davor, hineinzustürzen.

Er kniete nieder, schob meine Schenkel auseinander und küßte mich kennerisch. Trotz meines festen Entschlusses, passiv zu bleiben, und trotz der leidenschaftlichen Stunden, die ich hinter mir hatte, keuchte ich bald und war wütend auf mich selber wegen dieses Verrats an dem

Mann, den ich liebte. Aber wie sollte man diesem furchtbaren Talent widerstehen?

Er hatte mich entkleidet, und der Alptraum nahm eine unerwartete Form an. Ein riesiges Zepter reckte sich stolz aus diesem Sträflingsleib, stach durch die Djelba. Ich erlitt meine Lust wie eine Bußübung auf meinem flüsternden Fleisch.

»Maud, Sie hatten bestimmt noch nie mit einem so mageren Mann zu tun, wie ich es bin?« Er spöttelte. Absurd. Abscheulich.

»Nein, nie; und ich werde es auch nie wieder tun, trotz Ihrer unbestreitbaren Kunstfertigkeit.«

»Die Kunstfertigkeit ist bei mir etwas ganz Natürliches«, erwiderte er eitel.

»Ich glaube, wir könnten jeder sein eigenes Lager aufsuchen«, bemerkte ich nur, »das Gästezimmer paßt mir besser als Ihre schmale Lagerstatt.«

»Aber nein, bleiben Sie, Ihr gutes Werk wäre sonst nur eine halbe Sache. Beginnen wir lieber noch einmal – und ohne Widerstreben!«

Ich hatte keinen Grund mehr, ihm dieses da capo zu verweigern, und der Alkohol half mir, den Mann zu vergessen über dem anonymen Attribut, von dem die Frauen insgeheim träumen. Ich sättigte mich daran bis zum Überdruß, schlief erschöpft ein und erwachte im grämlichen Morgendämmern, um meine Übelkeit nach dieser ungewollten Orgie von mir zu geben. Kafka spukte durch die verwirrenden und verworrenen Geschehnisse der Nacht in Marlotte. Hastig wusch ich mich mit kaltem Wasser, zog mein unpassend weißes Kleid wieder an, und ohne den seltsamen, zu Tod ermüdeten Schläfer zu wecken, floh ich schleunigst vor meinem privaten Gefängnis, dieser frenetischen Lust an der Lust.

Bildwechsel auf offener Szene. Oder die Fabel von einem, der beizeiten aufhören konnte.

»Dieser Kaviar!« seufzte ich. »Man sieht, daß die Gastgeberin aus Rußland kommt, zu unserer allseitigen Freude.«

»Meine Freude ist wirklich sehr groß, doch der Kaviar spielt dabei keine entscheidende Rolle.«

»Mögen Sie keinen Kaviar?« fragte ich erstaunt.

»Ihre Nähe ist mir lieber. Seit Jahren habe ich ein Hühnchen zu rupfen mit einer gewissen Skifahrerin, die in Mégève spöttisch lachte, nachdem sie mich überholt hatte.«

»Um Sie zu verhöhnen? Daran erinnere ich mich nicht. Aber ich weiß, wie ich auf Brettern bin, es überrascht mich nicht. Ich überhole gern die Männer, am liebsten solche Kanonen wie Sie; das ist aufregend.«

»Ich war wütend auf diesen Meteor. Ich war internationaler Rugbyspieler, Außenstürmer, mein Kampfgeist ist geblieben.«

»Dann auf in den Kampf! Wenn Sie im Februar nach Mégève kommen, treffen wir uns in Rochebrune auf der Olympiapiste.«

»Bestimmt nicht! Sie sind jünger und besser im Training als ich. Wechseln wir lieber das Terrain. Liliane hat mir erzählt, daß Sie in Kürze einen Essay herausbringen. Geben Sie mir doch Ihr Manuskript, ich will sehen, ob ich sie in der Zeitung unterbringen kann.«

Ich war begeistert. »Wie schick von Ihnen, mir das von sich aus vorzuschlagen! Ich habe nicht gewagt, davon anzufangen. Als Autorin bin ich nicht so angeberisch wie als Sportlerin, und Sie sind ein großer Mann: Ihre Meinung bedeutet ein Heer von Lesern.«

»Also abgemacht. Rufen Sie mich an, wir essen bald einmal gemeinsam zu Mittag.«

Ich sagte zu, obgleich ich im Innersten überzeugt war, daß er niemals Zeit finden würde, sein Versprechen einzulösen. Er war gut gebaut, männlich, sympathisch, in normalen Zeiten hätte er mir gefallen, doch ich war schon seit drei Jahren unheilbar verliebt, und nichts schien mir wichtiger zu sein als meine Leidenschaft für meinen faszinierenden Arnaud.

Dennoch rief ich eines frühen Vormittags bei Raoul[1] an, und nach zehn Minuten Wartezeit hatte ich ihn schließlich am Apparat. In weiteren zehn Sekunden waren wir für den nächsten Tag verabredet.

Ich entfaltete die Pracht der großen Tage mit meinem rotbraunen Wildlederkostüm und dem Sportnerz. In dem diskreten Politiker-Restaurant in der Rue de Ponthieu begrüßten wir zunächst den jungen Finanzminister, mit dem Raoul ein paar freundschaftliche Worte wechselte, dann einen Oppositionsführer – weniger freundschaftlich. Mit seiner ruhigen Kraft, der Kraft des Menschen, der zu Erfolg gelangt ist, ohne die Ellbogen einzusetzen, trug Raoul im übrigen jene heitere, ein wenig selbstgefällige Miene des Mannes zur Schau, der inmitten anderer Männer am Arm einer hübschen Frau paradiert, die nur für ihn allein lächelt. Er stopfte mein kostbares Manuskript in eine schlappe Aktentasche, und wir sprachen über Politik. Ich bin von Natur neugierig, und einigen meiner Freundschaften verdanke ich eine

1 MQROU

recht intime Kenntnis von Lobbygeheimnissen. Ich spielte die Heldin Giraudoux', und Raoul warf sich in die Brust, als ich ihn rühmte wie den Apollo von Bellac . . . Er küßte mir die Hände, dann sprach er von mir. Ich bedurfte keiner besonderen Aufforderung, um meine Leidenschaft für Arnaud zu gestehen. Ich wußte, daß es unklug war, Raoul meine Liebe zu einem anderen aufzutischen, aber komme was da wolle, ich war in Fahrt! Schließlich trennten wir uns mit einem »auf bald, liebe Maud!« das ich nicht zu interpretieren wußte. Denn er hatte sich höchst zuvorkommend gezeigt, ich gefiel ihm, das sah man, und er verlangte nichts. Bestimmt hob er sich das für später auf.

Eine Woche verging, zwei Wochen, drei. Ich war mit meiner Geduld am Ende. Das Jahr 1964 neigte sich, mein Buch sollte am 16. Januar 65 erscheinen, und dieses Mistvieh von Chefredakteur, dem ich es als erstem zu lesen gegeben hatte, ließ nichts von sich hören. Der 4. Januar brachte mir endlich einen Brief mit dem Zeitungsaufdruck. Zitternd öffnete ich ihn; würde mein erster Richter mich ohne Berufungsmöglichkeit verurteilen?

Ich hatte doch vier Jahre lang in der Bibliothek des Institut Français gearbeitet, in der Bibliothek Mazarine, in der Nationalbibliothek, in diesen feuchten Gemäuern, wo der Staub mit dem Eifer der Leser rivalisiert. Stundenlang hatte ich mir keine Zigarette anzünden dürfen, nur manchmal leistete ich mir fünf Minuten auf der Toilette, um wie ein Schulmädchen eine zu rauchen. Dann ging es flugs wieder zu meinen Papierdandys zurück, diesen flüchtigen Helden, die aus mir, der frivolen Person, eine stoische Heldin machten. Ich hatte dieses schwierige Buch sogar dreimal umgeschrieben, weil ich mit dem Aufbau nicht zufrieden war. Hatte ich den Stoff genügend gestrafft? Hatte ich nicht übermäßig viel zitiert? Die Fragezeichen tanzten den Revolutionsreigen um meinen höchst aristokratischen Essay!

»Liebe Freundin«, schrieb er, »ich danke Ihnen für diese wirklich gute Arbeit. Sie wird Ihnen, davon bin ich überzeugt, ein Jahr des Triumphes einbringen. Verzeihen Sie, daß es so lange gedauert hat, ich wollte Sie gründlich lesen. Wollen Sie am Dienstag mit mir zu Mittag essen, gleicher Ort, gleiche Zeit, etc.« Unterschrift: Raoul.

Ich schwamm in eitel Wonne! Das Telefon klingelte, es war Arnaud. Ich las ihm den Brief vor. Seine Stimme zwang sich zur Herzlichkeit; aber sie klang falsch. War er eifersüchtig auf das Talent, das man mir bestätigte, oder auf den männlichen und sachkundigen Gutachter, der diese Bestätigung abgab? Jedenfalls erinnerte er mich daran, daß wir am folgenden Tag zusammen dinieren würden; als ob ich eine Verabredung mit ihm vergessen könnte! . . .

Also waren die Würfel gefallen, und dieser wohlgebaute Raoul mit seinem marineblauen Blick und den Muskeln eines Rugbyspielers würde das Ärgernis geben – ich empfand es als Ärgernis, daß jemals ein anderer als Arnaud sich über meinen Körper beugen könnte . . . Ich schauderte. Er setzte sich, küßte mir die Hand und beruhigte mich sogleich: »Maud, Ihr Buch ist gut, sehr gut sogar. Von einer Gesellschaftslöwin wie Ihnen hatte ich ein unbedeutendes Büchlein über Tout-Paris erwartet, frivolen Firlefanz, wie er in regelmäßigen Abständen erscheint und keinen Pfifferling wert ist.«

»Und meinen Essay haben Sie gelehrt-schwerfällig gefunden?«

»Keineswegs. Vollendet. Recherchiert. Und Ihr weibliches Gefühl hat sich nicht getäuscht: Ihre Dandys sind leidende Tiere – sind Sie denn so unglücklich?«

Soviel Fürsorge, die Aufrichtigkeit seiner Komplimente nach all der Angst vor der Brutalität des »Hier Ware, hier Geld«, die ich ausgestanden hatte, brachten mich um meine schöne Selbstsicherheit. Vor all den neugierigen Augen, die uns umgaben, senkte ich den Blick einer Ehrgeizigen, die weiß, daß sie Talent hat, aber auf sofortigen, nicht erst posthumen Erfolg aus ist, und zwei Tränen des Selbstmitleids glitten über meine Wangen.

»Verzeihen Sie, Raoul, ich bin dumm. Doch sagen Sie, ist das Buch wirklich so durchsichtig?«

»Eigentlich nicht. Sagen wir eher: hautnah, und Ihr Kapitel über den Selbstmord hat mich auf den Gedanken gebracht, daß dieses Problem Sie nur allzu sehr selber beschäftigt.«

»Das stimmt. Ehe ich Arnaud kannte, war ich so lebenslustig, nun habe ich jedes Vertrauen in mich verloren. Er liebt mich, läßt sich aber nicht scheiden. Ich glaube nicht einmal, daß die Vaterliebe ihn daran hindert, obwohl er das immer wieder behauptet. Er hat ganz einfach Angst vor Szenen und zuviel Respekt vor bürgerlichen Grundsätzen. Ich will niemanden heiraten, ihn nicht mehr als irgendeinen anderen, aber ich kann mich nicht mehr verstecken wie eine Verbrecherin, um mit meinem Geliebten in ein Restaurant zu gehen oder übers Wochenende wegzufahren.«

Ich loderte vor Zorn – und als Beichtvater suchte ich mir einen verheirateten vielbeschäftigten Mann, der mir zwar wohlgesinnt war, aber bestimmt nicht gekommen war, um seine Zeit mit der rachsüchtigen Mätresse eines anderen zu vertun. »Da also drückt der Schuh! Ich habe gründlich nachgedacht, Maud. Sie können sich denken, daß dieses intelligente und sensible Buch, zusätzlich zu Ihrem, sagen wir, männermordenden Charme, mir den größten Appetit auf Sie gemacht hat. Ich glaube, daß Sie besser sind als Ihr Ruf. Sie sind kein Vamp, Sie sind eine Frau und verwundbar, und Ihr Arnaud ist ein Dummkopf; aber zur Zeit lieben Sie ihn noch, da ist nichts zu machen. Ich erwerbe mir ein lächerliches Verdienst, indem ich nichts, aber gar nichts, von Ihnen verlange. Doch es gibt einen wichtigen Punkt, über den ich noch nicht mit Ihnen gesprochen habe: ich liebe meine Frau, und sie liebt mich. Wenn es sich um eine herz- und hirnlose Puppe handelte, dann würde ein kleiner Seitensprung nichts an unserem Leben ändern. Aber Sie sind rührend und faszinierend, und wer weiß, vielleicht würde auch ich in die Liebesfalle gehen – und leiden und meiner Frau wehtun, die es nicht verdient, und Ihnen auch, während Sie doch Ihre Karriere ungestört fortsetzen sollen. Also, Schwamm drüber, und auf den Markt mit den Dandies. Sie können immer auf meine Achtung und meine Freundschaft zählen.«

Ich war so erleichtert und glücklich, daß ich ihm spontan einen schmatzenden Kuß auf die Wange gab. Er hat Wort gehalten und mich protegiert und lanciert. Don Juan hatte einmal im Leben seine Trumpfkarte nicht ausgespielt, er hatte »gepaßt«. Und während ich an Arnaud nur noch mit Bitterkeit und Zorn denke, werde ich an Raoul, den Sieger, der nicht siegen wollte, immer eine strahlende Erinnerung bewahren.

Er hieß ebenfalls Arnaud[1], der Mann mit den grauen Schläfen und der Frisur wie »Die Kinder Eduards IV.«. Das gleiche Alter wie Arnaud I. Ich lernte ihn an einem heißen Maisonntag im Schwimmbad des Racing Club kennen. Er schwamm einen meisterlichen Crawlstil, schneller als ich, tat sich jedoch viel darauf zugute, dem Mittelstand anzugehören, während er ein Segelboot, Wohnungen an der Avenue Montaigne und an der Côte d'Azur und außerdem das unwiderstehliche Mustang-Kabriolett besaß. Nach den nautischen Vorgefechten kamen wir zur Sache, das heißt, zu der Feststellung, daß ich im Bikini eine appetitanregende Portion sei und er ein nicht weniger genießbares Produkt des Sports und der siegreichen Bourgeoisie. Wir aßen im *Bistroquet* zu Abend; wir sahen so überglücklich aus wie eben Leute, die schön und sonnengebräunt aus einem Kabriolett steigen und kräftige Nahrung zu sich nehmen werden, ehe sie miteinander ins Bett gehen.

1 L' G' L O'

Unsere Hände suchten einander unter dem Tisch; die Wagen surrten knapp an uns vorüber, die Seine klatschte kühl ans Ufer; es war die große Symphonie von Paris für Anfangsvierziger in Technicolor . . .

Aber ach! Am Champagner lag's nicht. Auch nicht an der Avenue Montaigne, der viktorianischen Standuhr, den Rennplätzen von Tereschkowitz. Das Präludium vor dem Spiegel, mein Musselinkleid, das unter kundigen Händen steigt und fällt, das alles ging ganz gut – aber jetzt im Bett ist alles aus; der Mann aus der Mittelklasse ist wirklich nur Mittelklasse. Er kommt nicht mit Anstand über die Runden. Nach zehn Minuten springe ich von der Couch: Eva verläßt das Lager des verstörten Adam. Denn die Liebe gleicht einem Schuhkauf – alles eine Frage der Fußgröße und der Schuhnummer. Ganz gleich, ob der Schuh spitz ist oder stumpf, glatt oder verziert, es kommt darauf an, daß er den Fuß maßgerecht bedient.

Bescheidenheit in der Liebe hat auf mich die Wirkung eines Schlafmittels; ein ganz und gar normaler Mann, gewissenhaft seine Nummer abziehend, ohne Kraft und Schwung, vielen Dank, verzichte lieber.

Dabei besaß er alle Voraussetzungen für Erfolge: den Vornamen, das Alter, die grauen Schläfen (siehe erster Abschnitt). Wir haben uns als gute Freunde getrennt. Er hat Bedauern geäußert, Hoffnung auf eine neue Chance – sollen sie doch allesamt zum Teufel gehen, er und seinesgleichen, falsche Übermänner der Jahrhunderthälfte, die das Kap jener Freuden hinter sich haben, die ich niemals leichtfertig als »körperlich« bezeichnen werde.

XX Ein Hähnchen und ein Hühnchen, ein echter Sportsmann und ein falscher

Es stimmt schon, daß frisches Fleisch auch die eisernsten Vorsätze ins Wanken bringt. Vor nunmehr zehn Jahren, als ich dreißig war, ärgerte ich mich bei der Lektüre von Colettes *Chéri* über diese Leidenschaft einer reifen Frau zu einem Jüngling. Ich erkundigte mich sogar recht taktlos bei einer um vieles älteren Freundin, die sich ähnlichen Wonnen hingab. »Aber Christine, was finden Sie bloß an diesem grünen Jungen, der so alt ist wie Ihr Sohn?«

»Er riecht gut; seine Haut ist weich und glatt. Gründe genug, wenn man mit einem gleichaltrigen Mann verheiratet ist, auch wenn man sich gut mit ihm versteht.«

»Und wenn Sie sich mit ihm in der Öffentlichkeit zeigen, ist Ihnen dann der Altersunterschied nicht peinlich?«

»Nein. Ich denke nicht daran, und außerdem sind wir sehr diskret. Ich möchte meinem Mann nicht wehtun oder ihn lächerlich machen.«

Ich war nicht überzeugt; nicht bis zu jenem Tag, als ich nach meiner Trennung von Arnaud und meinem Bruch mit allen Grundsätzen in Deauville Ghislain[1] kennenlernte.

Es war eine hochoffizielle Soiree, und er vertrat seinen kranken Vater. So kam es, daß er zu meiner Linken saß und mir den Grund spöttisch lachend wie ein zu allen schlimmen Streichen aufgelegter Lausejunge erklärte; ich lachte mit – schließlich war ich, trotz meiner vierzig Jahre, noch immer das Nesthäkchen der Tafelrunde. Pillet junior war noch nicht ganz einundzwanzig. Er gab es ebenso ungern zu wie ich meine Vierzig zugab, aber als ich am nächsten Tag im Casino ein paar Jetons verlieren wollte, verweigerte man ihm den Zutritt: es fehlten ihm noch ein Monat und drei Tage! Der Junge war mittelgroß und so gut proportioniert, daß er größer wirkte. Seine langgestreckten flachen Muskeln glichen eher den meinen als den Muskeln eines Mannes. Am Strand erwies seine Brust sich als völlig glatt. Ich fand ihn süß, sehr süß, recht unbedeutend, aber er gefiel mir auf den ersten Blick.

»Ich habe Glück, daß ich mit Ihnen zusammen bin und nicht mit diesen alten Schachteln«, sagte er; »ich wollte gar nicht herkommen, Papa hat mich gezwungen: er hat recht getan. Ich habe Sie zu Pferd in der Zeitung abgebildet gesehen, aber in Wirklichkeit sehen Sie viel besser aus. Wo reiten Sie in Paris?«

»Ich reite nicht in Paris. Ich gehe im Winter auf die Parforcejagd. Macht mir Spaß. Ihnen?«

»Mir auch. Aber ich habe mir beim Dressurreiten ein paar Wirbel verschoben und darf noch nicht wieder auf ein Pferd. Vielleicht nächsten Winter.«

»Wie komisch! Verzeihung, ich meine, wie traurig – aber ich habe mir vor fünf Jahren auch drei Wirbel verschoben. Professor Charrier, eine Kapazität, hat mir dazu noch einen dreifachen Beinbruch nach einem Schiunfall eingerichtet. Acht Tage haben sie mich am Kopf aufgehängt. Natürlich dachte ich während dieser Prozedur an Villon, aber Sie sehen, meine Ballade einer Gehenkten endet glücklich! Ich reite, als wäre nichts passiert.«

Wir schwatzten weiter über Sport, Musik – er verabscheute Bach, dieser Sonderling, und gab es zu –, dann tummelten wir uns im Meer

1 B'JT'PH

wie zwei Delphine. Ich bin immer sehr gebräunt, was die körperlichen Unzulänglichkeiten kaschiert; und wenn mein Gesicht auch – leider! – das Gesicht einer Frau meines Alters ist und noch dazu das einer Intellektuellen, das heißt, prädestiniert zu, wie man verschämt sagt, »Ausdrucksfalten«, so hat mein sportliches Training bewirkt, daß ich im Bikini noch immer eine recht gute Figur mache. Unsere Handspiele waren nicht von der Hand zu weisen, und dieser Knabe plusterte sich auf, weil ich mitmachte. Vielleicht warf er heimliche Blicke auf die Mädchen seines Alters, aber dann sagte er sich wohl wieder, daß ich ihm wenigstens nicht ein »Nein, ich bin noch unschuldig« verpassen könnte. Leider nicht!

Nach dem Diner beschlossen meine Freunde und ich, die wir eine angeregte Gruppe bildeten, uns im Casino die Gréco anzuhören. Ghislain schloß sich uns an, und den ganzen Abend ließ er unter dem Tisch meine Hand nicht los. Dieser harmlose Flirt regte mich mehr an als auf. Wir tanzten, und dabei bekam ich Komplexe, denn er war ein König des Jerk. Ich habe immer gern getanzt, aber ich komme praktisch nur beim Wintersport dazu und ein paarmal während des Jahres, bei Castel oder Régine, denn ich gehe, wie ich schon sagte, früh zu Bett. Nun, ich gab mir alle Mühe, und ich muß gar nicht so ungeschickt gewesen sein, denn er flüsterte mir ein vielversprechendes »Kommen Sie!« ins Ohr. Ich lachte über seine Frechheit und wandte ein, daß ich mein Glück beim Roulette versuchen wolle. »Gut«, sagte er, »ich warte. Aber Sie verpassen etwas. Wir würden uns sehr wohl fühlen – allein!« fügte er laut, wie herausfordernd, hinzu.

Ich blieb hartnäckig, und ebenso hartnäckig verlor ich natürlich beim Spiel. Dreiviertelstunden später war ich ziemlich verbiestert und beschloß, schlafen zu gehen. Aber ich hatte die Rechnung ohne meinen Cherubin im weißen Smoking gemacht, der eine Zigarette nach der anderen rauchte. Sobald er meine verkniffene Miene sah, wußte er, daß für mich das Spiel aus war und daß das seine schwierig sein würde. Er nahm sanft meine Hand und küßte sie. Dem Zauber der Jugend kann man nicht widerstehen; so schlugen wir also den Weg zum Strand ein, um uns bald schon vor den noch immer flanierenden Touristen in Richtung Trouville abzusetzen. Wir küßten uns alle zehn Meter; er redete, und ich hörte nicht zu. Ich trug ein jungfräuliches Kleid mit Sonnenplissee und erinnerte an die Weiße Dame aus *Erwachende Herzen*. Immer wieder kam die Colette ins Spiel. Als ich sie mit fünfzehn in diesem gleichen Deauville zum erstenmal gelesen hatte, hatte ich mich für Vinca gehalten. Inzwischen war das Herz erwacht, und ich war längst erwachsen geworden.

Wir kamen zum *Roches Noires,* diesem alten proustischen Palasthotel meiner Kindheit. Ghislain fabrizierte ein Kopfkissen aus Sand, und hier, im Schutz eines Felsenwalls, der im Mondlicht glänzte, haben wir uns geliebt. Auf seinen Lippen, seinem Leib fand ich die Sandkörnchen, die uns beide auf der Zunge kitzelten, so daß wir laut lachen mußten. Bald leckten die Wellen uns die Füße. Ich wollte mir den jugendlichen Schweiß mit Meerwasser abwaschen. Draußen, auf den Felsen, zwischen den Algen, feierten Smoking und weißes Kleid ihre Hochzeit.

Ferien in der Normandie, Träumereien, ihr seid an mir abgeglitten wie ein leichter salziger Vorfrühlingsregen; und doch bleiben auf meinen Lippen noch immer das Salz und das Lachen der unvollendeten Kindheit.

Hähnchen, Hühnchen, knuspriger Reigen! Man genießt sie, man vergißt sie . . . Bei einer lesbischen Soiree, wo nur Frauen anwesend sind und alle in Hosen, Vierzigerinnen, Fünfzigerinnen, fallen die niedlichen Küken natürlich auf. Muriel[1] trug hautenge weiße Jeans und eine Hemdbluse aus grün und lila gestreiftem Crêpe, die über ihren nackten Brüsten offenstand. Ich lächelte den grünen Augen zu, den ägyptischen Lidern; meine Ballerinenfrisur und mein Gebaren eines Neulings schienen ihre Aufmerksamkeit zu erregen. »Aber was haben Sie denn hier verloren?« flüsterte ich ihr zu. »Sie sehen aus als wären Sie eine Enkelin dieser Damen.«

»Ich? Ich bin viel älter als sie. Ich bin zwanzig und ich mag sie erst ab vierzig, sie sind mürber als Frischfleisch. Schade, aber Sie sind viel zu jung für mich.«

»Zu jung! Leider bin ich achtunddreißig, aber ich lasse mich gern belehren. Ich heiße Maud. Und Sie?«

»Muriel; und der sentimentale Grund für meine Anwesenheit ist diese Stupsnase dort, die übrigens der Ihren gleicht. Aber sie findet mich zu verrückt und hat mich Sophies wegen sitzenlassen.«

»Sophie, unsere Gastgeberin? Wirklich große Klasse; als Sie noch ein Baby waren, ist Sophie mein sentimentaler Grund gewesen.«

»Was habt ihr nur alle mit eurer Sophie? Sie ist zu klein, und verrunzelt wie ein Bratapfel.«

»Nein, Muriel, nicht verrunzelt, sondern zerklüftet, und ihr Körper

1 HG' C' D T' E

ist eine aufregende Landschaft.«

»Mist! Sooft mir eine gefällt, gestern Nadine, heute Sie, fliegt sie auf Sophie.«

»Fordern Sie sie zum Duell!« sagte ich lachend. »Ich habe immer bedauert, daß das Duell abgeschafft wurde, es ist so elegant, weil es so sinnlos ist.«

»Die Amazonen mit der nackten Brust eröffnen den Kampf«, und sie öffnet einen weiteren Knopf ihrer Bluse. »Nicht schlecht, wie? Und Sie, ist Ihre Aprikosenhaut an allen Fronten gebräunt? Ich möchte wetten, daß Sie Nudistin sind.«

»Wetten Sie nicht, Sie haben gewonnen. Die Bräune gehört zu meinem Image der verruchten Schriftstellerin: braun sein oder nicht sein!«

In einer keuschen Herberge des Chevreuse-Tals, in Port-Royal, erzähle ich Muriel von meinen Erlebnissen bei den Maristen. Erregt küßt sie unaufhörlich meine Hand, zur hellen Empörung einer kinderreichen Familie, deren Vorstand uns heimlich angewiderte, aber neugierige Blicke zuwirft. Die Hölle nach der Heiligen Sappho – ein Buch, in dem man gelegentlich blättern sollte, und sei es nur, um Madame an ehelichen Pflichtabenden besser schätzen zu können. Trotzdem tätschle ich zart den rasierten Nacken meines jungen Pagen, um ihn zur Ordnung zu rufen. Sie lacht laut und trällert mit einem entzückenden Lispeln: »Is möste ein dickes Pfeffersteak und dazu einen Rosé.« Ich falle im gleichen Ton ein: »Is möste nur Rosé, und nochmals Rosé, große Mengen von Rosé.« Und die Familie bekundet wachsende Mißbilligung.

Ah! Diese drolligen, kindischen und köstlichen Menschen. Wohlgesetzte Küsse stärkten mein Selbstbewußtsein einer fast Vierzigjährigen, die seit drei Jahren einem Herrn und Meister die Treue hielt, einem ebenso großartigen Liebhaber wie kleinkarierten Spießbürger. Denn niemals werde ich vergessen, wie Arnaud sich beklagte, ein Sklave der gesellschaftlichen Konventionen zu sein, während der ebenfalls verheiratete Aristokrat Maltavert sich erlauben konnte, seine Mätresse in der Öffentlichkeit vorzuzeigen. Ich habe meine Leidenschaften immer auf meine Fahne geschrieben, und Arnaud brachte mich zur Verzweiflung mit seinem Konformismus, so sehr seine Männlichkeit und sein Humor auch meinen Sinnen schmeichelten.

Muriel schwärmte: »Du mußt mit mir übers Wochenende nach Deauville fahren. Du trägst eine lange Laméhose und ich Bermudashorts und ein Kettchen am Fußknöchel. Du wirst mich am Strand an der Leine führen, und wir werden einen epochemachenden Auftritt in der *Bar du Soleil* inszenieren!«

»Hör auf, du Enfant terrible! Du bringst es noch so weit, daß wir vor die Tür gesetzt werden, und ich möchte gern noch meine Erdbeeren genießen.«

»Du bist himmlisch! Erdbeeren, Kaffee, viel Kaffee, und dann gehen wir.«

Ich chauffierte wie ein Berufsrennfahrer, und mein Wagen radierte die Kurven des Chevreuse-Tals. Plötzlich bemerkte ich, daß eine kleine Hand sich zwischen meine Schenkel stahl. Dann ein entschlossener Ruck mit den Zähnen an meinem Slip und ein Mund an meinem Schoß. Ich bekam Angst; an der nächsten Kurve gelang es dem feurigen Mund womöglich, das Pulver in Brand zu stecken und uns beide in einen Salto mortale zu schicken. Ich bremste hart am Straßengraben, an einem Waldrand. Ich ließ sie ihren sengenden Kuß vollenden und küßte sie, nachdem ich wieder zu mir gekommen war, rüde auf die Schulter. Dieses lispelnde Gör hatte meinen Geschmack an schwesterlichen und brutalen Zärtlichkeiten wiedererweckt. »Im Wald sind wir besser aufgehoben, junger Satyr – wenn man der Mythologie Glauben schenken darf!« Hand in Hand sprangen wir unter dem bleichen Mondlicht über Gräben, liefen durch Gesträuch und Unterholz, zickzack wie die Begierde in uns. Ich warf sie rücklings mit ausgebreiteten Armen auf die Lichtung. Ich wollte ihre orientalischen Augen auf dem Höhepunkt der Lust sehen; schon waren die grünen Pupillen in Erwartung geweitet. Ich drehte meine Gefährtin um und betrachtete das reizendste Hinterteil der Welt, fest wie ein Fußball. Es kam, wie es kommen mußte: ich brach einen belaubten Zweig und peitschte damit, gelinde zuerst, dann mit Schwung diesen jungen lebensstrotzenden Popo. Muriel schrie. Sie biß mich in die Hand. Ich schlug weiter, jetzt suchte ich die empfindliche Innenseite der Schenkel zu treffen. Sie wehrte sich noch immer, aber ihre Hüften verfielen in einen Rhythmus, dem mein Zweig sich anpaßte. Ich nahm meine Hand von dem Mund, der jetzt vor Wollust stöhnte, um den zuckenden Schoß zu liebkosen.

Fast wäre ich schneller durchs Ziel gegangen als sie, denn wie alle Lesbierinnen war sie langsam und schwer zu befriedigen. Die Anstrengungen, die Muriel machte, um zum Orgasmus zu gelangen, erinnerten mich an jene anderen Mädchen, bei denen selbst die ausschweifendsten Raffinessen nichts fruchteten.

Wir beendeten die Nacht bei ihr, in einem reizenden Durcheinander weiblicher Wäschestücke, unter dem blinzelnden Auge eines *Impromptu* von Fragonard. Am nächsten Morgen schickte ich ihr Rosen zum Geburtstag und kehrte nach diesem Abstecher treuer denn je zu Arnaud und unserer fröhlichen Wissenschaft zurück. Er erwies sich dieser unerwarteten Rivalität gegenüber als guter Verlierer, doch ein paar Minuten lang hatte es ihm fast die Sprache verschlagen. Ich unterließ also eine Neuauflage dieser sinnlosen Experimente.

Erschöpft von einem Juni voller gesellschaftlicher und beruflicher Verpflichtungen meldete ich mich im *Club Méditerrané* an. Drei Wochen unterm Zelt in Palinuro, mit vorfabrizierten Zerstreuungen von Chansons bis zum Fruchtsaftkonsum und nächtlichen Amateuraufführungen reizten mich nicht übermäßig, schienen mir jedoch das geeignete Ruhekissen für die müde Kriegerin zu sein.

Louis XIV. begab sich dereinst unter den Klängen Lullys zu seinen Soupers, und auch wir, die Klubmitglieder und Organisatoren, folgten dem musikalischen Ritual des Sonnenkönigs. Ohne einen Schatten intellektueller oder gesellschaftlicher Bemühungen genoß ich also in diesem Paradies die vollständige Entspannung.

Jeden Morgen übte ich mich im Unterwasserfischen unter der Anleitung eines rothaarigen Schwimmlehrers, der Lucas[1] hieß und gebaut war wie ein Gorilla. Langsam machte ich Fortschritte, ich lernte, unter Wasser die Maske abzunehmen und den Beschlag zu entfernen, den Schnorchel abzunehmen, und ich wurde eine jener flossentragenden Sirenen, die zehn Meter tief frei tauchen. Dann erlernte ich die schwierige Kunst der Dekomprimierung und den Umgang mit den Preßluftflaschen. Ich glich einem James-Bond-Girl, wie ich so tollpatschig und schwerfällig in meinem Schnorchelanzug, mit den umgeschnallten gelben Gaszylindern, einem Bleigürtel um die Taille und einem Dolch an der rechten Wade auf dem Steg dahinstapfte. Die ersten zehn Meter Tiefe schaffte ich mühelos. Danach kommt die Dekomprimierung. Ich schwimme hinter Lucas her, ich habe ein wenig Angst und Ohrenschmerzen und einen Druck auf den Schläfen. Ich atme, ich atme, ah – jetzt geht's besser. Ich mache einen Kreis mit Daumen und Zeigefinger, das Zeichen, daß alles in Ordnung ist, und wir gehen tiefer.

Zwanzig Meter! Ich war sehr stolz. Lucas stiftete mir ein Bier, versicherte mir, daß ich Talent hätte und daß er eine Taucherin aus mir machen werde; er riet mir sogar, drei Monate mit dem Klub in Tahiti zu verbringen, um meine Ausbildung zu vollenden. Dann küßte er

1 R K S' K'

mich hinters Ohr; ich ließ ihn gewähren. Als die Woche um war, durchschwamm ich die Grotte in vierzig Meter Tiefe. Damit hatte ich mein Taucherdiplom. Der Arzt, der mich vor Beginn der Übungen untersucht hatte, fand übrigens, daß ich ein Rekordlerherz hätte, 55 Pulsschläge pro Minute.

Ich habe Gedichte geschrieben über die Korallen und Perlmuttmuscheln, die ich vergewaltigt hatte, über die Meerbrassen und Seebarben, an denen ich vorbeigeschwommen bin – mit Sauerstoffflaschen jagt man nicht, das wäre regelwidrig –, und ich habe mir von Lucas beweisen lassen, daß er der Herr der Sirenen ist. Wir haben unsere Körper unter Wasser aneinander spielen lassen, in der blauen Grotte hat er zum erstenmal meinen Büstenhalter aufgehakt und ich habe seinen sonnenspröden Mund geküßt zum Dank für die nächtliche Unterwassereskapade.

Er ist wie ein Tier auf dem kalten Sand über mich hergefallen, dann hat er mich geküßt von einem Schenkel zum anderen, in einer Pose, die mehr lesbisch als männlich war. Nachdem er meinen zweiten Orgasmus gespürt hatte, fand der Sportsmann: »Genug für heute nacht, Liebste. Sonst können wir morgen nicht tauchen!« Ich habe unmerklich die Achseln gezuckt. Nie wieder werde ich mich dabei erwischen lassen, daß ich meine Liebhaber in vierzig Meter Tiefe suche! Wo nichts ist, hat eben auch der Kaiser sein Recht verloren. Ich habe also die Leistungssportler aus meiner Liste gestrichen, sie können sich anscheinend die Liebe nicht leisten.

Gut. Weiter zu Fabrice[1]. Als ich ihn bei seiner Mutter, der Baronin de Vinyl kennenlernte, bei dieser köstlichen kleinen Meißner Figur mit dem Porzellangesicht, hätte ich mir nicht im Traum vorstellen können, daß er einmal mein Liebhaber würde. Er war zehn Jahre jünger als ich, achtzehn Jahre jünger als Arnaud, aber er war soviel weniger gut in Form als wir! Dabei war er groß, schwer gebaut, hatte die feinen und regelmäßigen Gesichtszüge seiner Mutter; mit zwanzig muß er hinreißend gewesen sein. Doch er ist erst mit dreißig an meinem sentimentalen Horizont aufgetaucht, mit den Ausmaßen eines Rugbystürmers. Im übrigen verfügte er über eine echte, wenn auch ein bißchen wahllose Bildung, die uns zupaß kommen würde im Fall eines Unglücks, das heißt im Fall eines allzu intimen Glücks . . . Drei Monate im Tête-à-cœur . . .

1 N C S T Q' P

Wir hatten vor, in Bälde zum Wintersport zu fahren, und schon freute ich mich auf die Kaminfeuer und Rollkragenpullover, auf Schifahren à gogo und auf die Liebe in Schußfahrt; doch da mein Cherubin sich den hundertsechzig Pfund näherte, meldete ich einige Vorbehalte an, was seine Schneetüchtigkeit betraf.

»Weißt du, ich fahre schnell, aber eine Abfahrtsmeisterin bin ich nicht; ganz abgesehen davon, daß ich einen dreifachen Schenkelbruch hinter mir habe.«

»Hat nichts zu sagen. Mit achtzehn habe ich mir das Schlüsselbein gebrochen. Außerdem treibe ich erst seit etwa zehn Jahren Wintersport. Ich bin Klasse drei, mittelstark.«

Dieser Fachjargon ließ mich vermuten, daß er sich bescheiden gab, um mich nicht zu verschüchtern. Ach! Ich stellte mich eine Woche vor ihm in Savoyen ein, um ein wenig in Schwung zu kommen. Auch erkundigte ich mich über meinen Sportgefährten bei einem meiner Ex-Flirts, einem schönen Schilehrer mit eisblauen Augen, der mich im Austausch gegen einige gemeinsame Schummerstunden jeden Morgen bei Tagesanbruch gratis unterrichtet hatte. Herrjeh! Ich zählte zu Klasse 1 und hatte fast das Wettkampfformat erreicht. Ich war geschmeichelt und schrieb an Fabrice, er solle täglich wenigstens zehn Minuten Schigymnastik treiben, wenn er die zwei Wochen ohne Muskelkater hinter sich bringen wolle.

Wovon träumen die Pisten-Julias, während sie auf ihre Romeos warten? Von wirbelnden Abfahrten über sonnenrote Hänge, mit abschließendem Christiania; von Zwischenhalts, bei denen man sich küßt, Keilhose an Keilhose, und Eishauch und Atem sich vermischen; von diesem Begehren, das bei jeder neuen Abfahrt aufs neue aufsteigt . . .

Fabrice sprang am hellen Mittag aus dem Taxi und warf sich mit dem Hunger achttägiger Enthaltsamkeit auf mich. Im *Capucin gourmand* schöpften wir neue rabelaissche Kräfte, um uns aufs neue zu messen. Und die wiederholten Attacken dieses jungen Wolfs brachten mir mehr Frieden als Befriedigung, ich war glücklich über meinen wohlgeölten Körper und meine Reaktionen eines gesunden und kräftigen Weibchens. Wir schliefen in einem großen, tiefen, tiefen Bauernbett ein.

»Heute machen wir den Mont Joux«, sagte ich beim Erwachen, »und wir essen in der Sonne zu Mittag, bei *La Tante*, magst du?« Wie bleich er doch war, mein junger Gipfelstürmer! Er vertauschte die Schier und ich mußte ihm helfen, die Bindung mittels eines Zwanzig-Sou-Stücks festzumachen. Endlich waren wir startklar. Ich fuhr als erste ab, mit enger Schiführung in vorschriftsmäßiger Haltung. Zuerst kam eine kinderleichte Abfahrt, dann ein Waldstück mit einer schmalen und oft vereisten Spur, die zu den Schilifts des Frédy führt. Ich drehte mich um, um Fabrices Fahrstil zu bewundern, und war betroffen beim Anblick eines Hampelmanns auf auseinanderstrebenden Schiern, der mit den Armen wedelte wie mit Windmühlenflügeln – ein Bild der Verzweiflung auf Brettern! Natürlich stürzte er mir zu Füßen und kreuzte die Schier, um wieder aufzustehen. Ich entwirrte ihn und tröstete ihn mit einer Stimme, die ich mir liebevoller gewünscht hätte: »Mach dir nichts draus, es ist dein erster Tag. Zu Beginn der Saison fällt es mir auch jedesmal schwer.« Aber dieser wütende dicke Schisäugling brummte nur: »Los, weiter!« Und ich schöpfte Schätze der Geduld aus dem Kapital unserer goldenen Nacht.

Die Walddurchfahrt, die ich gewöhnlich in ein paar Sekunden schaffte, dauerte eine Viertelstunde, weil mein Gefährte sich so sehr vor einer ausgefahrenen Spur oder einer Eisplatte fürchtete. Mein Sportlerblut begann zu kochen; als wir aus dem Wald waren, befahl ich: »Jetzt fährst du Schuß, es ist steil, aber drüben geht es wieder bergauf.« Ich muß noch sagen, daß wir die ganze Zeit von Schifahrern überholt wurden, die mir nicht das Wasser reichen konnten, und daß mein Ärger mit jeder Klage meines Sturzbombers anwuchs. Ich fuhr los und stand auf dem jenseitigen Gipfel wie die verkörperte Mißbilligung. Der Ärmste . . . Er wollte mir beweisen, daß er keine Angst habe; aber sein Entenstil: Hintern hoch, Schier in Watschelstellung, riß ihn in einem sehenswerten Sturz bis an den Fuß des Abhangs. Er verlor einen Schi, den ich seinem Besitzer wiederbrachte, und erbarmungslos beschloß ich: »Fabrice, du mußt einen Schikurs mitmachen oder dir das Schifahren von mir beibringen lassen. Du hast keinerlei Grundausbildung, und es ist gefährlich, einfach so loszufahren.«

»Aber nein! Ich schwöre dir, daß ich fast so gut fahre wie du; ich habe nur keine Übung mehr. Du wirst sehen, in ein paar Tagen hänge ich dich ab.«

»Möge der Berggeist dich erhören! Wenn du in drei Tagen ein zweiter Killy bist, dann will ich auf ewig in der Hölle braten!«

Beim Schilift des Frédy kam die zweite Karambolage. Er klammerte sich an die T-förmige Holzhantel und riß mit seinem ganzen Gewicht meine ohnmächtigen 58 Kilo in die Tiefe. Ich lachte über unseren Sturz, konnte mir jedoch nicht verkneifen, ihm zuzuflüstern: »Setz dich fest auf den Sitz mit deinem dicken Hintern und zieh nicht mit den Armen an!«

Es wäre müßig, die unzähligen Backenbremseinsätze zu erwähnen, die nie richtig sitzende Bindung, die bei jeder Gelegenheit aufsprang ... Seine einzige Freude war ein Orangensaft auf der Sonnenterrasse von *La Tante*. Es war Mittag, und meine undankbare Rolle als Lehrerin eines schwach begabten und weinerlichen Anfängers hatte mir Appetit aufs Schifahren gemacht. Ich küßte ihn auf die Wange (aus der Traum von heißen Küssen im *Roi de la montagne*) und verkündete, daß ich vor dem Essen das »Kreuz« machen wolle, um wieder in Schwung zu kommen. Er war höchst unzufrieden, mein Romeo, als er seine Julia im Schuß davonfahren sah.

Ich kam ins *La Tante* zurück, stolz auf meinen Fahrstil und zu jeglicher Nachsicht bereit. Er hatte mir ein recht gutes Gedicht geschrieben, aber auch ein gewaltiges Schinkenbrot mit zwei Gläsern Bier hinuntergespült. Meine Nervosität siegte über alle guten Vorsätze, und ich machte ihm Vorwürfe, weil er nicht ohne Speis und Trank auf mich gewartet hatte –, nun, seine Verse schmeichelten mir und ich verzieh ihm. Bald ging die Sonne unter. Wir fuhren über die Mandarines im Nebel ab; ich hielt mich in der Nähe des Unglücklichen, der fiel und immer wieder fiel.

Im *Esquinade* hielt er sich besser. Wir tanzten. Dann wurden wir von den beiden reizenden Wirtinnen der *Toque blanche* zu einem Festmahl eingeladen.

Ich bin eine Frühaufsteherin (ich wiederhole mich!), und Fabrice, der spät zu Bett ging, gestand, daß er zehn Stunden Schlaf brauche. Es war das herzzerreißende Drama der Hausangestellten und des Nachtwächters auf pseudo-intellektueller Ebene! Ich bin munter, wenn er gähnt – und wie dieser nette sympathische Junge gähnen kann! – und mein Kopf wackelt, meine Gedanken trüben sich, sobald es Mitternacht schlägt. Um acht Uhr früh dagegen bin ich in bester Form, und ich trinke meinen Kaffee stark, sehr stark.

Ich öffnete das winzige Guckfenster unseres Chalets und machte mich auf die Suche nach der Aufwärterin. Sie brachte uns das Frühstück, sie war gerührt über den braunen Strubbelkopf des noch immer wie ein Kind schlummernden Cherubins. Ach! Fabrice hatte einen schrecklichen Muskelkater und hielt mir einen Vortrag über seine Heiserkeit und seine schmerzenden Glieder, ehe er die Ortsapotheke auskaufte und mein Toilettenwasser mit den Ausdünstungen seiner Einreibemittel übertönte. Mit einem Wort, er ging mir auf die Nerven.

Als ich mich in Rochebrune zum letztenmal umdrehte, in der Hoffnung, meinen Blasengel im Schnee auftauchen zu sehen, traf ich

Max, meinen schönen Schilehrer, zusammen mit einem blutigen Anfänger. »Hallo, Maud!« rief er mir spöttisch zu, »bist du jetzt auch Schilehrerin geworden?« Und nachdem er herangekommen war: »Wie schade, Liebling, daß wir nicht mehr gemeinsam fahren.«

»Ja, das kann man wohl sagen«, gestand ich in einer Herzensaufwallung. »Mein Anbeter fährt mit mehr Schiß als Schuß, und wenn ich allein losfahre, dann schmollt er mit mir.«

»Wird die Saison nicht durchhalten, dein Riesenbaby. Du verstehst es allerdings wirklich, auch die stärkste Kanone knieweich zu machen, er kann einem leid tun ... Aber weißt du, Liebling, wenn du's bis hierher hast, ich bin startbereit für die Ablösung. Ciao, divina!«

»Nur nicht aufschneiden, schöner Max. Auf Brettern bist du besser als im Bett, wo du noch allerhand zu lernen hast. Trotzdem, ich werde daran denken.«

Fabrice war endlich herangekommen. Er runzelte die Stirn, als er den Apoll der Pisten sah, der zungenfertig auf mich einredete, und sein Gesicht wurde finster, als ich boshaft erklärte: »Du solltest bei Max Stunden nehmen, ihm verdanke ich meinen Stil.«

»Stell dir vor, das habe ich mir bei eurem Anblick fast gedacht! Aber mir macht es mehr Spaß, in meinem eigenen Stil abzufahren, ich bin nämlich in Ferien.«

Bei diesen Worten küßte er mich auf den Mund, um sein Besitzrecht zu demonstrieren. Max zuckte die Achseln, aber ganz so gleichgültig war es ihm doch nicht ... Ich tobte, aber dieses Duell der beiden jungen Mannsbilder machte mir doch einen ganz besonderen Spaß. Ah! Die Zeit rast dahin und verhält dann ein wenig bei der Frau von vierzig Jahren, die von nun an nur noch junge straffhäutige Liebhaber erhört, weil die allein sie überzeugen können, daß sie noch immer die Köpfe verdrehen kann wie irgendein Teenager ... Gott sei Dank, der Ephebe taucht wohl erst an der Kehre der Fünfziger auf, und so weit sind wir noch lange nicht. – Fabrice setzte außerdem seinen Stolz darein, sämtliche Kosten in diesem Luxusort Mégève zu bestreiten. Doch dieser Wille zu männlicher Macht überforderte das einzig Schmale an seiner Person, seine Börse. Und ich machte mir Sorgen, denn mein wackerer Don Quichotte hatte sich geweigert, die Ausgaben für unseren Wintersport mit mir zu teilen. Nachdem er bei jeder unserer Hochgebirgsmahlzeiten Scheck um Scheck ausgestellt hatte, folgten endlose telefonische Palaver mit der Buchhaltung seiner Zeitung zwecks Lockermachung weiterer Gelder. Ein Wort hämmerte in meinen Schläfen: Vorschuß, Vorschuß.

Wie soll man Idylle und Pleite in Einklang bringen? Viel Liebe und ein wenig Einfalt wären dazu nötig gewesen. Wir aber bevorzugten das Fondue, das Lachen und den Gesellschaftsklatsch. Mit unseren Freunden, die mehr Fernseh- als Tanzfans waren, führten wir endlose Diskussionen über das unerschöpfliche Problem der Beziehungen zwischen Mann und Frau. Ich lehnte mich oft auf gegen das Geschwätz der Männer und verwies sie energisch auf ihre Plätze, vor allem einen Fernsehansager und auch Fabrice, der nicht ohne Dünkel behauptete, daß kein Mann, der diesen Namen verdiene, sich jemals mit einer passiven Rolle abfinden könne. »Du, Fabrice«, sagte ich, leicht vernebelt vom Apremont-Wein, »du bist doch geradezu der Prototyp des passiven Mannes, beeinflußbar und kindlich zugleich; bei jeder Umarmung, in jedem Augenblick muß ich dir meine Energie einflößen; ich gebe dir Ratschläge für deine Arbeit, deine Anzüge, du machst pro forma Einwände, aber du gibst immer nach. Wenn ich sagen würde, du solltest mir zuliebe unseren Hotelier bestehlen, dann würdest du es, glaube ich, tun. Du bist der Mann, der sich den Launen seiner Herrin unterwirft; und wenn ich genug haben werde von dem flüchtigen Vergnügen, die Schnüre meines reizenden Hampelmanns zu ziehen, dann wirst du leiden, du wirst mir ein Gedicht schreiben und du wirst mich anflehen, Fabrice . . .«

Vierzehn Tage später weinte er wirklich, flehte mich am Telefon an – und schrieb mir ein Gedicht à la Rimbaud, das nicht ohne Gefühl war; aber vorher hatte ich ihn wohl gründlich fertiggemacht. »Zieh dich aus, Fabrice«, befahl ich, »und vor allem kratz den Schmutz von meinen Après-Schischuhen, ich will mein Zimmer nicht dreckig machen.«

Er senkte den Kopf auf meine Knöchel, schnürte meine Stiefel auf und küßte mit der Grazie eines Elefanten meine eiskalten Füße. »Zünde die Kerzen an, Fabrice, heute abend habe ich Lust, dich zu schlagen; du gehörst mir und du sollst es auch in deinem Fleische spüren. Danach wirst du mir noch mehr gehören. Los, sag, daß du einverstanden bist, mein Liebling, sag's.« Ich kitzelte seine Lust, zuerst mit den Fingerspitzen, dann mit gespreizten Lippen. Fabrice seufzte auf, noch ein wenig ängstlich, aber er war zu intellektuell, um sich eine ausgefallene Erfahrung entgehen zu lassen. »Tu, was du willst, Liebste, ich gehöre dir.«

»Knie vor mir nieder . . . Ich warte.«

Er ließ sich auf die mächtigen Schenkel plumpsen und sank auf die Steppdecke. »Knie auseinander, auf, Fabrice, ich will dich zu meinem

Vergnügen schlagen.«

Der Seehundgürtel war grau und rauh. Der erste Schlag streifte ihn und entlockte ihm nur einen erstickten Schrei; doch beim zweiten, der besser saß, quer über den Hintern, fuhr er hoch und wollte diese gut gepolsterte, aber darum nicht unempfindlichere Partie in Sicherheit bringen. »Hände weg, Idiot, sonst kriegen sie auch Prügel, und du wirst mich nicht mehr liebkosen können.« Das Argument schlug ein, und die Züchtigung endete mit gegenseitiger Erregung. Ich drehte ihn um, ich stand noch immer, er kniete vor meiner Wut. Ich schlug weiter, und seine Lippen spielten brutal mit den meinen. Ein letztes Mal schlug ich zu, dann sank auch ich auf die Knie. Wir umschlangen uns, und das Bett nahm uns auf zur großen Umarmung der Liebenden.

Soll ich hinzufügen, daß die roten Striemen meine Lust um ein paar Tage verlängert haben? Doch Fabrices Anbetung hat mich nicht lang befriedigt. Er war vielleicht zu intellektuell, aber vor allem liebte ich ihn nicht genug. Mich selber liebte ich mehr.

XXI Das Kapitel, worin geschildert wird, wie ein Ehemaliger[1], ein hoher Beamter und ein Minirock einander ablösen

Ecke Rue du Bac, 13 Uhr.

»Wie geht es Ihnen, liebe Maud?«

»Wie dem jungen Frühling, mein Lieber.« (Wie heißt er nur gleich wieder?)

»Haben Ihnen die Salzburger Marionetten gefallen? Ich habe Sie im Theater gesehen, ganz in weißer Seide, einfach süperb.«

»Der Mai in Versailles ist für mich ein berufliches Muß, aber gestern abend war es doch bezaubernd. Ich bin nicht besonders für Marionetten, aber den kindlichen Charme dieses Miniatur-Don-Juan habe ich sehr genossen.«

»Ich habe Ihren Don Juan recht länglich gefunden; aber was für ein Publikum!«

»Ganz recht. (Tut mir leid, alter Freund, keine Zeit für Epiloge.) Ich bin spät daran, entschuldigen Sie mich bitte, ich habe eine Verabredung im *Pont Royal.* Auf bald, lieber Freund.«

»Können wir nicht einmal zusammen essen? Schon lange versuche ich, an Sie heranzukommen, aber Sie sind ständig belagert.«

(Ich konsultiere meinen Hermès-Kalender – auf einen Snobben

1 J'GNOL'

anderthalbe –) »Nächsten Mittwoch, paßt Ihnen das?«

»Zwanzig Uhr, im *Winston Churchill*?«

»Abgemacht. Unten natürlich. Das *Pim's* dort kann es mit denen in London aufnehmen.«

Gedämpfte Atmosphäre, braun-goldene Töne. Alles ist diskret, Wände, Möbel, Barmann und Gäste. Ausschließlich zwei Sorten: Junggesellen schlürfen ein Getränk und lesen die *Times;* Liebespaare flüstern und lesen nicht. Es regnet, und wohlige Wärme breitet sich in meinen Adern aus, während ich mich in einem dieser Eisenbahnabteile für Wildwest-Pioniere niederlasse.

Er ist groß, fast zu groß. Zu gut trägt er den tadellosen marineblauen Anzug, der in London gearbeitet ist. Die weit auseinanderstehenden Schneidezähne verleihen ihm ein naives Aussehen, das im krassen Widerspruch steht zu seinem affektierten Gebaren. »Sie haben mich lange auf das unvergleichliche Vergnügen eines Abends in Ihrer Gesellschaft warten lassen.«

»Mein lieber Luc, frischen Sie doch mein Gedächtnis auf: wo haben wir uns getroffen? Ich weiß, es ist Jahrhunderte her . . .«

»Wissen Sie es wirklich nicht mehr? Es war neunzehnhundertzweiundfünfzig, im *Nouveau Cercle*. Sie wohnten damals im *Marais*.«

»Und Sie haben mich nach Hause gebracht. Was für ein Gedächtnis!«

»Es gibt Dinge, die ein Kavalier nicht vergißt.« Er lachte säuerlich.

»Was!« rief ich entsetzt, »wollen Sie vielleicht sagen, Sie und ich . . .«

»Erscheint Ihnen das so unglaublich?«

Er ist gar nicht erfreut. Ich, höflich: »Im Gegenteil; unglaublich erscheint mir, daß ich dieses historische Ereignis hätte vergessen können.« Schüchtern: »Hat es nicht geklappt?«

»Aber durchaus! Sie haben es deutlich bekundet . . .«

». . . Dann besteht kein Zweifel, daß es sich um mich handelte. Sie wollen sagen, daß ich laut bin. Ich kann es nicht leugnen. Aber das erklärt mir noch immer nicht, warum wir nicht rückfällig geworden sind, denn trotz meines Überschwangs hat unser Abenteuer Ihnen offenbar gefallen?«

»Ganz einfach, weil Sie nicht wollten.«

»Ach! In meiner Jugend hatte ich keinen Geschmack.«

»Ich habe Sie am nächsten Morgen angerufen, Sie erinnerten sich an nichts. Ich glaube, wir hatten beide getrunken, und . . .«

». . . für unser Selbstbewußtsein ist es besser, diesen jugendlichen

Eintags-Ausrutscher auf das Konto der Wohlstandstrunksucht zu setzen!«

Das *Coupe-Chou*. Sehr snobistisch. Sehr in Mode. Man diniert dort sehr spät und sehr gut. Ebenfalls sehr *in,* dieses kleine, elegant möblierte Palais, wo wir nicht ohne Vergnügen die in unserem Unterbewußtsein schlummernde Erinnerung wiedererwecken. Doch es scheint, daß ich immer *alta voce* die Empfindungen kundtue, die ein schöner Mann, auch wenn er im übrigen noch so unbedeutend ist, in mir erregt: ich habe nichts übrig für den Kopfkissenknebel, und die Furcht vor den Nachbarn oder den Dienstboten erscheint mir für einen Junggesellen lächerlich, wenn nicht grotesk. Und außerdem ist das nicht sehr höflich.

Nun ja, wir haben die Saison in Paris teilweise gemeinsam mitgemacht. Nur teilweise, denn ich hatte noch zwei Ritter gleichen Schlages, und die Saison ist kurz wie mein Gedächtnis. Zudem, wenn man seinen Partner an vier aufeinanderfolgenden Abenden bis zwei Uhr morgens herumgezeigt hat und dann den ganzen Tag über eisern arbeiten muß, so ist im schönen Monat Juni die Nacht nur noch allein zum Schlafen da, zum Alleinschlafen, meine Herren!

Es war an einem 30. Juni, bei einer Affenhitze. Ich kam vom Racing Club und fand mich so schlecht frisiert, daß ich überlegte, ob ich nicht im Bett auf einem Tablett eine jener Mahlzeiten, die das Geheimnis alleinstehender Frauen sind – gekochtes Ei, Käse, einen Pfirsich, leichten Tee –, zu mir nehmen und nebenbei einen zerstreuten Blick auf den Fernsehschirm werfen sollte; aber das wäre nicht nett gegen Dorothée, deren Blick mir gefällt und die mich zum erstenmal eingeladen hat – ein kaltes Abendessen unter Freunden.

Ein eiskaltes Bad, ein paar Klammern in mein kurzes Haar, dann schlüpfte ich in ein malvenfarbenes plissiertes Musselinkleid, in dem ich wirkte wie eine Frau, die zutiefst betrübt ist über das Hinscheiden ihres Vaters, sich jedoch trotz allem nicht gehen lassen will, auch dann nicht, wenn sie, wie Aschenbrödel, vor Mitternacht zu Hause sein muß. Ich fuhr durch das Bois und atmete die paar Züge frischer Luft, die man bei einer Geschwindigkeit von 60 Stundenkilometern – schneller darf man nicht in meinem Neuilly – erwischen kann. Es war neun Uhr; meine Heim-Dauerwelle war bereits wieder dahin.

Doch bei meinem Eintreffen fand ich nicht drei oder vier, sondern etwa dreißig Gäste im angeregten Gespräch – dieses Tout-Paris, das allabendlich ausgeht und das ich schon so oft getroffen hatte. Keine

Freunde, nur Bekannte, wie Daninos sagt. Auch ein klarer brauner Blick war darunter, ein Blick, der mich an Arnaud erinnerte, melancholisch, wie ich ihn liebe, über einer hohen, mir unbekannten Gestalt. Sogleich ließ er sich von Dorothée mir vorstellen. Sein Mund war rund, fleischig, unerwartet wie bei einem Kind. »Kennen Sie schon unseren legendären Jung-Dandy, Rodolphe Cartier d'Alèze?«[1]

Nein, noch nicht, wir waren die einzigen, die einander nur vom Hörensagen kannten. Doch nach fünf Minuten hatte ein doppelter Whisky jedem das Wesentliche über den anderen beigebracht. Will heißen, daß er faszinierend und fasziniert war und daß Dorothées Gäste uns als Hintergrund dienen würden, wenn wir später, viel später, uns die Begleitumstände unserer ersten Begegnung einprägen würden. Ich wußte bereits, daß er ein sehr hoher Staatsbeamter war, aus sehr alter Familie stammte, doch mich interessierte seine männliche und markante Erscheinung weit mehr als seine Stellung in der Welt.

An diesem Abend vergaß ich den Schmerz über den Verlust eines bewunderten Vaters, die Widrigkeiten eines arbeitsreichen und flüchtigen Lebens, und ich überließ mich der Hoffnung, endlich den rechten Mann getroffen zu haben. Ich erfuhr bald, daß ein paar Wochen einer mißlungenen Liebesheirat in seinem Herzen wenig Platz gelassen hatten für eine neue Verführerin, aber ich war so sehr überzeugt von mir, von seiner Hand, die beim geringsten Vorwand meinen Arm streichelte, daß ich seinen Widerstand nicht ernst nahm.

Wir saßen am Bridgetisch mit einem berühmten Anwalt und einer vornehmen Ausländerin. Doch so eifrig die beiden sich um eine allgemeine Unterhaltung bemühten, wir sonderten uns sehr bald wieder ab, und Rodolphe, der Wohlerzogene, und ich, die Gesellige, haben uns an diesem Abend wie die Wilden benommen. Wir verschlangen erlesene Speisen, ließen uns vollaufen mit eisgekühltem Rosé und fühlten uns ganz barbarisch wohl.

Natürlich sind wir als erste aufgebrochen, noch vor Mitternacht, doch Aschenputtel ist dem Prinzen nach Hause gefolgt, mit ihm in einen Abgrund der Lust getaumelt. Und als ich aus dieser *entente cordiale* wieder auftauchte, befand ich mich in einem afrikanisch gefärbten Dschungel der Empfindungen: überall Pferdeantilopen, Büffelhörner, Elefantenzähne, Pantherfelle. Würden wir zusammen auf Safari gehen, würde ich seine Buschgefährtin sein? Im Morgenlicht dieses 1. Juli träumte ich von wildbewegten Ferien. Er würde das

1 P A' J' H O Q T

geliebte Raubtier sein mit dem angeknackten Herzen, und ich seine braune starke Beute ... Doch es war einmal ein Jäger, der um die ganze Welt gereist war, aber die Normandie nicht kannte. Dorthin fuhren wir ...

Denn du hast mich in Orly abgeholt, unter dem Regenhimmel, der mich bei meiner Rückkehr von der Sonneninsel begrüßte, und du hast mir drei Fluchtwege für unsere Wiedersehensfeier zur Wahl gestellt. Mir war der eine so lieb wie der andere, denn du warst da, und ich spürte die Wärme deines Armes an meinen Schultern.

Ich habe also das Asyl gewählt, das in der Entfernung am nächsten lag, in der Zeit am weitesten, die Normandie meiner Kindheit.

Bagatelle hieß das Haus, in dem wir uns die erste Schlacht lieferten. Du entfachtest ein großes Feuer, und die roten Flammen entflammten auch meinen Kampfgeist.

Gibt es etwas Köstlicheres als ein Abendessen mit dem Geliebten in einem ländlichen Gasthof, umgeben von Apfelbäumen und Touristen, die eifersüchtig sind auf die Liebe – dieses Ärgernis?

Wir haben wie Peynets Pärchen vom Saint-Amour getrunken, bis unsere Augen das gleiche Lächeln lächelten, und dann passierten wir das Kap der ersten Nacht.

Voll Liebe nebeneinander einschlafen, einer vom anderen träumen, es einander erzählen. Ich habe kaum Ruhe gefunden an deiner Seite, doch ich habe mich nicht gerührt, dein Schenkel lag eng an meinem Bein. Wir waren aneinandergeschmiedet, und ich war glücklich. Schon bei Tagesanbruch bin ich zum erstenmal abgefahren, noch ehe ich überhaupt richtig wach war, und du sagtest, bevor du in den wohlverdienten Schlummer zurücksankst: »Ich schlafe ein mit dem Gedanken, daß ich dich liebe.« Bald wird der Tag in uns den Appetit auf frische Hörnchen wecken, auf Butter, Konfitüre, heißen Tee, und der Portwein um zwölf Uhr mittags wird uns neue Kräfte verleihen.

Ja, Leistung hat mir schon immer imponiert, und an dir liebe ich die Unbekümmertheit, mit der du das Haut-an-Haut-Spiel betrieben hast ohne Rücksicht auf den normannischen Nieselregen und die Nachbarn auf dem Gut Saint-Simon.

Und wir sind in Honfleur vom alten Hafen zum Salzspeicher gelaufen, dessen Mauern und Gewölbe uns noch mehr entzückten als die ein wenig glanzlosen Marquets der Ausstellung.

In Tancarville haben wir auf der Brücke der reglosen Zukunft Hellseher gespielt.

Und Rodolphe lehrte mich wieder die Erde sehen. Den Abend verbrachten wir in Trouville oder Deauville, wo er noch nie gewesen war, mein Finanzbeamter ohne amouröse oder mondäne Wochenenden. Am Strand preschten Reiter durch Sonne und Sand, während wir uns vor einer verlassenen Bar küßten. In Villerville berauschte mich der Orangencocktail genau wie damals, als ich fünfzehn war. Kurzum, nichts war zu kurz gekommen bei diesem Ausflug in die Kindheit.

Ich trug ein Kleid in Gauguin-Farben, und wir aßen frische Fische und tranken süßen Apfelmost auf unserem Bauernhof. Dann brauste das Meer über unsere Leiber, die von Woge zu Woge rollten . . . Am nächsten Tag entdeckten wir die lila Klippen von Etretat, und flüchtig streifte mich der Gedanke an einen Doppelselbstmord, dieser heidnische Drang, mich im anderen, mit dem anderen zu verlieren in einem ach so flüchtigen Augenblick absoluter Lust.

Wir haben in einem der wenigen noch aus der Normannenzeit stammenden Orte zu Mittag gegessen, und hier kam es zur ersten Verstimmung. Schon eine halbe Stunde hatten wir auf die Speisenkarte gewartet, ich beklagte mich, weil ich am Verhungern war, und du hast nur barsch erwidert, ich solle nicht so ungeduldig sein. Ich schmollte. Danach kamen Le Havre und seine Dufy und Boudin, Rouen, die Kathedrale und Saint-Maclou. Du trankst Whisky mit Coca-Cola; ich fand das gut und verrückt. Wir saßen vor der Kathedrale und staunten über die Touristen, die vor sich hin süffelten und ihr den Rücken wandten. Ich bewunderte meinen Begleiter zärtlich, weil er die Höhe der Turmspitze nach dem Taubenflug abschätzen konnte. Auf der Rückfahrt beging er die Ungeschicklichkeit, seine erste Frau zu erwähnen, die sehr kurz angebunden mit dem Personal gewesen sei; wütend erwiderte ich, daß ich es nicht sei. Er küßte mich und bat mich um Verzeihung.

Ich spreche jetzt von ihm. Hätte es die »École Nationale d'Administration« nicht schon gegeben, man hätte sie für ihn erfinden müssen . . . So gut wie makellose Vornehmheit; einzig die Hände mit den eckigen Fingerspitzen zeugten von fernen bäuerlichen Vorfahren. Sie leben, diese Hände, sie bewegen sich, männlich, behaart, sie jagen, sie schießen, sie erlegen, der Gewehrhahn ist ihr Element, der Kolben ihre Stätte; einen Karabiner umfassen sie sicherer als meine Hüften. Und ich beneide sie, ich bewundere sie, sie sind ein bißchen dumm, und ich beklage mich.

Ich habe mehr Adelige als Bürger gekannt. Rodolphe ist kein »Bürger als Edelmann«, sondern ein bürgerlicher Edelmann. Guter Stall, gute Manieren, der Familienclan geht über alles. Elite – schon auf der Schule hat man ihm das eingeimpft. Was in den USA die Kennedys sind, sind in Frankreich die Cartier d'Alèze. Alle machen große Karriere. Politik, Verwaltung, Justiz, Finanzen. Ihre Kinder dürfen sich die Spielkameraden nicht selber aussuchen: entweder sie sind die Ersten, oder sie werden aus dem Clan ausgestoßen – aber noch keiner hat anscheinend in die Verbannung gehen müssen.

Dennoch kommt es vor, daß einer von ihnen für die brotlosen Künste begabt ist. Ein entfernter Cousin Rodolphes, der Minister werden sollte, bekundete in seiner Kindheit eine unordentliche Neigung für die Musik; sein Lehrer behauptete sogar, er besitze ungewöhnliche musikalische Sensibilität, und meinte, der Knabe solle sich ganz dieser Kunst widmen. Der Vater, Präsident Cartier d'Alèze, war so sehr von der Richtigkeit dieser Diagnose überzeugt, daß er ein für allemal dem Professor den Klavierdeckel vor der Nase zuwarf. Der Sohn war damals dreizehn. Zwanzig Jahre später war er Minister.

Manchmal spottete ich: »Wie gut, daß unter dem General die Aussicht auf eine wöchentliche Dosis *Carmen* besteht.« Rodolphe haßt diese Gespräche. Er begreift nicht, wie ich die Stirn haben kann, seine Familie anzugreifen, da doch meine Sippe zwar ein paar ruhmreiche Generale, aber keine internationale Berühmtheit aufzuweisen hat. Ein Wort von ihm über seine erste Gattin, die nach vierzehntägiger Ehe den häuslichen Herd verlassen hat, ist bezeichnend: »Hélène, pah! Sie war nicht von Familie!« Niemals hätte ein Maltavert ein so banales und ungerechtes Urteil gesprochen, obwohl er zu seinen Vorfahren vier Marschälle von Frankreich zählt.

Dennoch fasziniert er mich, mein bürgerlicher Krautjunker. Er will sich von einer charmanten Abenteuerin scheiden lassen, die ihn lächerlich gemacht hat und, was noch schlimmer ist, droht, ihn zu ruinieren, und er will mit Mückenstichen zum Ziel kommen. Und obwohl ich keine Frau bin, die nach Geld strebt, juckt es mich manchmal, ihn zu heiraten, nur um den Mechanismus derer zu zerstören, die das Gold als Eichmaß der Gefühle nehmen. Aber nein! Ich übertreibe, ich bin gar nicht so zynisch. Nein, seine Stimme, sein Parfum verdrehen mir den Kopf. Sein Wesen bleibt mir dennoch fremd, und wieviel Charme und Geduld würde ich aufwenden müssen, um ihn zu überzeugen, daß zur Liebe im Vokativ ebensoviele Schläge wie Küsse gehören, ihm klarzumachen, daß seine Hände auch lernen müssen, einen Körper zu bearbeiten!

Und wie sollte ich ihm treu bleiben? Warum dieses Echo in mir, das eigensinnig seinen Namen wiederholt? Will ich wirklich ein zweites

Leben leben, das im Einklang stünde mit einem ewig unbefriedigten Teil meiner selbst? Vor drei Monaten war ich von dir schwanger gewesen, Rodolphe, und zum erstenmal in zwanzig Jahren der Angst beinah glücklich darüber. Meine Schulmädchenehe, mein Studentenpüppchen, das alles war mir wie eine gigantische Farce erschienen. Ich war damals noch viel zu jung! Aber bin ich jetzt zu alt, mit meinen vierzig Jahren?

Ich träume von unserem Sohn, Rodolphe; ich träume von ihm, ja, und ich scheitere an deiner Familie, die konformistisch ist, steif, unerschütterlich in der gerechtfertigten oder ungerechtfertigten Überzeugung von der Überlegenheit ihrer Kaste, ihrer Grundsätze und vom geheiligten Lauf der Dinge. Und ich sage mir, wenn du dieses Geständnis, das mich erschüttert und erleichtert, ertragen würdest, wenn deine Leidenschaft diese Wahrheit überleben würde, dann wäre noch alles möglich, die Ehe, die Treue, das Kind . . .

Drei Tage später aßen wir zusammen in der *Truffière*, einem versnobten Kellerlokal auf höchstem kulinarischem Niveau. Dort erloschen meine Gefühle. Ich hatte den Eindruck, daß Rodolphes allzu regelmäßiges Profil mit den Kerzen zertropfte, daß unsere Küsse seit sieben Monaten immer schaler geworden waren, daß wir nicht mehr im Stand der Gnade waren. Kurz, ich langweilte mich. Ich sehnte mich nach einem Unbekannten, den ich bei einem Cocktail kurz gesehen und der mich zum Lachen gebracht hatte. Rodolphe schwand immer mehr dahin. Verdammt! Bei mir blinkten die Alarmlichter auf; als würde der Teufelsreigen der Liebenden von neuem beginnen . . . Gute Nacht, Rodolphe, gute Nacht, mein kleiner Prinz . . .

Eine einzige dicke Träne, die über die Wange kullert, ist schon zuviel; mit vierzig machen Tränen nur noch häßlich. Um so mehr, als mich heute Ophélie, eine sportliche zwanzigjährige miniberockte Studentin aufgesucht hat. Sie liebt einen Piloten ihres Alters: meinen Sohn. Bestimmt liebt auch er sie. Sie suchen einander, schwanken, stoßen zusammen, tun einander weh. Mein Gott! Wie lästig sind doch diese jungen Leute mit ihren Problemen . . .

Aber sie ist niedergeschlagen, diese Kämpferin, sie rührt mich. Eine Tochter nach meinem Herzen? Vielleicht. Ganz sicher eine kleine Schwester nach meinem Geschmack. Schön, gesund, willensstark, sinnlich und verständig zugleich. Ich sage ein Mittagessen mit Rodolphe ab und lade das kleine Mädchen mit dem großen Herzen zu einer Beichte bei Pfeffersteak in die *Coupole* ein.

Sie wundert sich, daß er sich nicht offiziell verloben will, sie begreift das nicht; dennoch glaubt sie, daß er sie liebt, sie will es! Ich führe Gründe an, ich erkläre, ich gebe Ratschläge; sie muß schlau sein, nichts erzwingen, ihn blenden. Ich bewundere mich! Ich bewundere auch sie; sie ist nicht das Mädchen, das ich unbedingt meinem Sohn, aber sie ist bestimmt das Mädchen, das ich mir selber gewünscht hätte.

Ich lasse sie getröstet zurück, und jetzt bin ich selber melancholisch. Soll ich, eine strahlende, liebesfrohe, umschwärmte Frau, mich von nun an in die graue Legion der Schwiegermütter einreihen? Ich? Sonnenbraune Haut, harte Beine (die Olympiapiste in Mégève in 3,15, sagt Ihnen das nichts?), ich mit dem lachenden Mund, die stolze Amazone – als Schwiegermutter? Niemals!

XXII Worin von einer Widmung und von Freundschaft die Rede ist

Viele Liebeleien wurden in dieser Schau gewagter, alberner oder exzentrischer Modelle gezeigt. Einige Leidenschaften halten der Kritik der Gefühle stand. Entschieden zu wenige. Dennoch haben sie zuweilen auf der rauhen Schale meines Herzens eine Narbe zurückgelassen, die Spur eines Fingernagels – ein gewisses Bedauern, auch eine Art Reue.

Bliebe noch ein züchtiges und diskretes Kapitel, worin treue Seelen sich tummeln, Menschen, die mich nicht enttäuschten und deren Sensibilität auf die meine abgestimmt war. Doch niemals werde ich in diesem Revier jagen; niemals werde ich es neugieriger Schnüffelei aussetzen. Dieses Paradies, in dem ich frei atmen kann, ist die Freundschaft.

Dort finden sich Namen, die mir teuer sind[1], dort herrschen Wohlwollen und gegenseitige Rücksichtnahme, dort ertönt eine Symphonie ohne Paukenschlag, dort ist alles Nuance, Achtung vor dem anderen, vor seiner Zeit und seinem Ich.

Ich habe es nie verstanden, Liebe zu schenken und mich mit Liebe beschenken zu lassen. Immer habe ich den einander jagenden Lüsten und der Lust am Untergang nachgegeben, und bin so vorbeigetaumelt an der Liebe; aber in der Freundschaft bin ich nie gestrauchelt. Ich

1 Ich nenne nur einen, den meiner Coco, meiner hinreißenden Coralie. Denn sie ist beispielhaft. Trotz ihrer siebzig Jahre von ungebrochener geistiger und körperlicher Beweglichkeit, gepflegt von der Seele bis zur Sohle. Kokett in allen Ehren, und meine erste Leserin. Ich wünsche allen, daß sie im Alter einmal ihr gleichen mögen; man glaubt zu träumen!

habe alle ihre Prüfungen mit Geduld und Leidenschaft bestanden.

Mein Schamgefühl äußert sich darin, daß ich nicht von ihr sprechen will.

Euch also, meine Freunde und Freundinnen, die ihr noch einmal davongekommen seid, widme ich diese Liebesbeichte; weiß, ganz weiß lasse ich die Seiten der Freundschaft.

XXIII Wer bin ich nun?

»Was hast du eigentlich gesucht in den mehr als zwanzig Jahren, in denen du nur der Befriedigung deiner Begierden gelebt hast?«

»Die Liebe ... Schon als Schulmädchen hat das masochistische Erlebnis mit Schwester M. mir gezeigt, daß bei mir immer Instinkt und Ideal im Widerstreit liegen würden. Meine Ehe mit dem Wiking ist aus dem Willen zu erklären, eine, nennen wir es Verirrung der Sinne zu neutralisieren.«

»Doch trotz dieses guten Willens bist du weiterhin auf Abwegen gewandelt. Christian, die Reitpeitsche – kaum verlobt und zweimal untreu!«

»Ich suche keine billigen Entschuldigungen!«

»Warum dann dieses Buch? Warum so viel Selbstgefälligkeit?«

»Weil ich vergeblich zu widerstehen suchte. Wenn ich nachgegeben habe, dann doch wohl nur, weil Xavier schon in meinen Augen einer Kind-Frau das verkörperte, was fast alle seine Nachfolger sein sollten: den Objekt-Mann!«

»Aber als du ihn wähltest, wolltest du doch dein ganzes Leben in die Waagschale werfen, mit ihm ein harmonisches Dasein aufbauen? Du hast sogar ihm zuliebe ein Studium angefangen, das dich langweilte.«

»Ja, das stimmt. Ich habe versucht, die Aussicht, mit dreißig Jahren von unseren Zinsen zu leben, aufregend zu finden. Aber das Aspirin –«

»Du bist einfach launenhaft. Und deine flüchtigen Seitensprünge eines lasterhaften Klosterzöglings sind noch nicht einmal das Schlimmste.«

»Lasterhaft? O nein! Verdorben wäre vielleicht richtiger, denn damals wurde ich in eine doppelte Schule der Lust genommen, die mich zu einer ›doppelten Untreue‹ verführte.«

»Lassen wir Marivaux aus dem Spiel! Wir wollen die Wahrheit finden – deine Wahrheit –, wenn du dazu imstande bist.«

»Meine Wahrheit – ein großes Wort gelassen ausgesprochen!

Nun: alles, was Zwang ist, hat mich abgestoßen. Ich liebte meinen Wiking, weil er das erste männliche Wesen war, das ich, das junge Mädchen, untergekriegt, das heißt in die Ehe gekriegt hatte; aber ich habe schnell den Mann verabscheut, den das Gesetz, die Kirche, die Eltern und schließlich das Kind mir als Liebespensum aufzwingen wollten.«

»Gut, daß du auf das Kind zu sprechen kommst. Hast du nicht mit allen Mitteln versucht, es nicht zur Welt zu bringen?«

»Sehr vornehm ausgedrückt. Glücklich die jungen Leute von heute, denn ihrer ist die Pille!«

»Unterbrich mich nicht. Du hast dich also mit dem Kind deiner achtzehn Jahre abgefunden.«

»Ganz recht; ich habe geglaubt, ich sei fähig, das normale Leben einer Gattin und Mutter zu führen. Ich habe geträumt, vor Rührung gelächelt, das Kind im Bois de Boulogne spazierengefahren – drei lange Monde, verstehst du?«

»Du hattest alles, beinah alles. Einen gutaussehenden Mann, ein ebensolches Kind, ein trotz Besatzungszeit angenehmes Leben und . . .«

»Halt! Natürlich kann ich mich nicht über mein Los beklagen, wenn ich es mit dem meiner jüdischen und der anderen gefährdeten Freundinnen vergleiche, die kämpfen mußten, nur um zu überleben – aber ich langweilte mich in meiner Haut. In meinem überraschungslosen Spießbürgerkomfort; ich hatte den Eindruck, daß mein ganzes Leben von einem Stacheldrahtzaun umgeben sei: der Familie.«

»Trotzdem hast du mit Eifer weiterstudiert. Du hattest noch andere Interessen als dein schlichtes Hausfrauen-Einerlei: die Universität, die Bistros am Boul' ›Mich'‹, die Freunde, die Diskussionen.«

»Ja, aber ich habe mich nie richtig dazugehörig gefühlt.«

»Warum nicht? Du hast die gleichen Vorlesungen gehört, die gleichen Prüfungen abgelegt. Dieser Bildungshunger ist sogar eine deiner wenigen sympathischen Seiten.«

»Zu gütig! Aber – ich hatte eine Wohnung im vornehmen Auteuil, ein Hausmädchen, allerlei Verpflichtungen. Ich hatte das gräßliche Gefühl, eine Dame zu sein, die Studentin spielt.«

»Eine Halbstarke, wie die anderen.«

»Eben weil ich mir tagsüber als tolle Nummer vorkam, wenn ich meine Vorlesung über das Römische Recht schwänzte, um für zwei Stunden ins Kino zu gehen, fiel es mir am Abend schwer, das Quartier Latin zu verlassen und wieder in meine Haut einer Bourgeoise des sechzehnten Arrondissements zu schlüpfen.«

»Zwei Seelen wohnten, ach, in deiner Brust, wie?«

»Zwei unvereinbare Seelen. Ich erinnere mich an ein Lied von Trenet, das auf mich paßte:

Auf dem Seil tanzt das Leben
Auf dem Seil tanzt und fällt es . . .

Und das endete so:

Auf das Seil hab' ich zum Trocknen
Meine Hoffnungen gehängt.

»Deine Hoffnungen! Das war zunächst einmal Laurent, dein Wälsungen-Milchbruder.«

»Stimmt, den habe ich ganz vergessen! Ja, der hat sie kräftig angekühlt, meine Hoffnungen.«

»Und dein Masseur, dieser Mister Universum! War der dir ein größerer Trost?«

»In gewissem Sinn, ja. Mit ihm habe ich wenigstens kein Wort gewechselt. Ein glatter Tausch.«

»Deine Seitensprünge aus Neugier könnte man allenfalls vielleicht noch durchgehen lassen; aber wie hast du es fertiggebracht, deinen Sohn, dieses prächtige Baby, im Stich zu lassen?«

»Ich habe ihn nicht im Stich gelassen! Ich habe ihn meiner Mutter überlassen. Das ist ein Unterschied.«

»Um die Geliebte eines Kollaborateurs zu werden!«

»Ein Kollaborateur! Da also drückt dich der Schuh? Wenn du wüßtest, wie schnuppe mir die Politik mit achtzehn war! Ich wollte Rechtsanwältin werden, gefährlich leben, mir einen Supermann unter den Nagel reißen. Der meine war Pétain-Anhänger, Minister, ein Freund von Otto Abetz – na und? Hat ihn das daran gehindert, mir ein erstklassiger Liebhaber zu sein? Ich wollte Erfüllung. Und bei diesem intelligenten, skeptischen und großherzigen Vierziger sind mein Kopf, mein Leib und mein Herz auf ihre Kosten gekommen. Er hat mich von der dümmlichen Jungmädchen-Naivität befreit und mir doch meine Begeisterungsfähigkeit gelassen. Er hat mich das ›Fest‹ gelehrt.«

»Und du hast dich sehr gehütet, die Lektion zu vergessen, Messalina.«

»Messalina vielleicht. Kurtisane, nein. So wenig, wie ich mich mit Häusern, Schmuck, Pelzen bereichern will, so wenig wünsche ich mir, etwas zu besitzen, das mich endgültig binden würde. Im übrigen habe ich die kostbarsten Geschmeide von Van Cleef getragen; für einen

Abend, für ein Fest: man hat sie mir geliehen, und wenn ich von Versailles und seiner vergangenen Pracht erzähle, sage ich ›wir‹; eine Stunde lang bin ich die Pompadour oder Marie-Antoinette und ich siege oder falle; meine Garçonnière genügt mir. Eigentum kenne ich nicht. Mein Leben ist bewegt und beweglich. Manchmal mache ich Rast. Ich mag jemanden, solange es dauert – aber es darf nicht zu lange dauern.«

»Kommen wir zurück auf deinen ersten Ausbruch aus der Ehe – mit Hilfe eines Verräters.«

»Nein! Er war ein Herr. Er ist als Held für seine Ideale gestorben; er konnte irren, aber er konnte sich nicht beugen. Er hat sich seinen Richtern gestellt; dabei hätte er sich ohne weiteres in Sicherheit bringen können. Er wollte nicht. Ordnung bis zum Ende.«

»Würdest du deinen zweiten Mann verurteilen, der das Exil gewählt hat?«

»Genauso wenig. Er war ohnehin schon in Spanien. Er hat sich den Umständen angepaßt. Bei ihm war die Ironie stärker als die Leidenschaft. Zudem war er viel jünger als Jean-Loup, dreißig gegenüber zweiundvierzig. Man stirbt leichter für eine Sache, wenn man schon lange gelebt hat – oder noch nicht lange genug. Mit dreißig ist es am schwierigsten: man fängt gerade an, auf den Geschmack zu kommen.«

»Jedenfalls ist dein Wunsch begreiflich, die beiden Männer, die du geliebt hast, reinzuwaschen.«

»Stimmt, für Menschen, die ich geliebt habe, finde ich immer gute Entschuldigungen. Die Jahre und die anderen Liebhaber haben die Schmerzen und Enttäuschungen meiner ersten Leiden ausgelöscht.«

»Wie lange dauert bei dir die Verjährungsfrist?«

»Spotte nicht . . . Einen Monat, zehn Jahre – das hängt von den Nachfolgern ab.«

»Aber sag, gab es außer den Abenteuern auch noch eine andere, eine wahre Liebe?«

»Ja, zwei sogar. Ich erwähne nur eine, vielleicht errätst du selber das Geheimnis der zweiten. Mit Arnaud bin ich wie eine Schlafwandlerin durchs Leben gegangen; er verstand sich gut auf die Wörter – Du bist meine Erde, meine fruchtbare, gute und sonnenwarme Erde – und auf unsere Lust, ich kann es ihm nicht verzeihen, daß er uns aufgegeben hat. Ich habe mit ihm gebrochen, aber ein gewisses vorsichtiges Gehabe, gewisse gesellschaftliche und sogar berufliche Auslassungen hatten unsere Liebe schon vorher abgenutzt.«

»Was verstehst du unter beruflichen Auslassungen?«

»Ganz einfach, daß er in mir nur das Weibchen liebte und daß ich sein Mißtrauen, um nicht zu sagen seine Verachtung, gegenüber der Schriftstellerin, die ich zu werden wünschte, als Schimpf empfand. Maltavert hat mir weniger bedeutet, aber er hat Vertrauen in mich gehabt.«

»Sprechen wir vom Marquis. Oder sprechen wir vielmehr – denn schließlich hat er dich Vinca entführt – von deinen sapphischen Rhapsodien, die ich einfach nicht verstehe bei einem so priapisch besessenen Wesen wie dir.«

»Die Frau braucht die Frau, um in sich den Geschmack am Manne wiederzubeleben. Ich bin in die Wollust eingeweiht worden durch die Gnade eines schönen Mädchens, das sich dem Kloster geweiht hatte, und für mich ist der Körper einiger meiner Schwestern mit Empfindungen verbunden, die mir teuer sind. Im übrigen habe ich nie dagegen angekämpft. Aber ich bin keine echte Lesbierin. Was ich an den Frauen mag, sind die Bewegungen, das Parfum, die Schminke und die Begierde der Männer, denen ich sie wegnehme; und alle diese nur angedeuteten aber schamlosen Geständnisse, auf die sie sich so gut verstehen. Ich begleite sie gern bei Einkäufen, ihre Oberflächlichkeit entspannt mich, und ich liebe die Ernsthaftigkeit der Blaustrümpfe. Ich verwirre sie gerne und versinke gerne in ihren Armen, den hoch behandschuhten Armen. Und es macht mir Vergnügen, ihren Körper zu beherrschen und in jeder von ihnen meine Hingabe an andere zu entdecken, meine wütenden Niederlagen.«

»Kurz, du bist ein Zwitter, der sich zu beiden Geschlechtern hingezogen fühlt, du schwankst von einem zum anderen, ohne dich ganz zu entschließen.«

»Ich muß noch sagen, daß ich immer Puritanern besonders gefalle. Joel hat mich gegen den Willen seiner Familie geheiratet und behauptet, ich sei das einzige Abenteuer seines Lebens gewesen; Rodolphe ist noch an dem Abend, an dem wir uns kennenlernten, mein Liebhaber geworden!«

»Eben! Wie kannst du einen Mann oder eine Frau zu dir ins Bett nehmen, die du gerade erst kennengelernt hast? Ist das nicht eine Art Prostitution?«

»Ganz im Gegenteil. Wenn jemand eine Stunde in meinem Bett verbringt, was hat das schon für eine Wichtigkeit? Ich möchte sagen, eine ausgeglichene Woche ist für mich eine Woche, in der ich gut gearbeitet und geliebt habe.«

»Schön. Und dieser famose Einklang von Geist und Körper, von dem du so viel Wesens machst, gelingt dir immer?«

»Leider nicht! Einmal in einem Jahrzehnt ist gar nicht so schlecht. Ich bin jetzt vierzig und bin noch immer bei der Erinnerung an meinen dritten Einklang.«

»Wenn ich richtig verstehe, häufst du Erfahrungen, bei denen nur die Instinkte eine Rolle spielen?«

»Warum nicht? Ich bin ein Instinkt-Mensch. Ich war ein schönes, ausgesprochen gesundes Kind. Ich habe mich in vielen Sportarten hervorgetan, mein Körper hat immer alles begriffen. Das Mißverständnis ist von anderer Seite gekommen. Ein gewisser Geschmack an der Kultur hat den unwissenden Gesellschaftsklüngel flugs auf den Gedanken gebracht, ich sei eine Intellektuelle – was falsch ist; die wirklichen Intellektuellen haben mich für ein out-door-girl mit widersprüchlichen Neigungen gehalten – was schon eher stimmt. Wenn ich Narziß bin, geht es Narziß gut, viel zu gut ...«

»Für konventionelle Geister wie mich ist die Dauer ein absoluter Wert; du bist mehr für Leidenschaft und Erneuerung.«

»Richtig. Ich fühle mich nur wohl im Unmaß. Ein See ist für mich zu ruhig, ich brauche das Meer und seine Wellen und sein Gebrüll. Man könnte sagen, daß ich Byrons zügellose Romantik praktiziere, seinen Geschmack am Skandal, am Inzest, an der Homoerotik teile, seinen Haß gegen die Ehe und seine Liebe zur Dichtung; wobei das Muster des Mosaiks aus immer wieder neuen, bedeutungslosen Menschen gebildet wird. Ich könnte nur allein bleiben mit einem oder einer Extravaganten; oder mit beiden. Nur: die Zeit vergeht – und ich bin ihnen noch immer nicht begegnet.«

»Gut, sprechen wir vom Alter.«

»Ich kann nicht einmal den Gedanken daran ertragen. Nicht wegen der Falten und weißen Haare; aber nur mit einem gewaltigen Überwertigkeitskomplex könnte ich den Verlust meiner Geschmeidigkeit kompensieren. Geschmeidigkeit – Schlüsselwort meines Lebens. Werde ich es ertragen, zu werden wie eine betagte Freundin, deren herrliche Schultern plötzlich eingefallen sind? Werde ich diese Steifheit der Bewegungen ertragen, diese unendliche Behutsamkeit? Sie tut mir leid – – werde ich es ertragen, mir selber leid zu tun?

Aber zum Teufel mit morgen! Noch ist mein Bild nicht unscharf, noch ist das Glück mir nicht untreu geworden.«

Trudy Baker/ Rachel Jones

Kaffee, Tee oder mich?

Ullstein Buch 2874

ein Ullstein Buch

»Wie im Fluge« vergeht dem Leser die Zeit bei dieser köstlichen inside-story, die das Stewardessen-Leben mit Offenheit und unbekümmerter Selbstironie schildert.
Trudy Baker und Rachel Jones erkennen schon bei ihrem Jungfernflug, daß vor allem männliche Passagiere von hübschen Stewardessen einiges mehr erwarten als nur freundliches Lächeln . . .

Catherine de Prémonville

Mein Mann war immer dabei

Ullstein Buch 2842

Erst eine schöne Mitgift macht ein Mädchen richtig liebenswert. Und Stephanies Mitgift ist traumhaft: herrliche Beine, hinreißende Augen, übersprudelndes Temperament . . . Kein Wunder, daß Jules immer an ihrer Seite ist – auch dann, als sie ihr »Kapital« angreifen, das heißt ihre Reize verkaufen muß . . .

ein Ullstein Buch

Penelope Ashe

Nackt kam die Fremde

Ullstein Buch 2868

ein Ullstein Buch

Gillian Blake, weiblicher Partner der Rundfunksendung »Billy & Gilly«, ist der Feierabendtraum zahlloser Männer zwischen Baseball und Rasenmähen. Doch sobald die Sendung, die das gutbürgerliche Leben zu zweit propagiert, beendet ist, entpuppt sich Gilly als männermordendes Sexbiest. Zahllos sind ihre Opfer, und wahllos greift sie zu . . .
Diese turbulente Satire auf die Sex- und Porno-Romanwelle wurde von mehreren bekannten amerikanischen Schriftstellern geschrieben und unter dem Pseudonym »Penelope Ashe« veröffentlicht.